C.G. Jung

Unterscheidung

Christliche Orientierung
im religiösen Pluralismus

Herausgegeben von
Reinhart Hummel und Josef Sudbrack

Reinhart Hummel, Reinkarnation
Josef Sudbrack, Mystik
Wolfram Janzen, Okkultismus
Bernhard Wenisch, Satanismus
Thomas Broch, Pierre Teilhard de Chardin
Siegfried Böhringer, Astrologie
Bruno Heller, Krise des Denkens
Hans Joachim Türk, Postmoderne
Elisabeth Schneider-Böklen/
Dorothea Vorländer, Feminismus und Glaube
Raimar Keintzel, C.G. Jung

Raimar Keintzel

C. G. Jung

Retter der Religion?
Auseinandersetzung mit Werk und Wirkung

Matthias-Grünewald-Verlag Mainz
Quell Verlag Stuttgart

Zur Reihe „Unterscheidung"

Wo christlicher Glaube lebt, lebt auch der Mut zum Unterscheiden. Die Autoren und Autorinnen dieser Reihe möchten in verständlicher Sprache eine begründete und sachgerechte Darstellung der verschiedenen Phänomene im Umkreis des New Age und der neuen religiösen Bewegungen geben und Hilfen zur „Unterscheidung der Geister" anbieten. Diese Auseinandersetzung soll in der Achtung vor fremder Religiosität geschehen und in der Bereitschaft, zu lernen und sich selbst zu korrigieren.
Die Herausgeber Reinhart Hummel und Josef Sudbrack sind Mitglieder der beiden großen christlichen Konfessionen. Um zu unterstreichen, daß die christlichen Kirchen dieser Herausforderung nur zusammen begegnen können, erscheint diese Reihe gemeinsam im Matthias-Grünewald-Verlag, Mainz, und im Quell Verlag, Stuttgart.

Die Deutsche Bibliothek – CIP-Einheitsaufnahme

Keintzel, Raimar:
CG. Jung: Retter der Religion? Auseinandersetzung mit Werk und Wirkung / Raimar Keintzel. – Matthias-Grünewald-Verl.; Stuttgart: Quell-Verl., 1991
(Unterscheidung)
ISBN 3-7867-1436-3 (Matthias-Grünewald-Verl.)
ISBN 3-7918-2276-4 (Quell-Verl.)

Umschlag: Peter Offenberg Grafik
Foto: Deutsche Presse Agentur (dpa), Frankfurt am Main
Gesamtherstellung: Georg Aug. Walter's Druckerei GmbH, 6228 Eltville im Rheingau

Inhalt

Ich würde gerne überzeugen,
aber ich will mich damit zufrieden geben,
unsicher zu machen.

(Sigmund Koch)

Vorwort

Seit 1946 beschäftige ich mich mit Carl Gustav Jung. Das ist mehr als ein halbes Menschenleben. Ich erinnere mich noch eines Gesprächs mit Walter Bernet, der damals seine theologische Promotion über Jung vorbereitete. Es war zu einer Zeit, als die Jungianer noch umgeben waren von einer esoterischen Weihe, die Uneingeweihte ausschloß. Das „Dogma", das diese Abgrenzung rechtfertigte, gilt bei ihnen heute noch: „Psychologisch kann man nur jenes verstehen, das man selber erfahren hat."[1] Daraus ergibt sich scheinbar zwingend, daß eben alle, die etwa über „das Unbewußte" andere Theorien aufstellen als Jung, nicht genügend Erfahrungen damit gemacht haben.

Diese Beweisführung hat eine lange Tradition. Sie findet sich fast ausnahmslos in allen Traumbüchern, angefangen mit Artemidor von Daldis im zweiten nachchristlichen Jahrhundert. Immer wieder wird verwiesen auf besondere Erfahrungen mit bestimmten Patienten – und die kann eben nicht jedermann haben, aber sie gelten als Beweis.[2]

Genau an dieser Stelle scheiden sich die Wege, die ich meine, gehen zu müssen, von denen, die etwa Walter Bernet geht. Sein Name steht hier nur stellvertretend für viele Theologen, die „empirische Ergebnisse", ja bereits die Behauptung Jungs, Empiriker zu sein, viel zu gutgläubig übernehmen. Genau von da her rühren auch die zermürbenden Schwierigkeiten und Mißverständnisse, die vielen Gesprächswilligen schließlich das Gespräch über die „Tiefenpsychologie" Jungs und ihre Bedeutung für den christlichen Glauben und für die Seelsorge verleiden. Es mag damit zusammenhängen,

[1] Jung / Kerény / Radin, Der göttliche Schelm, 205.
[2] Vgl. Lenk, Die unbewußte Gesellschaft, 159f.

daß schließlich der Auftrag der beiden Verlage, die diese Buchreihe betreuen, den Band über Jung zu schreiben, an mir hängengeblieben ist.
Nach über vierzigjähriger Beschäftigung mit Jung und nachdem ich, wie ich hoffe, gelegentlich zu schroffe Stellungnahmen immer wieder überdacht und korrigiert habe; nach dem Studium der Theologie, Philosophie und Psychologie, einer Ausbildung in Jungscher Tiefenpsychologie und in Psychoanalyse und einer langjährigen Praxis als Psychotherapeut, aber auch als Seelsorger, habe ich nicht etwa eine endgültige Meinung Jung gegenüber, sondern es geht mir so, wie mir mein Doktorvater einmal in einem sehr persönlichen Brief in Beziehung auf eine andere, aber doch verwandte Problematik, die ihn beschäftigte, verriet: Es ist ungeheuer quälend, wenn man etwas noch, mehr oder weniger abschließend und ausgereift, als Ertrag seiner Lebensarbeit zu Papier bringen will, und es gelingt nicht so, daß man selbst damit zufrieden sein könnte.
Mag sein, daß ich mich zu viel herumgequält habe mit diesem Buch, und eine Verzögerung damit zusammenhing, daß ich auch jetzt noch mit seinem Text unzufrieden bin. Aber ich bin auch davon überzeugt, daß es gerade denjenigen Theologen, die mit leichter Hand angeblich bleibende Erkenntnisse Jungs übernehmen, gut täte, sich ein wenig mehr herumzuquälen. Ich halte es da mit jenen Theologen evangelischer und katholischer Herkunft, die mit Martin Luther bekennen, daß Anfechtung den Theologen macht, und mit Bernhard Häring die „Gnade des Zweifelnkönnens“[3] als die Stärke und gerade nicht als die Schwäche des Theologen entdeckt haben. Radikal zweifeln kann nur der, der sich auch im tiefsten Zweifel irgendwie von außerhalb noch gehalten weiß. Gerade das ist das Kapital ernsthafter Theologie: Sie stellt auch Fragen, vor denen andere zurückschrecken. Aber dieses Kapital wird wieder und wieder vergeudet, gerade auch von Jung und seinen Anhängern.
Dabei wollte gerade er konsequent kritisch sein. Er sagt: „Als die Erzsünde des (christlichen) Glaubens erschien mir die Tatsache,

[3] Häring, Meine Erfahrung mit der Kirche, 72.

daß er der Erfahrung vorgriff." – „Mein Lebenswerk stellt in erster Linie einen Versuch dar, das zu verstehen, was andere offenbar glauben können."[4] Was aber ist Erfahrung und was heißt: verstehen? Mit diesen Fragen sind wir sofort mitten im philosophischen und theologischen Nachdenken. Jungs „Forschungen" jedoch sind überschattet von einer zuweilen beinahe phobisch anmutenden Abwehr: Immer wieder beteuert er, er sei weder Philosoph, noch Theologe, sondern nur „Empiriker".

Damit sind wir aber noch nicht beim Kern der Sache, um die es gehen muß, wenn man versucht, als Christ mit der „Tiefenpsychologie" Jungs umzugehen. Man muß die oben gestellten Fragen aufspalten: Was heißt Erfahrung im Umgang mit bewußten Erlebnissen des Tages und was heißt Erfahrung im Umgang mit Träumen. Und wie kann man Träume verstehen? Sicher nicht genau so, wie man Phänomene der Außenwelt versteht, denen man sich in einer anderen Weise gegenübergestellt findet, wie seinen eigenen Träumen?

Für das Deuten und Verstehen von Texten, auch von Traumtexten, ist die Hermeneutik zuständig. Sie als Auslegungswissenschaft spielt auch in der Theologie eine zentrale Rolle. Hier fallen wichtige Entscheidungen. Man kann sie nicht ungestraft überspringen, wenn man Jungs – und nicht nur seine – unausrottbare Überzeugung von der Unwissenschaftlichkeit der Theologie verstehen will und wenn man dann seine insgeheim immer in dieser Frontstellung stattfindende eigene „Forschung" kritisch zu hinterfragen und zu deuten versucht.

Ohne seinen Umgang mit Träumen ist das Leben Jungs und sein damit eng verbundenes Lebenswerk nicht zu verstehen. Dieser Satz gilt für Jung noch mehr als für Freud oder irgendeinen anderen Tiefenpsychologen – wobei ich hier schon bemerken möchte, daß ich der Einfachheit halber darauf verzichte, „Tiefenpsychologie" ständig in Anführungszeichen zu setzen, obwohl dies nötig wäre, um die Frage wachzuhalten, ob und in welchem Sinne es hier um „Tiefe" geht.

[4] Jung, Erinnerungen, 99; Briefe II,126.

Zwar gab es schon wiederholt Kritik an der Art der Traumdeutung von Jung – und vielleicht noch mehr an der von Freud –, aber erst Elisabeth Lenk scheint mir 1983 auf zentrale Punkte hingewiesen zu haben. Dieses Buch hätte darum vor 1983 nicht geschrieben werden können. Aber auch jetzt ist es streng genommen verfrüht und vor allem viel zu kurz. Ich fühle mich geradezu verpflichtet, meine jahrelange Traumforschung, besser: Traumauslegungsforschung, weiterzuführen und darzulegen, denn nur so könnte ich grundsätzliche Kritik an Jung ausreichend begründen, und nur so könnte ich aufzeigen, warum gerade hier das Aufregende und vermutlich überaus Fruchtbare für eine Begegnung von Tiefenpsychologie und Theologie liegt. Dabei geht es gar nicht nur um akademische Fragen, sondern um die Möglichkeit, Vorurteile gegen den christlichen Glauben endlich abzubauen, ihn nicht mehr gegen das Leben in seiner ganzen Fülle – mit dem es ja gerade auch die Psychologie zu tun hat – abzuschirmen und in falscher Weise abzugrenzen und die Krise des Christentums zu verstehen und allmählich zu überwinden.
Das wollte auch Jung. Das will mit großer Leidenschaft Eugen Drewermann. Er, wie schon Jung, ist aber wohl nicht radikal genug. Anders gesagt: Beide haben die Gnade des Zweifeln-Dürfens nicht wirklich erkannt und ausgeschöpft. Sie zweifeln an vielem, nur nicht, oder kaum, an ihrer eigenen Methode. Darum wird wohl Johannes Fischer richtig sehen, wenn er meint, daß Drewermann in der Nachfolge Jungs vor den eigentlichen Ursachen der gegenwärtigen Krise des Christentums, wie es von den Kirchen und ihren Theologen in der Regel – wovon es Ausnahmen gibt – vertreten wird, kapituliert. „Sein Konzept beugt sich nämlich dem Diktat, daß die Wahrheit der Religion sich nur in der Korrespondenz mit der vorfindlichen Wirklichkeit (der äußeren und der inneren) zeigen dürfe.“[5] Anders gesagt: Das Christentum wird an den angeblich objektiven Ergebnissen der Tiefenpsychologie gemessen.
Wie dann aber sonst? Soll die Tiefenpsychologie am Christentum gemessen werden? Das käme auf einen Rückfall in die jahrhunder-

[5] Hildebrandt, in einer Besprechung in der ThLZ Nr. 7/1990, 539 von Johannes Fischer, Glaube als Erkenntnis.

telange, von Jung zurecht bekämpfte Bevormundung aller Wissenschaften durch die angeblich für sie alle normative Theologie heraus. Wären die Unterscheidungen dieser Buchreihe und auch dieser Untersuchung über Jung so gemeint, dann wären sie schädlich, denn sie würden falsche Frontstellungen neu aufrichten.[5a]

Was aber berechtigt dann überhaupt dazu, zu unterscheiden? Maßgebend ist die „Tiefe" im „tieferen" Sinne des Wortes. Anders gesagt: Die Wahrheit, aus und von der wir Menschen leben. Maßgebend ist die Frage, ob es gelingt, diese Wahrheit, so weit das Menschen überhaupt möglich ist, aufzudecken, oder ob sie gerade nicht aufgedeckt, sondern verdeckt wird. Statt aufdecken kann man auch sagen: aufscheinen lassen, oder: zum Leuchten bringen. Das aber wollen auch Dichter. Und gerade darin ist wiederum das Buch von Elisabeth Lenk anregender als vieles andere, was über Träume geschrieben wurde. Es stellt die Deutung von Träumen in eine Beziehung zur Deutung von Gedichten und, am Rande, auch von biblischen Texten. Sie alle sind Annäherungen, Spiegelungen einer im direkten Zugriff nicht zu fassenden und darum auch nie endgültig zu dogmatisierenden Wahrheit (vgl. 1 Kor 13,12), immer irgendwie metaphorische, bildhafte Verdichtungen dieser Wahrheit, Chiffren, deren Dechiffrierung eine Aufgabe ist, für die auch das längste Leben zu kurz ist. Sie alle verlangen jene Art von Erkennen, wie sie im Alten und Neuen Testament selbstverständlich war: ein Erkennen, das das Lieben dessen, dem man sich zuwendet, das Staunen, das Danken, das Anbeten, das Davon-Leben, das Vertrauen und vertrauend Erfahrungen Sammeln – das all dies mit einschließt. Wenn es gelänge zu zeigen, daß diese Haltung gerade nicht unwissenschaftlich, sondern der Tiefe des Lebens gegenüber angemessen und darum „wissenschaftlicher" ist als distanzierte, objektivierende, unpersönliche Forschung, dann wäre ein

[5a] Genau das tut neuerdings Els Nannen in seinem Buch: „Carl Gustav Jung. Der getriebene Visionär". Genau über diese Art von Theologie, die nach steriler Besserwisserei klingt, hat sich Jung aufgeregt. Sie betreibt, mit Freud gesprochen, Abwehr durch „Isolierung", bzw. durch Aufrichtung einer lebensfernen, utopischen Grenze zwischen „Offenbarungs"-Theologie und Psychologie. So billig ist „Unterscheidung" nicht zu haben, nicht in diesem Band mit diesem Titel und nicht in irgendeinem anderen Band dieser Reihe.

Haupthindernis überwunden, über das gerade auch Jung immer wieder stolpert.
Aber ein solcher existentieller Umgang mit allem, was menschlich ist, bringt eine besondere Gefahr mit sich: die scheinbar unlösbare Verquickung von Leben und Denken. Und bei Jung kann man es sich dann ganz einfach machen: Er selbst war zweifellos psychisch krank; folglich ist auch seine ganze Psychologie krank. Genau das müssen wir uns aber auch verbieten. Wir müssen sogar versuchen, Jung in einigen Punkten besser zu verstehen, als er sich selbst verstanden hat. Mit der von ihm selbst immer wieder behaupteten unlösbaren Einheit von Leben und Werk hat er sich keinen guten Dienst getan.
Es mag deutlich geworden sein, daß für eine wirkliche Würdigung Jungs und notwendige Abgrenzung vom christlichen Glauben her viel weiter ausgeholt werden müßte, als ich das auf dem mir zur Verfügung gestellten Raum tun kann. Dieses weitere Ausholen wäre aber nicht ein Sich-Verlieren in Spezialfragen, sondern es wäre eine Arbeit an dem Fundament, auf dem alles andere aufgebaut ist und aufgebaut werden darf.
Von da her mag auch deutlich geworden sein, weshalb ich das Manuskript dieses Buches dem Verlag nur mit halbschlechtem Gewissen übergebe. Trotzdem sollte man die Ergebnisse dieses Buches nicht als völlig unsicher und unfertig hinstellen. Ich hoffe und wünsche, daß es wichtige Orientierung gibt und fruchtbares Weiterdenken anregt, wenn es auch sicher nicht zu vermeiden ist, daß es an manchen Orten Ärger erregt.

Einleitung

Am 6. Juni 1961 ist Carl Gustav Jung in Küsnacht bei Zürich im Alter von knapp 86 Jahren gestorben. Sein Biograph J. Stern sagt über ihn: „Auf der einen Seite – besonders im Lager der ‚New-Age'-Bewegung – als (wiederentdeckter) Prophet kritiklos verehrt, auf der anderen als Vertreter der Gegenaufklärung abgelehnt und verdammt, gehört C. G. Jung zu den umstrittensten Denkern dieses Jahrhunderts."[6]

Daß er umstritten ist, das wird freilich oft schlichtweg geleugnet. So behauptet die Theologin Hanna Wolff: „Die Theologie müßte sich entschließen, wirklich die Sache ... mit einem integrierten Verstehen neu zu sagen, dem radikalen Novum entsprechend, das das durch die Tiefenpsychologie heraufgeführte moderne Menschenbild in der Tat repräsentiert. Das und nur das wäre eine Auferstehung aus theologischem und kirchlichem Tod."[7]

Auch dort, wo man derartig selbstsichere Diagnosen des gegenwärtigen Zustands von Kirche und Theologie scheut, knüpfen sich häufig mehr oder weniger vage Hoffnungen an den Namen Jungs. Ob tatsächlich seine Bedeutung zunimmt, das wird uns als Frage in einem besonderen Kapitel beschäftigen. Es spricht vieles dafür, daß die Behauptungen, es finde eine Neuentdeckung seiner Psychologie statt, genau so ins Unreine gesprochen sind wie Prognosen von der Art Hanna Wolffs. Jedenfalls kann man immer wieder erleben, daß diejenigen, die von seiner steigenden Bedeutung sprechen, gar nicht genau informiert sind über seine Lehren. Darin begegnet man dann einer ersten Schwierigkeit: Man muß, etwa auf Tagungen, zuerst kurz referieren über den eigentlichen Inhalt seiner Psychologie, und dann reicht die Zeit nicht mehr für eine differenzierte Stellungnahme. Genau vor dieser Schwierigkeit stehe ich auch als Verfasser dieses Buches. Obwohl es in genügender

[6] Stern, Carl Gustav Jung, Vorbemerkung: „Zu diesem Buch".
[7] Wolff, Jesus der Mann, 174.

Zahl zusammenfassende Darstellungen der Psychologie Jungs gibt, muß ich hier doch wieder mit einem solchen Überblick beginnen.

Es ist nicht schwer zu sagen, warum der Einfluß Jungs schwer abzuschätzen ist: Jung war vieles gleichzeitig und hat auf verschiedenen Gebieten befruchtend oder herausfordernd gewirkt. Darüber gleich noch mehr.

Es ist auch nicht schwer anzugeben, worin er den Bedürfnissen der Gegenwart entgegenkommt: Man ist versucht, in ihm einen Brückenschläger zu sehen, der Bereiche des Lebens und der Forschung miteinander verbindet, die auseinanderzuklaffen drohen. Diese Situation skizziert Heiko Ernst, der Schriftleiter der Zeitschrift „Psychologie heute", treffend mit folgenden Worten: „Immer weniger Leute verstehen immer mehr von immer weniger, verlieren aber gleichzeitig die Zusammenhänge aus dem Auge. Umgekehrt hat sich aber auch eine Gruppe etabliert, die sozusagen vernetzt und systemisch über den Wassern schwebt und à la Capra alles mit allem auf sehr vage Weise in Zusammenhang bringt."[8]

Dietrich Dörner, der Gesprächspartner von Heiko Ernst in dem Interview, aus dem ich soeben zitierte, gibt zu, daß die heutige akademische Psychologie häufig in der Gefahr einer „Zielentartung" ist. Sie verliert den Menschen als Gegenstand und Ziel ihrer Forschung aus den Augen. Nur sehr wenige unter den Psychologen würden sich noch zutrauen, „ein Menschenbild zu vermitteln, etwa Norbert Bischof in Zürich".[9]

Was nun tat Jung? Lieferte er tatsächlich ein Menschenbild, wie das Hanna Wolff behauptet? Dann hätte er nicht nur das getan, was zu der zentralen Frage der Psychologie geworden ist, sondern auch das, was in der Theologie in den Mittelpunkt gerückt ist, was aber eigentlich in allen Lebensbereichen, z. B. auch in der Politik, zum Gebot der Stunde geworden ist. Alles, auch alle Forschung, schreit nach einer Vermenschlichung.

Der Mensch, sein Wesenskern und seine von da her verstandenen Bedürfnisse wären dann auch das Integrationsprinzip, das alle Wis-

[8] „Psychologie heute", Sept. 1989, 50.
[9] Ebd., 51.

sensbereiche vor einer heillosen Desintegration, einem chaotischen Auseinanderfallen, bewahren könnte. Aber über diesen Menschen könnte man nicht seinerseits vage reden – à la Capra, über den Wassern schwebend. Tat das aber nicht gerade Jung, etwa wenn er betonte, niemand wisse, was der Mensch sei?[10]
Wir stoßen hier auf eine durchgehende Schwierigkeit bei Jung: Man kann bei ihm noch weniger als bei vielen anderen Forschern mit einzelnen Zitaten operieren. Die Präzision seines Denkens tritt bei ihm zurück hinter dem fast besessenen Suchen nach Zusammenhängen und Querverbindungen zwischen allem, was es zwischen Himmel und Erde gibt. Und gerade darin kann er unter anderem auch als Vorläufer der „New-Age"-Bewegung gesehen werden.
Vincent Brome, ebenfalls kritischer Biograph von C. G. Jung, ähnlich wie Paul J. Stern, meint, es gebe so gut wie kein Gebiet, das Jung nicht auf irgendeine Weise beeinflußt habe.[11] Worin war er nun aber wirklich Fachmann?
War Jung Arzt? Sicher war er das, aber er war und blieb als Arzt sehr umstritten. In medizinischen Büchern wird Freud unvergleichlich häufiger zitiert als Jung. War er dann Psychologe? Er hat niemals Psychologie an einer Universität studiert. Zur akademischen Psychologie stand er in Spannung. War er dann Philosoph oder Theologe? Das zu sein hat er immer wieder ärgerlich abgewehrt. Hier schien er sich abzugrenzen, obwohl er ja überall Grenzen überschreiten oder ganz beseitigen wollte, unterwegs zu einer Grundlegung aller Wissenschaft, zentriert auf den „unus mundus", die eine Welt, die Summe alles Wissens. Aber genau genommen grenzte sich Jung nicht gegen Philosophie und Theologie ab, sondern er usurpierte sie, er verleibte sie seiner Psychologie ein, er gestand ihnen keine eigenständige Wirklichkeit und Wahrheit zu.
Es gibt nun Leute, die meinen, Jungs bleibende Bedeutung liege auf dem Gebiet der Religionspsychologie. Leider weist ihm aber der sehr sorgfältig forschende und deutende Religionspsychologe

[10] GW 10,30; 12,28; Briefe III,49.
[11] Brome, Jung, 291.

Werner Gruehn – um nur einen zu nennen – willkürliche Interpretationen und schwerwiegende Irrtümer nach. Würde Gruehn noch leben, dann würde er ähnliche Irrtümer auch bei einem der zur Zeit am meisten beachteten Jung-Anhänger, Eugen Drewermann, finden. Man könnte beide entschuldigen. Was sie sich zugemutet haben und zumuten, übersteigt die Arbeitskraft eines einzelnen. Nun hat Jung zwar mit Forschern verschiedenster Bereiche zusammengearbeitet, aber doch fast ausschließlich mit solchen, die an seiner Sicht (der archetypischen) keine grundsätzliche Kritik übten.

War Jung aber nicht anerkannter Fachmann in der Erforschung und Deutung von Mythen und Märchen? Und hat er nicht die Alchimie und Astrologie zu ihrem Recht gebracht und psychologisch so gedeutet, wie das vor ihm noch niemand tat? Dies behaupten seine Anhänger und dies bestreiten energisch Märchenforscher wie L. Röhrich, Fr. von der Leyden, M. Lüthi und E. Lenk, wobei Elisabeth Lenk überzeugend nachweist, daß Märchen viel eher dem Bedürfnis nach Anpassung an die herrschenden gesellschaftlichen Normen als dem Unbewußten entstammen und eine „Mischung aus kaum verdeckter Brutalität und pharisäischer Selbstgerechtigkeit" ausstrahlen[12], während die drei anderen Forscher den Ausweg, den Jung benützt, um diese negative Bestandsaufnahme zu neutralisieren, für unzulässig erklären: Märchenfiguren sind keinesfalls grundsätzlich archetypisch, d.h. unpersönlich zu verstehen.[13] Ähnliches läßt sich über Jungs Mythenforschung sagen, wo zudem noch deutlicher als bei den Märchen die angebliche Gleichheit von archetypischen Grundmotiven unter verschiedener Einkleidung nur deshalb behauptet werden kann, weil Jung gar nicht zum Wesenskern der jeweiligen Aussagen – insbesondere der christlichen Glaubensaussagen in ihrem charakteristischen Unterschied zu

[12] Lenk, Die unbewußte Gesellschaft, 71.

[13] Vgl. die entsprechenden Beiträge bei Laiblin, Märchenforschung, 377f., 389f., 391ff. Die Kritik richtet sich vor allem gegen die beiden Bände über Märchen von H. v. Beit, trifft aber auch die Mitarbeiterin des ersten Bandes, M.-L. v. Franz. Die beiden Bände über Märchen sind bis heute repräsentativ für die Märchendeutung Jungs und bieten eine unerschöpfliche Fundgrube an.

mehr nur äußerlich ähnlichen nichtchristlichen Aussagen – vorstoßen will oder vorstoßen kann.[14]
Mythen, Märchen und vor allem Träume sind aber das Rohmaterial für Jungs Tiefenpsychologie. Steht sie dann auf tönernen Füßen? Diese Frage muß schon in der Einleitung gestellt werden. Sie soll verhindern, daß die nun folgende, in erster Linie referierende Darstellung den Eindruck erweckt, daß es doch möglich ist, mit Jungs „Ergebnissen" zu arbeiten, ohne ihnen gegenüber immer wieder skeptisch zu sein. Und trotzdem: Gerade eine Persönlichkeit wie C. G. Jung zwingt dazu, seine eigene Tiefenpsychologie auf ihn selbst anzuwenden, und zwar auch in positivem Sinne. Er könnte ja, ohne daß ihm das voll bewußt wäre, noch aus anderen Quellen geschöpft haben als den von ihm angegebenen, nämlich aus einer manchmal genialen Intuition, die alle seine fragwürdigen Grundsätze und Methoden links liegen ließ und deshalb doch ernst zu nehmende Deutungen fand. „Gott schreibt auch auf krummen Zeilen gerade." So sagt es ein auf Augustinus zurückzuführendes portugiesisches Sprichwort. Abgewandelt heißt das: Forscher fördern manchmal die Wahrheit, auch wenn sie den Irrtum aussprechen.[15] Mehr noch: Ihre Inkonsequenz – und bei Jung ist sie sogar Prinzip – schützt sie vor sich selbst. Wenn Jung sagen kann: „Eine psychologische Wahrheit ist nur dann gültig, wenn man sie auch umkehren kann"[16], dann liegt darin die Ironie einer von Jung freilich nicht geahnten Wahrheit: Ohne diesen Selbstschutz, der, zur Methode erhoben, entweder tragische oder komische Auswirkungen haben muß, würden Jungs „Forschungsergebnisse" immer wieder sich selbst im Weg stehen.
Eines jedenfalls verbietet sich nach diesen Beobachtungen eindeutig: Jung so auswerten zu wollen, wie das etwa Hermann Stenger verlangt, wie das aber leider fast zur Regel bei Theologen geworden ist. Stenger meint: „Es ist gut, daß in den letzten Jahren Jungs persönlicher Bitte entsprochen wurde, die Theologie möge sich in wohlwollender Kritik mit seinen Forschungsergebnissen ausein-

[14] Jaspers, Psychopathologie, 282f
[15] Vgl. Mittelstrass, Die Wahrheit des Irrtums.
[16] Erinnerungen, 137; vgl. Briefe II,310.

andersetzen."[17] Nein, das genügt nicht. Sie muß sich zuallererst auch mit seinen Forschungsmethoden auseinandersetzen.
Einer, der dies tut, ist z. B. J. W. T. Redfearn. Er kommt zu dem Ergebnis: Was Jung über Alchimie und Religion geschrieben habe, könne man verstehen als eine Ausarbeitung seiner eigenen inneren Konflikte und seiner eigenen frühen Phantasien und infantilen analen Probleme.[18] Dazu ist anzumerken, daß dies keine Einzelmeinung ist. Forscher wie Brome, Stern, Stein, Rattner und viele andere sehen es ähnlich. Im Grunde genommen gibt das Jung selbst zu, wenn er von sich sagt: „Damit hat es angefangen, daß ich nicht mehr nur mir selber gehören durfte . . . Damals stellte ich mich in den Dienst der Seele. Ich habe sie geliebt und habe sie gehaßt, aber sie war mein größter Reichtum. Daß ich mich ihr verschrieb, war die einzige Möglichkeit, meine Existenz als eine relative Ganzheit zu erleben und auszuhalten . . . Meine Wissenschaft war das Mittel und die einzige Möglichkeit, mich aus jenem Chaos herauszuwinden." (Gemeint ist das Chaos der Initialimaginationen und der Träume von 1912, die nach Jung alles, was er in seinem späteren Leben getan hat, bereits in sich enthielten.) Anschaulich umschreibt dann Jung die drohende Gefahr: „Sonst hätte mir das Material angehaftet wie Kletten oder Sumpfpflanzen." Und es drohte ihm „absolute Einsamkeit"[19].

[17] Stenger, Verwirklichung des Glaubens, 19.
[18] Redfearn, The Self and Individuation, 135. Zurecht bemerkt Sedgwick (26) dazu, das sei eine freudianische Interpretation Jungs durch einen Jungianer. Es wäre der Mühe wert, Jung einmal konsequent freudianisch, aber auch daseinsanalytisch und auch nach der Individualpsychologie Adlers, der Existenzanalyse Frankls, der Schicksalsanalyse Szondis und noch auf andere Weise zu interpretieren. Umfassende solche Versuche fehlen noch. Sie würden helfen, bisher Übersehenes zu entdecken. – „Anal" (von anus = After) nennt Freud die zweite Stufe der (Libido-)Entwicklung des Kindes, in der die Erziehung zur Sauberkeit fällig ist, und im Zusammenhang damit das Kind bewußt Trotz zeigt. Hier erfolgen wichtige Weichenstellungen. Redfearn bezieht sich aber noch direkter auf Jungs Initialtraum, der die Grundlage seiner Lebensarbeit wurde: „Vor meinen Augen stand das schöne Münster (von Basel), darüber der blaue Himmel. Gott sitzt auf goldenem Thron, hoch über der Welt, und unter den Thron fällt ein ungeheueres Exkrement auf das neue bunte Kirchendach, zerschmettert es und bricht die Kirchenwände auseinander." (Erinnerungen, 45)
[19] Erinnerungen, 196–198.

Aber hat er bei „der Seele", wie er sie verstand, wirklich Hilfe oder nur Scheinhilfe gefunden? An der unbarmherzigen Schlußfolgerung von Paul J. Stern können wir jedenfalls nicht vorbeigehen: Die „rückläufige Selbstentmachtung und Verschwommenheit des Jungschen Denkens – von seinen Kritikern als opportunistisch und frivol angeprangert – ist in klinischer Sicht untrügliches Anzeichen, daß Jungs großes Experiment der Selbstheilung mißlang. Der pubertär naive Versuch, seine persönliche Problematik vom Kosmischen her aufzurollen, führte nicht zu der erhofften, Kosmos und Selbst erlösenden Synthese, sondern lediglich zu der Verkleidung lebensnotwendiger Selbsttäuschung als ‚ewiger Mythos'. Auch für Jung, der so gerne den ‚Vorfahr' Goethe zitierte, gilt das strenge Goethe-Wort, daß kein Mensch zur Einsicht in Wahrheit und Wirklichkeit komme, die seine eigenen Daseinsbedingungen aufhebe. Die schizophrene Deformierung von Jungs Persönlichkeit zwang ihn zu abstrahierender Abblendung der ihm zugänglichen Realität". Und doch muß auch Stern zugeben: „Trotz seiner trüben Kompromisse und der kurzschlüssigen Gleichsetzung von persönlichem und Welt-Schicksal bedeutet die Gestalt Jungs mehr als das Kuriosum eines selbstgesalbten, im Stadium des Kulthelden fixierten, bei aller psychiatrischen Expertise doch selbstverblendeten Propheten."[20]

Was bedeutet diese Gestalt? Was bedeutet sie speziell für das Christentum? Murray Stein schrieb 1985: „Ob seine therapeutischen Bemühungen dem Christentum helfen werden, zu sterben und wiedergeboren zu werden, wird erst die Zukunft zeigen."[21] Ich meine, daß es schon damals, erst recht aber 1990 nicht mehr zu verantworten ist, auf diese Zukunft zu warten. Unterscheidungen und Auswertungen, wissenschaftliche und theologische Kritik, mutiger und zugleich wohlwollender, weil mit anders und tiefer angesetztem Verständnis als bisher, sind nicht nur längst fällig, sondern überfällig geworden.

Man hat versucht, Jungs Bedeutung darin zu sehen, daß er „den modernen Menschen" schlechthin verkörperte und paradigma-

[20] Stern, C.G. Jung, 273f.
[21] Stein, Leiden an Gott, 272.

tisch, als ein Musterbeispiel, die Zweifel und Konflikte jedes Menschen durchlebte und darum stellvertretend für uns alle Lösungen fand. Aber „der moderne Mensch" – falls es ihn überhaupt gibt – ist nicht nur nach innen, sondern auch nach außen orientiert und engagiert, auch sozial und ökologisch, und eben dies kommt bei Jung zu kurz. Es gab aber schon zu seiner Zeit etwa bei Jungs Landsmann Leonhard Ragaz oder bei Paul Tillich den christlichen Sozialismus. Viel, sehr viel, hätte Jung zurechtrücken müssen, wenn er sich auch hier engagiert hätte.

Jung ging einen anderen Weg. An die Stelle der äußeren Solidarität und Mitmenschlichkeit in bewußt erlebtem und praktiziertem Sozialismus setzte er so etwas wie einen inneren Sozialismus – wenn es einmal erlaubt ist, seine Haltung versuchsweise so zu nennen. Er selbst spricht von einer „archetypischen Gemeinschaft"[22]. Die für alle geltenden, jedes Leben „konstellierenden" und regulierenden Archetypen sind das, was uns verbindet. Aber läßt sich das Christentum in eine solche archetypische Sprache übersetzen, ohne damit das aufzugeben, was es eben gerade zum Christentum macht? Das kann man als die zentrale und höchst spannende Frage betrachten, auf die eine Stellungnahme zu den Gedanken Jungs hinauslaufen muß, aber es gibt noch andere wichtige Fragen, denen sich diese Untersuchung stellen muß – viel zu kurz und summarisch, wie nochmals mit Bedauern festgestellt werden muß.

[22] In ähnlichem Sinne nennt Jung die Gruppe eine „mythische Einheit". Vgl. Keintzel, C.G. Jung, 245-249; bei Jung vor allem GW V,92, 224, 228f.; XII,214.

Vor einer Jung-Renaissance?

Es ist sehr schwer, Jungs Bedeutung für die Gegenwart abzuschätzen. Es ist nicht weniger schwer, Prognosen für die Zukunft zu stellen. Das ist deshalb so schwer, weil er in verschiedenen Kreisen sehr verschieden beurteilt wird. Und man kann sich auch, dank seiner Vielfältigkeit, aussuchen, was man an ihm und seinem Denken bewundern will. Weist der Theologe ihm Mißverständnisse nach, dann kann er ihn dort ernst nehmen, wo er, der Theologe, weniger zu Hause ist, etwa in der Psychologie. Weist der Fachpsychologe ihm Kurzschlüsse nach, so bewundert er ihn vielleicht als Religionsphilosophen. Findet man, er habe die neueste Entwicklung der Naturwissenschaften nicht zur Kenntnis genommen, dann kann man ihn preisen als denjenigen, der die angeblich naturwissenschaftliche Methode Freuds korrigiert habe, indem er den Geist und das Geistige ernst genommen habe. Oder dann rühmt man ihn als den Erforscher von Alchimie, Märchen und Mythologie, oder als den großen Traumforscher. Bei allen hier aufgezählten Gebieten handelt es sich zweifellos um Forschungsrichtungen, deren Bedeutung neu entdeckt wurde.

Wollte jemand einwenden, Jung sei als Mensch und als Forscher zu selbstsicher und seinen Gegnern gegenüber intolerant gewesen, dann wird verwiesen auf seine große „Demut", die sich etwa belegen ließe durch sein Bekenntnis im Alter: „In nichts bin ich ganz sicher."[23] Solche Unsicherheit müßte eigentlich bei Jung und seinen Anhängern eine große Gesprächsbereitschaft mit Forschern anderer Richtungen zur Folge haben. Das wäre der logische Schluß. Psychologisch gesehen kann man verstehen, wenn auch nicht entschuldigen, daß diese Unsicherheit eine sehr große Empfindlichkeit und Kränkbarkeit zur Folge hatte.

Diese Reaktion wird noch verständlicher, wenn man Jungs Ausgangspunkt kennt. Er wollte das, was andere (blind) glauben, wis-

[23] Erinnerungen, 360; vgl. Briefe, III,15f.

sen. Damit wurde seine Wissenschaft für ihn allzu leicht zum Glaubensersatz, auch wenn er das nie zugab. Anderseits galt er von diesem Ansatz her auch als der große Aufklärer und der empirische Erforscher bisher unerforschter Gebiete. Er gilt als Rationalist, etwa wenn er sagt: „Ich halte den menschlichen Verstand nicht für ewig und nehme infolgedessen nicht an, daß wir ewige Dinge wie Unendlichkeit, Unsterblichkeit, etc. denken können."[24] Anderseits gilt er als derjenige, der dem Übergewicht des Rationalen das Irrationale entgegengesetzt habe, und somit auch als der große Anti-Aufklärer. So scheint er für jeden etwas zu bieten.

Diejenigen, die betonen, Jung sei empirischer Forscher, übergehen geflissentlich die Feststellung seiner engsten Mitarbeiterin, Aniela Jaffé, er habe sich spätestens 1944 mit seinem Buch „Mysterium Coniunctionis" von der empirischen Methode abgewandt.[25] Und die, die ihn zum Philosophen oder Theologen machen wollen, tun dies gegen seinen Willen, denn beides wollte er niemals sein.

Wo aber liegt dann der Schwerpunkt seiner Arbeit? Jaffé behauptet: „Im Grunde genommen ist Jungs gesamtes Werk als eine religionspsychologische Aussage zu verstehen, als eine zunehmende Verdeutlichung des Numinosen, von dem der Mensch bewußt oder unbewußt erfüllt und umgeben ist und von dem er geführt wird."[26] Es fragt sich dann freilich, ob Religionspsychologie ganz ohne Theologie und Philosophie möglich ist.

Man wird Jung eher gerecht, wenn man sich klar macht, daß er Grenzgänger ist und bleibt, lebenslang. Genau das gesteht er sich aber nicht ein. Bewußt Grenzgänger und damit heimatlos zu sein, wäre für einen schizophren Gefährdeten wahrscheinlich der Untergang. Nietzsche ist da auch für Jung das in seinen Bann ziehende und beunruhigende Beispiel. Friedrich Nietzsche ist es auch, der sich auf die gleiche Weise wie Jung zu schützen versuchte vor dem Chaos und dem Zerfall: durch den Rückgriff auf eine Grundwissenschaft, auf der alle anderen Wissenschaften aufbauen.

[24] Briefe II,516.
[25] Jaffé, Parapsychologie, 40.
[26] Ebd.

Nietzsche macht die Psychologie zur „Herrin der Wissenschaften“[27]. Dem entspricht, daß für Jung das Psychische das einzig Wirkliche ist. Würde das die Philosophie oder die Theologie leugnen, so würde sie den Ast absägen, auf dem sie sitze[28], denn schlechthin alle menschliche Aussage ist nach Jung „psychische Aussage“.[29]
Daneben freilich steht der Vorwurf Jungs an Freud, er habe sich zu Unrecht der Philosophie verweigert. Von sich selbst kann Jung behaupten, er habe „den süßbitteren Trank der kritischen Philosophie nie verschmäht“[30]. Definiert man mit Bochenski Philosophie als „das Streben nach völliger Rationalisierung der menschlichen Erfahrung“[31], dann brauchte Jung als Empiriker und Aufklärer eine solche Philosophie. Aber er war eben nicht in erster Linie Empiriker und Aufklärer!
Jung scheint offen bleiben zu wollen nach allen Seiten. Auch das ist modern und schafft ihm Sympathie. Kritisiert man ihn, dann kann es geschehen, daß einem seine große Toleranz vorgehalten wird, während gleichzeitig Freud als intolerant hingestellt wird. In der Tat ist Toleranz der erste Schritt, der herausführen kann aus dem Frontenkrieg in der Psychologie und in den Wissenschaften überhaupt, wie auch im praktischen Leben, vor allem aber in der Psychotherapie.
Toleranz allein aber kann keine klare Orientierung geben. Sie kann unverbindlichen Pluralismus fördern. Der zweite Schritt in unserer gegenwärtigen Krise muß darum heißen: Integration, Suchen nach dem Verbindenden, Vereinigenden. Hier nun scheint Jungs aktuelle Bedeutung zu liegen. Jedenfalls ist seine Forderung nach Integration oder Ganzheit, die dann auf den Menschen angewendet auch Individuation heißt, vielleicht sein wichtigstes Leitmotiv. Die wichtigste Anfrage an ihn lautet daher, woher er die

[27] Nietzsche, Werke II,587.
[28] Briefe I,480; vgl. Wolff, Einführung, 33; Jung, Aufsätze zur Zeitgeschichte, 64.
[29] GWXI,661; XIV,2,232; XVII,103; Briefe II,272; III,23.318 u. ö.
[30] GW IV, 387 f.
[31] Bochenski, Europäische Philosophie, 234, im Anschluß an Alfred North Whitehead.

Kraft nimmt zu seiner auf den ersten Blick imponierenden Zusammenschau oder „Zentralschau" – in der Sprache der Mystik – und welches sein Integrationsprinzip ist.
Eine solche Zusammenschau darf die Empirie nie aufgeben, muß aber jene Teile der Philosophie und der Theologie mit einbeziehen, die sich direkter Erfahrung entziehen. Jung sträubt sich dagegen, tut es dann wider Willen aber doch. Aber bis zuletzt beteuert er: „Ich bin reiner Empiriker und nicht Philosoph."[32] Das klang zu seiner Zeit und klingt heute noch für weite Kreise nach wissenschaftlicher Exaktheit und lädt ein zur Lektüre seiner Werke. Zweifel kommen dabei Medizinern meistens viel früher als Theologen. Ja der Theologe Ulrich Mann geht offensichtlich noch über Jung hinaus, indem er dessen oberstes Einheitsprinzip zum Glaubensbekenntnis macht. Er sei hier ausführlich zitiert, weil aus seinem Bekenntnis, das für ihn freilich nicht zum Glauben, sondern zum Wissen gehört, das Leitmotiv Jungs unüberhörbar wird. Mann sagt: „Alles Geschehen in Natur und Geschichte wird beeinflußt durch Psyche. Als Individualseele bestimmt sie das persönliche Schicksal mit, als Kollektivseele den Ablauf der Geschichte und als kosmische Psyche den Gang des Naturgeschehens. Als Universalprinzip setzt sie allem seinen Ursprung, bestimmt seinen Gang und sein letztes Ziel. Alles, was Psyche heißt, steht in einem tiefsten Zusammenhang. Der freilich läßt sich für das Bewußtsein nur mittelbar erschließen, doch erfahren werden kann er in der Tiefe des Unbewußten, wann immer der archetypische Grund der Universalpsyche sich manifestieren will. In tausend und abertausend Einzelseelen spiegelt sich dieser Gesamtzusammenhang mikrokosmisch wider, mit seiner relativen Verborgenheit fürs Bewußtsein und seiner relativen Offenbarungsbereitschaft aus dem Unbewußten heraus. Das Ziel der Individualpsyche ist Selbstwerdung; dies ist so, weil auch die Universalpsyche auf Selbstwerdung angelegt ist. So ist alles Geschehen dadurch mitbedingt, daß Psyche Psyche werden soll und werden will, Psyche in Vollständigkeit. Deshalb ist überhaupt Weltgesche-

[32] Briefe II,88.

hen, damit Psyche reife. Das ist der Sinn von allem, der erste, der letzte, der einzige. Solche Sinnfindung der Psyche aber schließt Gottfindung ein. Denn Gott ist der Sinn der Psyche."[33]
Vorsichtiger sagt Marie Louise von Franz, Jung habe eine Vereinigung der Psychologie des Unbewußten mit den Ergebnissen der Mikrophysik vorgeschwebt.[34] Und Jung selbst kann sagen: „Wir wissen nicht, ob dasjenige, welches wir empirisch als physisch auffassen, im unbekannten Jenseits unserer Erfahrung nicht identisch ist mit dem, was wir im Diesseits als psychisch vom Physischen unterscheiden."[35] Ulrich Mann will hier mehr wissen als Jung!
Wie sehr das alles dem Zeitgeist entgegenkommt, das ergibt sich z. B. aus der Forderung von Autoren, die der „New-Age"-Bewegung nahestehen. Sie verlangen eine „Offenheit des ‚immer Weiteren'". Damit meinen sie die „Bereitschaft, zumindest zeitweilig über den gegenwärtigen Standpunkt hinauszugehen, verbunden mit der größtmöglichen begrifflichen und empirischen Strenge"[36]. Dabei habe jeder Forscher innere Widerstände zu überwinden gegen solche Ideen und Erfahrungen, die „vielleicht seine tiefsten Überzeugungen, sein ganzes Weltbild in Frage stellen."[37]
Dem Zeitgeist entsprechen auch die Grenzüberschreitungen Jungs. Er wehrte sich zwar energisch dagegen, etwa die Grenze hin zur Theologie überschritten zu haben; er mußte dann aber dies doch zugeben. Es ist nicht verwunderlich, daß eine gewisse Nähe zu beobachten ist zwischen Forschern, die die starre, dogmatische Abgrenzung von Wissenschaften gegeneinander, oder auch den

[33] Mann, Tragik und Psyche, 309. – Diese Ausführungen sind ein Musterbeispiel für das, was Johannes Fischer entschieden abwehrt. Darum sei hier schon darauf verwiesen. Fischer betont, daß das Hören auf das Evangelium sich seine Wirklichkeit schafft und von ihr aus die Gegenwart erschließt, nicht umgekehrt, wie das z. B. Eugen Drewermann fordert (und Mann tut): „Die Schrift läßt sich nur dann richtig auslegen, wenn der richtige Ort ihrer Auslegung gefunden ist" (zitiert bei Fischer, 130) – und zwar gefunden innerhalb der bereits vorher, ohne die Perspektive des Glaubens gemachten psychologischen Erfahrung, bzw. „wissenschaftlichen" Empirie.
[34] v. Franz in: Jung, GW XIV, Vorwort der Herausgeber; vgl. Jaffé, Parapsychologie, 67.
[35] GW XIV,2,316.
[36] Capra u. a., Psychologie in der Wende, 57.
[37] Ebd., 56, unter Berufung auf weitere Autoren.

„Methodenzwang" ablehnen, und C. G. Jung, auch wenn solche Forscher ihn nicht namentlich nennen. So könnte man den saloppen Grundsatz für jede Wissenschaftstheorie, den Paul Feyerabend im Munde führt, als einen willkommenen Freipaß für Jung ansehen: „Man nehme ein Genie und lasse es machen, was es will." Und Feyerabend ist überzeugt: „Auch heute kann die Wissenschaft aus unwissenschaftlichen Beimischungen Nutzen ziehen und tut es auch", selbst wenn „nicht jede Mischung wissenschaftlicher und außerwissenschaftlicher Elemente erfolgreich ist."[38] Auch für Michael Polanyi ist „das Ideal exakter Wissenschaft . . . grundsätzlich in die Irre führend und möglicherweise der Ursprung verheerender Trugschlüsse."[39]

Inhaltlich hatte Jungs Werk einen Schwerpunkt, von dem er freilich nicht immer so unbefangen sprach wie in der folgenden Äußerung in einem Brief: „Es ist so, daß der Zugang zum Numinosen die eigentliche Therapie ist, und insoweit man zu den numinosen Erfahrungen gelangt, wird man vom Fluch der Krankheit erlöst."[40] Eine solche Auffassung wäre im Munde von Sigmund Freud undenkbar. Sie dürfte ein schweres Hindernis sein für die meisten Mediziner, es sei denn, man interpretiere sie um und verstehe darunter, was Abraham Maslow meinte, wenn er die Suche nach Transzendenz als den höchsten aller Werte betrachtete, höher sogar als die Selbstverwirklichung.[41] Maslow formuliert dabei die religiöse Sehnsucht der Gegenwart in einer so weit neutralen Weise („Transzendenz"), daß damit die verschiedensten religiösen und philosophischen Sinngebungen möglich bleiben, von „Bewußtseinserweiterung" bis zu Tiefenpsychologie und von Christentum bis zu Buddhismus. Auch bei Jung bietet sich ein solcher nach allen Seiten hin offener Begriff an, der der „transzendenten Funktion". Sie wurde definiert als „die Funktion, die zwischen Gegensätzen vermittelt"[42]. Daß starke Einseitigkeit, wie sie eine dies-

[38] Feyerabend, Wider den Methodenzwang, 392.
[39] Polanyi, Implizites Wissen, 27.
[40] Briefe I,465.
[41] Zitiert nach Capra u. a., Psychologie in der Wende, 54.
[42] Samuels u. a., Wörterbuch, 221. Es ist wohl typisch, daß diese sehr weite und ungenaue Definition sich findet bei den amerikanischen Autoren eines Wörter-

seits- und fortschrittsgläubige Zivilisation charakterisiert, krank machen kann und in Gegensatz zu religiösen Bedürfnissen gerät und daß deshalb eine „Vermittlung“ sich heilsam auswirken kann, wird wohl niemand bezweifeln. Wenn die Entdeckung des Bedürfnisses nach Ganzheit durch religiöses „Transzendieren“ für Jung reklamiert wird, dann könnte man ihn tatsächlich als „den Psychologen des einundzwanzigsten Jahrhunderts“ bezeichnen.[43] Die entscheidenden Fragen blieben dann aber immer noch offen. Dazu gehören Fragen wie: Ist Christentum Vermittlung zwischen Gegensätzen? Ist sein Ziel Ganzwerdung im Sinne von Jung? Und ist das Transzendente für den Christen das Numinose?

Nach Jung ist das Numinose eine gewaltige und bezwingende Kraft, die nicht besiegt werden kann. Man kann sich ihr lediglich öffnen. Sie trägt in sich einen noch undeutlichen, anziehenden und schicksalhaften Sinn. Numinosität ist die Haupteigenschaft des Archetypus.[44] Man wird, wenn man das hört, sofort bemerken, daß Christentum sich nicht auf eine Begegnung mit dem Numinosen reduzieren läßt.

Nun ist aber gerade diese Seite der Lehre Jungs weiter ausgebaut worden. Ja man kann, wenn man die Veröffentlichungen von Verlagen wie „Shambhala“ oder „Daimon“ durchgeht, sich des Eindrucks nicht erwehren, daß das christliche Abendland allmählich zu einem buddhistischen Abendland zu werden scheint, oder doch wenigstens zu einer Zivilisation des Synkretismus, d. h. der wahllosen Religionsvermischung. Und die Literatur, die diesen Synkretismus fördert im Namen einer modernen Tiefenpsychologie, und damit auch alle „New-Age“-Anhänger oder -Sympathisanten anspricht und alle, die auf der neuen „Okkultismus-Welle“ reiten, scheint fast eine Inflation zu erleben. Ihre Auswirkungen sind kaum mehr zu kontrollieren. Sie reichen bis zu „teils haarsträubenden Popularisierungen“[45], etwa in der „Dianetik“ der soge-

buchs Jungscher Begriffe, während Helmut Hark in seinem „Lexikon“ eine viel präzisere Definition gibt.

[43] Nach einem Katalog der „Shambhala Publications“, Herbst 1990, 10.

[44] Vgl. Samuels u. a., Wörterbuch; Hark, Lexikon, zum Begriff.

[45] Capra u. a., Psychologie in der Wende, 56.

nannten „Scientology-Kirche“ oder den Produkten der „Perseus-Edition“ in München.[46]

Um den Einfluß Jungs nun doch noch genauer zu erfassen, haben besonders in den USA Untersuchungen mit Hilfe von Fragebogen stattgefunden. Auch wenn die Ergebnisse statistisch nicht zuverlässig sind, sind sie doch aufschlußreich und zum großen Teil auch auf unsere Verhältnisse anwendbar. H. A. Wilmer berichtet darüber in: Die Psychologie des zwanzigsten Jahrhunderts.[47]

Einige befragte Dozenten antworteten, Jung sei während ihrer Ausbildung nie erwähnt worden. Seine mangelnde Eindeutigkeit mache den Studenten Schwierigkeiten. Wörtlich: „Seine Religion erscheint mir manchmal recht penetrant. Ich schätze aber seine Offenheit gegenüber östlichen Anschauungen.“ Dann wieder: „Ich denke, er ist einer der größten Philosophen der Welt.“[48] Ein anderer bedauert: „Unglücklicherweise mußte er sich als Empiriker maskieren.“ „Bei unserer psychoanalytischen Ausbildung hörten wir einiges von ihm. Allgemeiner Eindruck: Es war ‚nicht von dieser Welt‘.“[49] „Ich glaube nicht, daß sein Werk für die Praxis besonders geeignet ist.“ Warum dann trotzdem Ergebnisse erzielt werden können, das will ein anderer Befragter wissen: „Die Jungsche Analyse ist weithin ineffizient . . . Mit ihr gelingt es aber, der Realität aus dem Weg zu gehen.“

Dazu kommen weitere persönliche Eindrücke: „Ich stand den Jungschen Analytikern und ihrer Arbeit schon immer positiver gegenüber als der Jungschen Theorie.“ „Ich ärgerte mich über die

[46] L. Ron Hubbard, mit dessen Buch über „Dianetik“ die „Scientology-Church“ hausieren geht, und Charles Waldemar, der über seine „Perseus-Edition“ „siegreiche“ "Urkraft", „Gesundheit“ und „erotische Energie“ vermarktet, betonen ihre Eigenständigkeit, berühren sich aber doch in vielem mit der „Tiefenpsychologie“ Jungs und seinem Optimismus, mit dem er zuallererst sich selbst schützt. Es klingt nämlich sehr einfach und optimistisch, wenn behauptet wird, seelische Gesundheit stelle sich sofort ein, wenn man „numinose Erfahrungen“ mache.

[47] Kindler, Die Psychologie des zwanzigsten Jahrhunderts, III,930ff.

[48] Hierbei ist freilich zu beachten, daß das Wort „Philosophie“ im englischen Sprachraum in einem viel weiteren Sinne gebraucht wird als bei uns. So kann z. B. sogar die Verkaufsstrategie einer Firma als ihre „philosophy“ bezeichnet werden!

[49] Das ist als Kritik gemeint, müßte es aber nicht sein, denn „diese Welt“ (die westliche) ist wissenschaftsgläubig und rationalistisch und bedarf deshalb einer Ergänzung, die dann eben „nicht von dieser Welt“ ist.

Einseitigkeit meiner Ausbildung und sah den Fehler darin, daß die psychologischen Schulen sich in einer Konkurrenzsituation sehen und sich gegenseitig auszustechen versuchen."

Genau dieses Konkurrenzdenken beeinflußt mit Sicherheit auch die Schätzungen und muß uns warnen vor einer Überbewertung der sogenannten Jung-Renaissance. M.-L. von Franz beobachtet: „Fast immer stößt man, wenn man Jung nennt, auf emotional geladene Ablehnung oder Begeisterung und nur selten auf ein sachliches Urteil."[50] Das mag uns davor warnen, die im folgenden erwähnten Zahlen als Ergebnisse sachlicher Antworten auf sachliche Fragen zu bewerten. Eine weitere Episode, die am Jung-Institut in Zürich gerne erzählt wird, kann als Warnung dienen. Dort sollte sich eine Gruppe von Studenten selbst einschätzen, ob sie eher introvertiert oder extravertiert seien. Ergebnis: eine deutliche Mehrzahl von Introvertierten. Genau dieselbe Gruppe schätzte sich aber an der Universität Zürich – natürlich unter der Annahme, daß dort Extraversion höher im Kurs ist – so ein, daß sich eine deutliche Mehrheit von Extravertierten ergab. Trotz alledem sollen die folgenden Zahlen nicht übergangen werden.

Jungianer (Analytiker und Studenten) „konstatieren" ein Anwachsen des Interesses für Jung auf 94% bis 96% der Bevölkerung. Psychiatrie-Dozenten dagegen glauben, daß unter höchstens 20% der Bevölkerung ein solches Interesse vorhanden sei. Interessant ist, daß auch die Meinung zu hören war, die „Arroganz" der Freudianer wecke das Interesse an Jung als einer Alternative. Auch ein Auseinanderdriften von „Jungs mystischen Elementen" und der empirischen Orientierung der modernen Psychologie wird beobachtet. Allerdings zwinge die zunehmende Drogensucht unter Jugendlichen dazu, sich auch mit „Mystik" zu beschäftigen. Ein Befragter vergleicht jedoch Jungs Botschaft mit dem Evangelium und sagt lapidar: „Ich habe keinerlei Interesse daran, ein Evangelium zu verkünden. Die Interessierten kommen von allein, die anderen eben nicht." Und zu diesen Interessierten gehören, wie ein anderer bemerkt, die Introvertierten, nicht die Extravertierten.

[50] v. Franz: C.G. Jung – sein Mythos, 3.

Der Befrager wollte dann auch wissen, was die Zusammenarbeit mit anderen Richtungen und Disziplinen erschwere. Hier einige Antworten: „Die im Guru-Milieu abgehaltenen Jung-Kurse mit ihren zweifelhaften Inhalten. Mein Interesse ist klinischer Natur." „Das größte Hindernis ist die ‚Jungsche Paranoia'." Jung passe aber auch „linksdenkenden Fakultäten nicht ins Konzept". Erstaunlich dann eine weitere Kritik, die nun doch wohl aus Amerika nicht ohne weiteres auf Europa übertragen werden kann: Jungianer seien „zu stark organisiert, zu evangelisch, zu kirchlich, zu glaubensmäßig". Dann freilich auch, kurz und ins Schwarze treffend: „Jung spricht unsere Zeit an." H. A. Wilmer, der diese Ergebnisse berichtet, meint, die Vielzahl kurioser „Psychotherapien" hätten zu viel Staub aufgewirbelt. Erst wenn er sich gelegt habe, könne man sachlicher über die Bedeutung Jungs urteilen. Nun, er wird sich kaum ohne die Zuhilfenahme von Staubsaugern legen.
Verschiedene Umfragen der „Deutschen Gesellschaft für Analytische Psychologie" kommen ebenfalls zu dem Ergebnis, daß häufig die mangelnde Zusammenarbeit mit der psychologischen Forschung bedauert wird. Mario Jacoby stellt fest, daß sich Theologen viel häufiger mit Jung beschäftigen als Psychologen. Bis zum Jahre 1973 habe es nach Heisig, den er zitiert, 424 Arbeiten über Jungs „religionspsychologische Ergebnisse" gegeben. Ausgespart bleibt die Sozialethik. Jung bleibe, im Gegensatz zu Freud, zu sehr dem bürgerlichen Individualismus verhaftet.[51]
Allerdings wurde auch behauptet, Jung habe spätestens mit seiner Schrift „Mysterium Coniunctionis" die Fesseln seines Individualismus gesprengt. Tatsächlich hat er sich damit aber den Weg zu einem Verständnis sozialethischer Fragen sogar noch erschwert. Eine Gemeinschaft von Menschen, die ihr Leben verantwortlich gestalten, ist nämlich dann nicht mehr möglich, wenn diese Menschen unpersönlichen archetypischen Mächten ausgeliefert sind und deshalb auch zu sich selbst nicht mehr im eigentlichen Sinne „Ich" sagen können. Das aber geht aus vielen Äußerungen Jungs hervor, z. B. aus den folgenden: „Unser Bewußtsein dreht sich um

[51] Jacoby, C.G. Jung – heute; vgl. Jung, Briefe II,54; Seidmann, Der Weg der Tiefenpsychologie, 122f.

das Unbewußte herum, nicht umgekehrt. Das Zentrum des Menschen liegt eben im Unbewußten ... Das Ich ist gewissermaßen ein Clown, der so tut, als ob er die Hauptperson sei. Er will höchstens das, was sowieso passiert." Wenn man das leugne, gelange man zur „Ich-Superstition". Die Überschätzung des Ich und des Willens sei nichts anderes als die „Gottähnlichkeit". Der Wille sei lediglich „ein disponibler Energiebetrag", sonst nichts. Die Quelle des Lebens sei nicht bei ihm zu finden, sondern „nur unten. Dieses Unten ist die Naturgeschichte des Menschen, seine Kausalverknüpfung mit der Instinktwelt". Nur das Unbewußte ist „die schöpferische Matrix der Zukunft", ja die Matrix von allem, denn es ist die „Hölle" und auch das „Paradies" und zudem der Ursprung für die „seelische Gleichheit aller Menschen." Diese Gleichheit sei eine „schlechthin vorhandene Tatsache", welche „von der ursprünglichen Unbewußtheit des Individuums" herrühre.[52]

Hier findet sich, wenn man so will, die Anthropologie Jungs in konzentrierter Form. Am Anfang der Einleitung zu diesem Buch habe ich versucht, mit einem Zitat von Hanna Wolff in die Problematik einzuführen. Sie ist der Meinung, die Theologie müßte das „radikale Novum" des „durch die Tiefenpsychologie heraufgeführten modernen Menschenbildes" ernstnehmen. In der Tat vertritt Jung ein Menschenbild, wie es immer noch weiten Kreisen sympathisch ist, z. B. der z. Zt. an Bedeutung noch zunehmenden „biologischen Anthropologie"[53]. Man scheint hier auch Waffen finden zu können für den Kampf gegen die angebliche Arroganz und Kopflastigkeit des „dogmatischen" oder bekennenden Christentums und der sogenannten reinen Bewußtseinspsychologie und Bewußtseinstheologie. Aber ist damit einem wirklichen Ge-

[52] Kindertraum-Seminar I,66; Briefwechsel, 466; GW VI,64; VIII,229; V,387 und 544; VII,41 f. und 304; XII,148; und öfter.

[53] Vgl. dazu die angegebenen Werke von Hassenstein, Bilz und anderen und neuerdings von Seifert und, aus völlig anderer Sicht, von Hastedt. Daß aber das Thema immer neue Untersuchungen fördert, zeigt nicht nur die Sammlung von Helmut A. Müller über „Naturwissenschaft und Glaube", sondern auch der bibliographische Bericht von Jürgen Hübner: „Der Dialog zwischen Theologie und Naturwissenschaft".

spräch, in dem beide Seiten voneinander lernen, gedient? Wohl zurecht klagt Joachim Scharfenberg, das psychologische Fachgespräch (wozu voreilige, problemblinde Spekulationen von lückenhaft Informierten nicht gehören!) vollziehe sich immer noch fast unbemerkt von den meisten Theologen, „und daß eine theologische Erkenntnis einen Psychologen anzuregen vermöchte, bleibt einsame und untypische Erscheinung“[54].

Gibt es demnach eine Jung-Renaissance? Wir müssen wohl antworten: Unter Christen und unter Theologen höchstens in einer zu äußerlichen, nicht in die Tiefe der Probleme vorstoßenden Form. Das aber hat zur Folge, daß mehr oder weniger alle bisher von Christen über Jung abgegebenen Urteile neu überprüft werden müssen. Die Voraussetzungen für eine solche Überprüfung sollen, so gut es in gedrängter Form geht, die folgenden Kapitel schaffen. Die Kriterien für eine Stellungnahme, also die Maßstäbe im engeren Sinne, soll dann das erste Kapitel des kritischen Teiles darlegen.

[54] Scharfenberg, Religion zwischen Wahn und Wirklichkeit, 172.

Biographische Notizen

Carl Gustav Jung wurde am 26. Juli 1875 in Kesswil am Bodensee als Sohn des reformierten Pfarrers Johann Paul Achilles Jung und der Emilie Jung geb. Preiswerk geboren. Von seinem zweiten bis zu seinem vierten Lebensjahr lebte er mit seinen Eltern in Laufen bei Schaffhausen, danach in Kleinhüningen bei Basel, wo 1884 seine Schwester Gertrud geboren wurde. In Basel besuchte er das Gymnasium und studierte danach Naturwissenschaften und Medizin. 1900 begann er eine zweijährige Tätigkeit an der Psychiatrischen Klinik „Burghölzli" unter der Leitung von Prof. Eugen Bleuler. Dann arbeitete er für ein Jahr in Paris bei Prof. Pierre Janet, um nachher an das „Burghölzli" zurückzukehren. 1903 heiratete er Emma Rauschenbach, die Tochter eines Industriellen aus Schaffhausen. Von 1905 bis 1913 stand er in engem Kontakt mit Sigmund Freud. Der Bruch mit Freud, der Jung in seinem letzten Brief als sehr krank bezeichnet hatte, stürzte diesen in eine schwere innere Krise. Zur selben Zeit beendete Jung eine Tätigkeit als Privatdozent an der Universität Zürich, die er 1905 begonnen hatte. Bereits 1909 hatte er seine Kliniktätigkeit aufgegeben, da seine Privatpraxis immer mehr wuchs.

Für die weiteren äußeren Daten seines Lebens verweise ich insbesondere auf die Zusammenstellung in Band III der „Psychologie des 20. Jahrhunderts". Wichtig für ihn waren mehrere Forschungsreisen und vorübergehende akademische Lehraufträge an der Universität Basel und der Technischen Hochschule in Zürich. 1955 starb seine Frau Emma, die er dann in einem Traum im Jenseits am Schreibtisch weiterarbeiten sah. Seine Ehe und seine Familie hatten erhebliche Belastungen auszuhalten durch verschiedene Freundschaften, insbesondere die mit Toni Wolff, die sich schließlich „aus Herzeleid mit Rauchen und Trinken die Gesundheit ruinierte"[55] und 1953 starb. Jung selbst starb am 6. Juni 1968 im Alter von 86 Jahren in Küsnacht bei Zürich.

[55] Stern, C.G. Jung, 152.

Für ihn waren die inneren Daten seines Lebens sehr viel wichtiger als die äußeren. Darüber hat er in einem erstaunlichen Buch Auskunft gegeben mit dem Titel: „Erinnerungen, Träume, Gedanken." Nicht alles in diesem Buch ist ehrlich und richtig. Aber erst etwa ab 1976 gibt es darüber genauere Angaben. In diesem Jahr erscheint die erste kritische Biographie über Jung aus der Feder des Amerikaners Paul J. Stern. Bis dahin gab es, so viel ich sehe, nur kritische Analysen einzelner Phasen im Leben Jungs. Es folgen dann Biographien von Vincent Brome, Colin Wilson, Murray Stein, Josef Rattner und anderen. Neben dem Namen Toni Wolff erinnert auch der Name Otto Groß an ein düsteres Kapitel in Jungs Leben, in dessen Verlauf er Schuld auf sich lud. Darüber hat Emanuel Hurwitz detailliert berichtet. Otto Groß, ein Kollege von Jung, war durch Fehldiagnosen und falsche Behandlung in Verarmung, Verzweiflung und schließlich in den Selbstmord getrieben worden.
Wenn Jungs Autobiographie „Erinnerungen, Träume, Gedanken" wirklich so erstaunlich offen und selbstkritisch wäre, wie das öfters behauptet wurde, dann müßten sich darin Niederschläge solcher Ereignisse finden, und es wäre zu erwarten, daß er mit Schmerz und Betroffenheit darüber redet. Das aber ist nicht der Fall. Neben den Namen Toni Wolff und Otto Groß fehlt in Jungs Erinnerungsbuch z. B. auch der Name seines hoch begabten, viel zu früh verstorbenen Kritikers Hans Trüb. Und wirklich persönlich sind diese Erinnerungen nicht – etwa verglichen mit Bekenntnissen über das eigene Leben wie man sie vom Kirchenvater Augustinus oder von Sören Kierkegaard kennt. Ein Vergleich, wie sich solche in der Nähe von Jesus Christus lebende und mit eigenen Schwächen ringende Männer der Kirche vor Gott sehen und wie C. G. Jung sich selbst gegenübertritt, wäre auch in Einzelheiten höchst instruktiv.
Eigentlich konnte Jung kein persönliches Buch schreiben, wenn man ihn beim Wort nimmt mit der folgenden Äußerung: „Das Persönliche ist für mich etwas derart Irrationales und Zufälliges, daß ich damit einfach nichts anfangen kann – da kann ich mir

nicht anders helfen, ich rück es mir aus den Augen."[56] Heinrich Balmer bemerkt dazu, weil Jung „das Persönliche derart nachhaltig verdrängt, ist die Gefahr besonders groß, daß Patienten durch seine Theorie ‚vergewaltigt' werden."[57] Balmer übersieht, daß Jung selbst durch seine eigene Theorie vergewaltigt wurde.
Jung gibt das sogar selbst zu. Er sagt: „Mein Leben ist in gewissem Sinne die Quintessenz dessen, was ich geschrieben habe, und nicht umgekehrt. Wie ich bin und wie ich schreibe ist eines. Alle meine Gedanken und mein ganzes Leben, das bin ich. So ist die Autobiographie nur noch das Pünktchen auf dem I."[58]
Ist nun Jung sich selbst zu nahe? Oder gibt er gerade in einer merkwürdig distanzierten, moralisch oft fast unbeteiligten Art Rechenschaft? Beides findet sich bei begabten Schizophrenen oft ineinander verwoben und beides findet sich auch bei Jung ineinander verwoben. Dazu nur ein kurzer Vergleich: Ein als schizophren diagnostizierter Patient schreibt unter anderem: „Die Kategorien Raum und Zeit scheinen mir in Frage gestellt. Was ist das für eine Welt vor meinem Fenster? ... Für mich ist sie bloß eine Widerspiegelung meiner eigenen Gedanken, Gefühle, Triebe, Ängste, Verzweiflungen, Hoffnungslosigkeiten ... Es gibt nur mich, und ich bin das Universum ... Und bei der allgemeinen Zerstörung wird ... der unwichtigste Teil von mir unsterblich sein." Und was sagt Jung von sich? Seine Phantasien kommen ihm rückblickend vor, „als sei eine Botschaft mit Übermacht an mich gekommen. Es lagen Dinge in den Bildern, die nicht nur mich angingen, sondern auch viele andere. Damit hat es angefangen, daß ich nicht mehr nur mir selber gehören durfte. Von da an gehörte mein Leben der Allgemeinheit."[59]
Tatsächlich geben solche inneren Erlebnisse mehr Einblick in Leben und Werk von Jung als äußere Daten. Geradezu ein unentbehrlicher Schlüssel dazu sind folgende Ausführungen, die aus

[56] Nach Trüb, Heilung aus der Begegnung, 40.
[57] Balmer, Die Archetypentheorie, 122.
[58] Erinnerungen, 7f.
[59] Erinnerungen, 195f. Jaffé, Phasen, 107, bemerkt dazu: „Es war ein Gelübde unter dem er von da an bis zu seinem Tode stand." Rechenschaft darüber hatte er seinem „letzten Richter", „dem Unbewußten" (!) abzulegen (Briefe II,75).

führlich zitiert werden sollen: „Ich hatte alle Mühe, mich neben meinen Gedanken zu behaupten. Es war ein Dämon in mir, und der war in letzter Linie ausschlaggebend. Er überflügelte mich, und wenn ich rücksichtslos war, so darum, weil ich vom Dämon gedrängt wurde ... Ich habe viele Leute vor den Kopf gestoßen; denn sobald ich merkte, daß sie mich nicht verstanden, war der Fall für mich erledigt. Ich mußte weiter. Ich hatte – außer bei meinen Patienten – keine Geduld mit den Menschen. Immer mußte ich dem inneren Gesetz folgen, das mir auferlegt war und mir keine Freiheit der Wahl ließ. Allerdings folgte ich ihm nicht immer. Wie kann man ohne Inkonsequenzen auskommen? Für manche Menschen war ich unmittelbar vorhanden, insofern sie in einem Kontakt zur inneren Welt standen; aber dann konnte es sein, daß ich plötzlich nicht mehr vorhanden war, weil nichts mehr da war, was mich an sie band. Ich hatte es mühsam zu lernen, daß Menschen noch da sind, auch wenn sie mir nichts mehr zu sagen haben.[60] Viele erweckten bei mir das Gefühl lebendiger Menschlichkeit, aber nur wenn sie im Zauberkreis der Psychologie sichtbar wurden; im nächsten Augenblick, wenn der Scheinwerfer seinen Strahl woanders hin richtete, war nichts mehr vorhanden. Für manche Menschen konnte ich mich intensiv interessieren, aber sobald ich sie durchschaut hatte, war der Zauber verschwunden. So habe ich mir viele Feinde gemacht. Aber als schöpferischer Mensch ist man ausgeliefert, nicht frei, sondern gefesselt und getrieben vom Dämon ...[61] Die Unfreiheit erweckte

[60] Man beachte hier die für psychotische Krisen charakteristische Koppelung des eigenen Vorhandenseins an das Vorhandensein der Bezugsperson. Das entspricht im übrigen auch dem frühinfantilen Zustand: Entfernt sich die Mutter oder die Bezugsperson, dann versinkt der Säugling wieder in einen vorbewußten, traumhaften, ichfernen Zustand. – Bei Jung ist man allerdings hier und noch an vielen anderen Stellen nie ganz sicher, ob er auch genau das sagt, was er sagen will. Im Umgang mit der deutschen Sprache blieb er hinter der um Präzision ringenden Meisterschaft von Freud deutlich zurück.

[61] Das ist, nach Freud, Angstabwehr durch Verallgemeinerung. Diese Art der Abwehr, die bei Gesunden und bei Neurotikern noch nachvollziehbar und bewußtseinsfähig bleibt, wird bei Psychotikern automatisiert und dämonisiert. Das brach bei Jung durch in seiner schweren Krise von 1912, von der ab sein Leben und Denken für ihn Allgemeingültigkeit hatte. Wiederum drängt sich ein Vergleich mit einem Schizophrenen auf, der uns im Rahmen der Ausbildung am

bei mir eine große Trauer. Oft kam es mir vor, als sei ich auf einem Schlachtfeld... Vielleicht könnte ich sagen: Ich brauche Menschen in höherem Maße als andere und zugleich weniger. Wo das Daimonion am Werk ist, ist man immer zu nah und zu fern. Nur wo es schweigt, kann man mittleres Maß bewahren."[62]

Zu nah und zu fern, zugleich! Diese unechte, weil psychotisch überlagerte Paradoxie, ist das emotionale Lebensthema Jungs, das sich bis in sein Elternhaus zurückverfolgen läßt. Aber darunter verborgen wartet eine echte, zutiefst menschliche, ja „göttliche" Paradoxie auf ihre Erlösung vom quälenden Fluch. Denn Gott ist ein Gott der Nähe und der Ferne (Jer 23,23), und als der in und hinter der Begegnung mit dem Mitmenschen Verborgene (Mt 25,40) läßt er im Erlebnis größter menschlicher Nähe die Geschiedenheit und Einsamkeit schmerzlich aufleuchten[63] und läßt mitten in der größten Verlassenheit die größte Nähe helfender Mitmenschlichkeit zum Erlebnis werden.[64]

Um Jungs lebenslangen Zwiespalt zu verstehen, muß man wissen, daß er seinen Vater als schwach und seine Mutter als in ihrer Persönlichkeit gespalten erlebte. Beiden gegenüber fühlte er sich intellektuell überlegen. Dem Vater wollte er helfen, aber der Vater starb in seinen Armen, als angeblich seelisch und leiblich gebrochener Mensch. Später wollte er seinem väterlichen Freund Sigmund Freud therapeutisch helfen, aber der winkte ab. Schließlich

Jung-Institut in Zürich vorgestellt wurde. Im Tonfall wissenschaftlicher Sachlichkeit dozierte dieser ältere Mann, er sei Vizepräsident der Weltregierung, die in „Centroville" ihren Sitz habe. Derselbe Mann benahm sich aber in der Öffentlichkeit höflich und unauffällig, so daß die Umwelt über seinen Zustand völlig im Dunkeln gehalten werden konnte...

[62] Erinnerungen, 358 f.

[63] In selbstquälerischer Weise berichtet davon Heilwig Eulenburg in ihren Texten mit dem Titel: „Zu nah", in versöhnender Weise ist die Einsamkeit das Thema von C. E. Moustakas.

[64] Unvergeßlich bleibt die Schilderung eines solchen Erlebnisses bei Alice Rivaz. Sie wacht nach einer schweren Operation aus der Narkose auf und fühlt ihre Hand gehalten von einer anderen Hand. Die Gewißheit, es sei die Hand ihrer Mutter, schwindet dahin, als sie die Augen öffnet und in das ziemlich häßliche Gesicht einer ihr fremden Krankenschwester sieht. Aber dann gibt sie sich ganz dem Erlebnis hin: Hier ist ein ganz fremder Mensch bei dir in deiner Angst! – Hier ist allgemein-menschliche Tiefe in deutlichem Unterschied zu formaler archetypischer Allgemeingültigkeit.

wandte er sich der Therapie Gottes zu. Wie Gott selbst vermutlich darauf reagiert, das kann man erschließen aus dem in solchen Fällen am ehesten angebrachten Humor des 2. Psalmes: Er lächelt und verzichtet auf direkte Selbstverteidigung.
Aber hier würde Jung protestieren. Es gehe ihm niemals um Gott selbst, sondern nur um das Gottesbild. In der Tat ging es ihm in ähnlicher Weise auch niemals um Freud selbst, sondern um das Feindbild von Freud, das sich in seiner Vorstellung herausgebildet hatte. Und auch eine fruchtbare Auseinandersetzung und Ablösung von seinem Vater war kaum möglich, weil er, der mehr mit dem Innen als mit dem Außen beschäftigte Sohn, die innere, durch vielfältige Projektionen verfälschte Vorstellung von seinem Vater höher bewertete als die Begegnung mit dem wirklichen Vater und das partnerschaftliche Gespräch mit ihm.[65] Wo sollte auch noch Raum zu finden sein für ein solches Gespräch, sobald der Sohn davon überzeugt war, den Vater besser zu verstehen, als dieser sich selbst verstand, und sobald sich die zynische Meinung in ihm herausbildete, die Neurotiker seien niemals die wertvollen Menschen. Das seien nur die Gesunden![66]
Daß Jung nicht nur in dem Maße, wie man es bei vielen Pfarrerskindern findet, sondern noch darüber hinaus einen antiautoritären Affekt entwickelte, ist bei den Eltern, die er hatte, verständlich und verzeihlich, aber für seine spätere Tätigkeit wurde dieser Affekt zum Störfaktor und wuchs sich aus zu einer „ekklesiogenen" Neurose – oder noch mehr als das. Aber in einer Zeit, in der das kirchenkritische Schrifttum uferlos wuchert, greift man natürlich gerne zu einem solchen Autor, zumal die Kirchenkritik oft im Negativen steckenbleibt, Jungs Botschaft aber hoffnungsvoll klingt. So haben eben nicht nur zynische Entlarver wie Peter Sloterdijk, Paul Feyerabend, Sissela Bok und andere Konjunktur, wenn sie den Zynismus preisen, den Methodenzwang anklagen und den „täglichen Zwang zur Unaufrichtigkeit" registrieren, sondern um

[65] Auf diese Zusammenhänge weist Murray Stein hin in seinem Buch: „Leiden an Gott" mit dem aufschlußreichen Untertitel: C. G. Jungs Therapiekonzept für das Christentum.
[66] Briefe, I,294.

solche und andere Kost überhaupt noch verdauen zu können, braucht man für seinen „seelischen Magen" (mit Jung gesprochen) eine Gegendiät. Hier bietet sich verführerisch die ewige Ordnung der Archetypen an. Sie erscheint vielen auch als Balsam gegen Freuds vermeintlichen Pessimismus und Nihilismus.
Es scheint jedoch so, als würde Jung diese angeblich unumstößliche, von allem Allzupersönlichen unabhängige Ordnung mißbrauchen, um sich selbst zum neuen Patriarchen zu machen. Besonders aufschlußreich ist da der Bericht von Paul J. Stern über die erste große Krise des Psychologischen Klubs in Zürich Anfang der zwanziger Jahre. Bei einer von Jung einberufenen Versammlung griffen seine Gefolgsleute Maeder und Trüb ihn unverhofft an. Sie warfen ihm vor, man könne mit ihm nicht sachlich diskutieren. Er stehe ganz einfach nicht zur Sache, sondern entziehe sich souverän oder fluchtartig jeder gründlichen Auseinandersetzung. Daraufhin tat Jung genau dies und verließ zusammen mit seiner Frau und mit Toni Wolff den Sitzungssaal. Alphonse Maeder, sonst immer sehr zurückhaltend, bemerkte: „Da sieht man es. Wenn man den Stier bei den Hörnern packen will, kneift er einfach aus."[67]
Das alles sieht nun aus wie ein Vorgriff auf die zuerst am Schluß dieses Buches fällige Kritik – und zudem ein Vorgriff auf der Grundlage seines lückenhaften Berichts. In der Tat würde z. B. ein Eingehen auf den Aufsatz von Aniela Jaffé über „Die schöpferischen Phasen im Leben von C. G. Jung" noch weitere wichtige Aspekte zutage fördern, grundsätzlich aber nichts an dieser Wertung ändern. Wichtiger ist jedoch, daß es sich gerade bei Jungs Biographie deutlicher als in den meisten anderen Fällen zeigt, daß ein wertneutraler biographischer Bericht ein Unding wäre. Das weiß man in der jüdisch-christlichen Tradition. Das weiß schon das Alte Testament, im deutlichen Unterschied zu dem mythischen Umgang mit der Lebenszeit des Menschen und seiner Geschichte. Natürlich konnte auch Jung nicht unberührt bleiben von der jüdisch-christlichen Tradition, die unsere Kultur sogar noch in ihrer säku-

[67] Stern, C.G. Jung, 162.

larisierten Form geprägt hat.[68] Deutlicher als er versucht aber sein eigenwilliger Schüler Ernst Bernhard in seiner „Mythobiographie“ eine Synthese. Voraussetzung dafür ist für Bernhard eine Unterscheidung zwischen dem kollektiven und dem individuellen Schicksal eines Menschen. Diese Unterscheidung will Bernhard unabhängig von Jung und vor seiner Begegnung mit ihm entdeckt haben. Nach seiner Entdeckung der Jungschen Lehren meint er dann, die „Auseinandersetzung zwischen kollektiven und individuellen Werten“ sei „das Rückgrat der ganzen Jungschen Psychologie“, die er nicht „Analytische Psychologie“, sondern „Psychologie des Individuationsprozesses“ nennen möchte. Und statt „kollektiv“ würde er lieber „karmisch“ sagen, denn der Mensch trage „aus seinen vergangenen Inkarnationen in sich das Karma“.[69]

Ist hier die Integration gelungen? Ist hier eine gewisse Einseitigkeit, in die die christliche Tradition, und speziell die christliche Lebensphilosophie und Biographie geraten ist, tatsächlich überwunden? Bernhard hatte von Martin Buber und vom jüdischen Chassidismus gelernt: „Gott ist in jedem Ding zu sehen und in jedem reinen Tun zu erreichen. Die ganze Welt ist ein einziges Wort aus Gottes Mund.“ Religion gründet deshalb auf unmittelbarer religiöser Erfahrung.[70] Kann man diese Tradition auch in karmische Vorstellungen transponieren?

Diese entscheidende Frage ergibt sich auch aus Jungs Biographie. Sie ist geschrieben, bzw. diktiert von einem Menschen, der sich eher mit Hilfe von zen-buddhistischen als von christlichen Glaubensvorstellungen auf das Sterben einstellte.[71] Sie ist gestaltet von

[68] Der Jungianer Helmut Barz meint deshalb, es sei nahezu bedeutungslos, wie ein Mensch in seinem Bewußtsein zum Christentum stehe, da „das Unbewußte des westlichen Menschen von der christlichen Religion tief geprägt“ sei (Selbst-Erfahrung, 14).

[69] Ernst Bernhard, Mythobiographie, 10 (Einführung von H. Erba-Tissot).

[70] Ebd., 9.

[71] Vgl. GW X,22; IV,364; Erinnerungen, 282f. Besonders aufschlußreich ist eine Bemerkung in einem unveröffentlichen Brief von Marie-Luise v. Franz vom 12.9.61, auf die Kapleau, Die drei Pfeiler des Zen, 13, hinweist: „C.G. Jung las auf seinem Sterbebett: Ch'an and Zen Teachings: First Series, von Charles Luk. Er bat seine Sekretärin, dem Autor mitzuteilen, daß er ‚begeistert sei... Als er las, was Hsu Yun gesagt hatte, hatte er manchmal das Gefühl, daß er selbst genau dasselbe gesagt haben könnte! Das genau war „Es“!‘“ (d.h. das, was er immer schon gesucht hatte).

diesem Menschen Carl Gustav Jung, der sich nur bedingt als das Individuum mit eben diesem bürgerlichen Namen erlebte, denn in sich selbst meinte er Reste des Ahnenlebens entdeckt zu haben, bis hin zu seinem angeblichen Vorfahr Johann Wolfgang Goethe, ja noch viel weiter zurück. Da die Vorstellung des kollektiven Unbewußten relativ mühelos erlaubte, die Grenze der Geburt nach hinten zu überschreiten, war entsprechend auch der Tod für ihn keine absolute, undurchdringliche Grenze. Unter diesem Aspekt ist es verständlich, daß von den drei Schwerpunkten seiner Biographie, die der Titel nennt: „Erinnerungen, Träume, Gedanken", die Träume das Wichtigste sind, denn sie öffnen den Zugang zum „Grund des Seins", dem kollektiven Unbewußten.

Für die christliche Theologie ergibt sich damit die Aufgabe, ihr Menschenbild tatsächlich zu erweitern. Noch bis in die Gegenwart ist es zu sehr ausgerichtet auf den wachen, nicht träumenden, gesunden und entscheidungsfähigen Menschen. Alles Überindividuelle und Unbewußte wie auch die Natur in ihrer Wechselwirkung zur Kultur kommt entweder zu kurz, oder dann sind das neu entdeckte Themen, zu denen die Anregungen, die von Jung ausgehen könnten, entweder über- oder unterschätzt werden. Konkret wird die Aufgabe bei der Notwendigkeit, mit biographischen, aber auch mit diagnostischen Daten anders umzugehen, als dies bisher üblich ist. Geradezu aufregend wird das Problem, wenn wir uns von Detlev von Uslar sagen lassen, daß es neben der „Geschichte der Welt im Wachen" noch eine ganz andere, „verborgene Geschichte der Traumwelt" gibt.[72] Wie verhält sich ihre Verborgenheit zu jener Verborgenheit, von der Paulus spricht, wenn er sagt, daß unser Leben „mit Christus in Gott verborgen" ist (Kol 3,3)?

[72] Von Uslar, Der Traum als Welt, 186f.

I. Die analytische Psychologie Carl Gustav Jungs im Überblick

Vorbemerkung

Die Psychoanalyse ist:
1. Eine Untersuchungsmethode, die die unbewußte Bedeutung von Reden, Handlungen und imaginären Bildungen (Träumen, Phantasien, Wahnvorstellungen) von kranken und von gesunden Menschen bewußt machen und deuten will.
2. Eine psychotherapeutische Behandlungsmethode.
3. Eine Gesamtheit psychologischer und psychopathologischer Theorien, durch die die Ergebnisse der psychoanalytischen Untersuchung und Behandlung systematisiert werden.

Bis 1911 konnte Jung noch zu den Psychoanalytikern gezählt werden. Wer das auch heute noch tut, wie etwa Eugen Drewermann, nimmt wichtige Unterschiede zwischen Freud und Jung einfach nicht zur Kenntnis. Sie haben Jung dazu geführt, nach seiner Trennung von Freud seine Psychologie „Komplexe Psychologie" und dann später „Analytische Psychologie" zu nennen. Josef Rattner nennt sie „Angewandte Psychologie"[73] und gibt damit ein weiteres Beispiel für unzuverlässige Information. Ein besonders schlimmes Beispiel dafür findet sich bei L. Follas. Dieser Autor behauptet, Freud habe vor seinem Tod in einem Brief an Jung erklärt, sein Lebenswerk sei gescheitert. Er hätte besser den Bemühungen Jungs folgen sollen. Einen Beleg gibt Follas nicht an.[74] Seine Behauptung ist reine Phantasie.

In Büchern über Jung, insbesondere solchen aus Amerika, findet man oft Angaben, die in die Irre führen, aber leider dann als „Tatsachen" weitergegeben werden. Durch solche Leichtfertigkeit wächst das ohnehin vorhandene „Glaubwürdigkeitsdefizit" der

[73] Rattner, Was ist Tugend, 38.
[74] Follas, Hypnosis, 233.

Lehre Jungs.[75] Damit mag es auch zusammenhängen, daß der unmittelbare Einfluß Jungs auf die Wandlungen der Theorie und Praxis der Psychoanalyse, also der Auffassungen der Nachfolger Freuds, gering war. Aber es gibt unter den Nachfolgern Freuds und unter Psychotherapeuten vieler anderer Richtungen „Jungianer wider Wissen." Andrew Samuels widmet ihnen einen ganzen Abschnitt in seinem Buch über „Jung und seine Nachfolger"[76].
Über die Psychoanalyse Freuds gibt es eine große Zahl von vergleichenden Untersuchungen, mit dem Ziel, ihre Ergebnisse in der Praxis denen anderer therapeutischer Richtungen gegenüberzustellen. Über die Analytische Psychologie Jungs gibt es nach Samuels bis heute nichts derartiges.[77]
Trotzdem meint Samuels, die gewichtigen Einwendungen, die von den verschiedensten Seiten immer wieder gegen Jungs Werk erhoben wurden, hätten auf seine Nachfolger „eine große Wirkung ausgeübt". Darum geht er ständig auf sie ein. Aus Gründen der Übersichtlichkeit muß ich jedoch die Lehre Jungs zunächst so weit wie möglich nur referierend darstellen. Zusammenfassend kann mit Samuels schon jetzt gesagt werden: „Manchmal ist Jung der Entwicklung voraus, manchmal beeinflußt er sie, aber manchmal irrt er auch, und gelegentlich kommt ein anderer Theoretiker mehr oder weniger zum gleichen Ergebnis, aber sein Weg dorthin ist schlüssiger und besser dokumentiert."[78]
Die Frage, in welcher Reihenfolge in die Begriffe der Jungschen Psychologie eingeführt werden soll, ist besonders schwierig, denn hier hängt alles mit allem zusammen. Jungs Denken war assoziativ und unsystematisch, im Gegensatz zum analytischen Denken Freuds. Dieser Unterschied findet auch einen deutlichen Niederschlag in der Handschrift der beiden Forscher. Die Handschrift Jungs war extrem verbunden, die Freuds eher unverbunden.
Die einfachste Lösung wäre die alphabetische Reihenfolge der wichtigsten Ausdrücke. Es wäre aber auch möglich, mit dem Begriff zu beginnen, der als der wichtigste erscheint. An der Vielzahl

[75] Samuels, Jung und seine Nachfolger, 36.
[76] Ebd., 35-37, vgl. 15.
[77] Ebd., 17.
[78] Ebd., 21.

von Schulen und Richtungen unter den Jungianern läßt sich ablesen, daß es verschiedene Möglichkeiten gibt, sich für einen zentralen Begriff zu entscheiden. Als solche Begriffe wurden angesehen: Individuation; Komplex; kollektives Unbewußtes; Ganzheit oder „unus mundus"; Archetyp; psychische Energie; Komplementarität; aktive Imagination; Irrationalität und Numinosität; Synchronizität; und einiges mehr.
Ich habe mich entschieden, zunächst Bemerkungen Jungs über seine Methode zu erwähnen – soweit dies nicht schon geschehen ist – und dann mit dem Gebiet zu beginnen, das zeitlebens für ihn das wichtigste Erfahrungsmaterial lieferte: den Träumen.
Man hat betont, Jungs Psychologie müsse man „gebrauchstheoretisch" verstehen und nicht „gegenstandstheoretisch".[79] Geläufiger wäre es zu sagen, daß seine Theorien immer auf seinen praktischen Erfahrungen aufbauen und diese immer im Auge behalten wollen. Seine Praxis freilich bestand zu einem guten Teil im Umgang mit sich selbst, bzw. mit eigenen Träumen und Phantasien!

1. Zur Methode

„Jung sah seine Psychologie als empirisch an, womit er meinte, daß sie auf Beobachtungen und Versuchen beruhe, nicht auf Theorien. Empirie hielt er für das Gegenteil von Spekulation und Ideologie und schrieb ihr den Vorteil zu, Tatsachen möglichst genau zu beschreiben." Auffälligerweise glaubte er, der Introvertierte sei eher ein Empiriker, der Extravertierte dagegen neige zur Ausbildung von Ideologien.[80]
In ihrem zusammenfassenden Überblick, der von Jung selbst ausdrücklich gut geheißen wurde, sagt Jolande Jacobi, die Psychologie Jungs sei „praktische Wissenschaft." Wir forschen ... wegen der unmittelbaren Absicht, zu helfen". „Die Wissenschaft" sei

[79] Wilfried Engemann in: ThLZ 10/1989, 755.
[80] Samuels, Shorter and Plaut, Wörterbuch, 68. – Von diesem Ansatz her haben sich aber sehr verschiedene Methoden entwickelt, z.B. bei Fordham im Gegensatz zu Hillman.

höchstens ein „Nebenprodukt" der Psychologie Jungs. Diese Feststellung ist außerordentlich wichtig, insbesondere dann, wenn sie auf Jungs Begriff des „Unbewußten" angewendet wird. Diesen Begriff will Jung stets nur als Arbeitshypothese verwendet haben, da er sich in der Praxis als nützlich gezeigt habe. Losgelöst von dieser Praxis könnte man ihn als „eine unerlaubte Hypostasierung" mißverstehen, d. h. als eine Vergegenständlichung von etwas, was in Wirklichkeit kein Gegenstand ist.

Ungeachtet dessen sagt Jacobi dann: Das „‚Psychische' als das uns gegebene ‚Organ' zur Erfassung von Welt und Sein zu untersuchen, seine Phänomene zu beobachten, zu beschreiben und sie in eine sinnvolle Ordnung zu bringen, ist Jungs Absicht und Ziel." Man könne bei der Erforschung von „Seinswahrheiten" allerdings auch von anderen Standpunkten ausgehen – z. B. dem theologischen, historischen, physiologischen oder biologischen. Diese Ausgangsmöglichkeiten seien „gegenseitig auswechselbar". Jung selber stehe auf dem psychologischen Standpunkt. Er baue „auf seiner grundlegenden und tiefen Kenntnis der psychischen Realität auf". Seine zwei Hauptpfeiler seien:

„I. Der Grundsatz der psychischen Totalität.
II. Der Grundsatz der psychischen Energetik."[81]

Jung selbst wird durch hartnäckige Einwände der Kritiker gegen seine Methode verunsichert und kann deshalb einschränken: Er sei ein „naiver" oder „temperamentsmäßiger" Empiriker.[82] Aber er bleibt dabei: „In meiner Psychologie gibt es keine einzige Feststellung, die nicht wesentlich durch echte Erfahrung unterbaut ist." Man könne ja psychologisch „nur jenes verstehen, das man selber erfahren hat"[83]. Nimmt man Jung hier beim Wort, dann wird nicht jede Art von Erfahrung bzw. Empirie zugelassen, sondern nur Erfahrung, die der Selbsterfahrung nicht widerspricht!

Ganz auf dieser Linie liegt eine Bemerkung von Jung im Zusammenhang mit einer Warnung vor der Gefahr psychotischer Reak-

[81] Jacobi, Die Psychologie von C: G. Jung, 14.
[82] Briefe I,474; III,319, u. ö. Hinter dem vagen Ausdruck „temperamentsmäßig" darf man das ganze „Drama des begabten Kindes" (vgl. diesen Ausdruck bei Alice Miller) C. G. Jungs vermuten: Er konnte sich nur durch die Fiktion, er sei Empiriker, gegen das ihn ständig umlauernde Chaos wehren.
[83] Briefe II,82; Jung / Keróny / Radin, Der göttliche Schelm, 205.

tionen bei einer „Assimilation an den Archetypus“[84]. Er sagt: „Das ist eine Erfahrung, die man gemacht haben muß, um sie zu kennen. Wem so etwas nie passiert ist, weiß gar nicht, was für eine Gefahr das ist. Wer in diese Situation kommt, merkt es in der Regel gar nicht.“[85]

Zur Illustration sei hier ein weiteres Beispiel aus der Praxis Jungs erwähnt. Jung stellt die Frage, ob das Unbewußte und die Archetypen bloße „Noumena“ (Gedankendinge) sind. Zunächst beruhigt er sich selbst: „Man ist froh, daß man weder Philosoph noch Theologe ist und darum solchen ‚noumena‘ innerhalb seiner Fakultät nicht begegnen muß.“ Dann verweist er auf die Träume, in denen „Nacht für Nacht“ die angeblichen reinen Gedankendinge sich als „psychische entia“ (im Sinne von sehr realen seelischen Kräften) dem Bewußtsein aufdrängen. Entzieht man sich ihnen, „dann geht es einem empirisch schlecht, man hat sogar Symptome trotz aller Vernunft.“ In dem Moment aber, wo man sich ihnen zuwendet, „verschwinden die Symptome und es geht einem ‚unerklärlich‘ gut.“[86] So, wie an diesem Beispiel aufgezeigt, versteht Jung „Empirie“.

Jung freilich ahnt immer wieder die Schwierigkeiten, die dadurch entstehen, daß er seinem Vorsatz nur „empirische und biologische“ Begriffe zu gebrauchen[87], nicht treu bleiben kann. Zwar kann er sagen: „Die Psyche ist . . . eine objektive Realität, welche der Erforschung mittels naturwissenschaftlicher Methoden zugänglich ist“, dann aber schränkt er an anderer Stelle ein: Dies sei nur teilweise möglich.[88] Wissenschaft aber ist für ihn im vollen Sinne des Wortes nur die Naturwissenschaft. Darum kann er sagen, „wissenschaftlich“ könne man „über das Phänomen des Gei-

[84] „Assimilation an den Archetypus“ tritt nach Jung dann ein, „wenn eine archetypische Situation überwältigend wird“, bzw. „wenn ein Archetypus konstelliert wird“ (Kindertraum-Seminar I,128).

[85] Daraus ergeben sich aber zwingend zwei Folgerungen: 1. Man kann die Hauptbegriffe der Psychologie Jungs nur verstehen, wenn man an sich selbst psychotische Krisen beobachtet hat; 2. gerade dies aber ist kaum möglich, denn wenn es wirklich psychotische Krisen sind, dann merkt man das in der Regel an sich selbst gar nicht. Gerade hier versagt dann die Selbsterfahrung!

[86] GW XII,215.

[87] Briefe II,265 und 373.

[88] VIII,256; Briefe III,200 und 51. Vgl. XVII,106.

stes überhaupt nichts ausmachen", genau so wenig wie über die Seele, die Archetypen, den Menschen und das Leben.[89]

Jung kann sich schließlich nur mit Kompromissen helfen. Die Psychologie habe, so sagt er, einen „natürlichen Gegenstand" und eine „naturwissenschaftliche Methode", aber ihre Erklärungsweise sei „geisteswissenschaftlich"[90]. Zu beachten sei „die strikte Durchführung des phänomenologischen Prinzips" in der Psychologie.[91] Man sei nur dann Empiriker, wenn man sich an die Phänomene halte, also an das, was sich einem darbietet, das aber sei irrational. Empirie kann darum für Jung identisch sein mit Irrationalität.[92] Psychisches ist eben „die eigentümliche Verquickung rationaler und irrationaler Faktoren"[93]. Da es aber nichts gibt, was nicht psychisch bedingt ist, ist nicht nur der Gegenstand der Psychologie teilweise irrational, sondern auch ihre, ja ebenfalls psychisch bedingte, Methode![94] Sie muß darum dem Prinzip des „Entweder-und-oder", bzw. der Umkehrbarkeit aller Aussagen folgen.[95] Nach Jung ist „eine psychologische Wahrheit nur dann gültig, wenn man sie auch umkehren kann."[96]

Jung geht dabei aus von der Beobachtung, daß Träume oft die Gegenposition zum Bewußtsein zeigen. Er leitet daraus, wie auch aus einem persönlichen Schlüsselerlebnis aus seiner Schulzeit[97] ab, daß für Psychisches das Prinzip der Komplementarität oder der Kompensation gilt. Dabei bleibt er aber nicht stehen, denn für ihn

89 Briefe I,151; GW X,30; XII,28; Briefe III,49.

90 GW XVII,106.

91 Zitiert nach Boss, Psychoanalyse, 36; vgl. GW XVII,102 f.

92 Vgl. GW VIII,134–145 und 187; XI,2 und 341; Wolff, Einführung, 30.

93 Nach Müller, Irrationalität, 106; vgl. Jung, GW XVII,106.

94 Vgl. in meinem Buch C. G. Jung – Ergebnisse, 124–147.

95 GW XII,82; VII,195; Medtner, Bildnis, 597, wo auch vom „Gleichsam-als-ob" als Grundprinzip aller psychologischen Aussagen die Rede ist. Jungs Überzeugung, daß alles Seelische ein „doppeltes Gesicht" habe (XII,82) erhebt Rolf Kaufmann zu einer grundsätzlichen Forderung auch für die Theologie: Sie müsse unser „Janus-Bewußtsein" fördern (19).

96 Briefe II,310; Erinnerungen, 137.

97 Erinnerungen, 198: Auf dem Höhepunkt seiner Erregung über die Ungerechtigkeit eines Lehrers kippte seine Stimmung um. Es kam plötzlich „die Weltraumstille". Aus dieser Selbsterfahrung machte er dann das allgemeine „Gesetz" der „Enantiodromie", des Umschlagens ins Gegenteil. Auch das war für ihn ein Ergebnis streng empirischer Forschung!

ist schlechthin alles eine Schöpfung der Psyche mit ihren Bildern und Vorstellungen.[98] Darum ist die Psyche nicht nur das Forschungsobjekt der Psychologie, sondern sie bestimmt gleichzeitig auch die Grundregeln für ihre eigene Erforschung, also die psychologische Methode. Jung drückt das so aus: Die Psychologie „kann sich nur an sich selber übersetzen oder in sich selber abbilden. Je mehr sie das Gebiet ihrer Forschungsobjekte erweitert und je komplexer letztere werden, desto mehr fehlt ihr ein von ihrem Objekt unterschiedener Standpunkt. Erreicht die Komplexität gar die des empirischen Menschen, so mündet seine Psychologie unvermeidlicherweise in den psychischen Prozeß selber ein. Sie kann sich von letzterem nicht mehr unterscheiden, sondern wird zu ihm selber." Auf diese Weise muß sich die Psychologie „als Wissenschaft selber aufheben, und gerade darin erreicht sie ihr wissenschaftliches Ziel. Jede andere Wissenschaft hat ein Außerhalb ihrer selbst; nicht so die Psychologie, deren Objekt das Subjekt aller Wissenschaft überhaupt ist."[99]
Jung kann das auch auf einen einfachen Nenner bringen, indem er behauptet, in der Psychologie beobachte „die Psyche sich selbst". Das würde, wie er hinzufügt, „philosophisch betrachtet" in die Ausweglosigkeit führen, aber er dankt an dieser Stelle der Naturwissenschaft, daß sie ihn davon befreie, philosophieren zu müssen. „Die Psyche kann zwar nie etwas über die Psyche hinaus wissen (das wäre der ... Zopf des Baron von Münchhausen), wohl aber können sich innerhalb des Psychischen zwei Fremdlinge begegnen. Sie werden zwar nie wissen, was sie an und für sich sind, sondern nur, als was sie einander erscheinen ... Es gibt (nämlich) keine Erkenntnis über das Psychische, sondern nur im Psychischen." Die „‚reine' Psychologie erklärt, anders als die Naturwissenschaft, ‚ignotum per ignotius'".[100]

[98] Briefe III,231.
[99] GW III,254f.; vgl. Meier, Bewußtsein, 19ff.; vgl. GW VIII,247ff., Erinnerungen, 352f.
[100] XVII,103f. – Wenn aber das Unbekannte durch das noch weniger Bekannte erklärt werden soll, dann ist es nicht verwunderlich, wenn am Ende der bei Jung an entscheidenden Stellen auftauchende Kehrreim: „Wir wissen nicht..." zum Selbstschutz dessen, der trotzdem noch wissenschaftlicher Forscher bleiben will, sich aufdrängt.

Erstaunt stellt Jung schließlich fest, wohin das führt, aber die dadurch fällige Revision seiner gesamten Psychologie von ihren Grundlagen her hat er nicht mehr durchgeführt. Sie wäre für ihn „das Gegenteil von Appetit anregend" gewesen.[101] Jung gibt zu: „Die Problematik der komplexen Psychologie ... war für mich selber ein erstaunliches Ergebnis. Ich glaubte, Naturwissenschaft im besten Sinne zu treiben, Tatsachen festzustellen, zu beobachten, zu klassifizieren, kausale und funktionelle Zusammenhänge zu beschreiben, um zum Schluß zu entdecken, daß ich mich in einem Netzwerk von Überlegungen verfangen hatte, welche weit über alle Naturwissenschaft hinaus in das Gebiet der Philosophie, der Theologie, der vergleichenden Religionswissenschaft und der Geistesgeschichte überhaupt reichen. Dieser ebenso unvermeidliche wie bedenkliche Übergriff hat mir nicht geringe Besorgnis verursacht. Ganz abgesehen von meiner persönlichen Inkompetenz auf diesen Gebieten, erschien mir die prinzipielle Überlegung auch darum fragwürdig, weil ich zutiefst von der bedeutenden Wirkung der sogenannten persönlichen Gleichung auf die Ergebnisse psychologischer Beobachtung überzeugt bin.[102] Das Tragische ist, daß die Psychologie über keine überall mit sich selber identische Mathematik verfügt. Damit ermangelt sie jenes immensen Vorteils eines archimedischen Punktes, dessen sich die Physik erfreut.[103] Letztere beobachtet vom psychischen Standpunkt Physisches und kann dieses in Psychisches übersetzen. Die Psyche hin-

[101] Erinnerungen, 8.

[102] Vgl. VIII,118. – Zur „persönlichen Gleichung" sagt Jung: „Man sieht, was man am besten aus sich sehen kann. So sieht man zuallererst den Splitter in seines Bruders Auge." Die „persönliche psychologische Gleichung" komme „noch viel mehr zur Geltung bei der Darstellung oder Mitteilung des Beobachteten, gar nicht zu sprechen von der Auffassung und Abstraktion des Erfahrungsmaterials" (VI,8). Allerdings glaubt Jung, wenn man sich genügend kenne, könne man den Störfaktor der „persönlichen Gleichung" weithin neutralisieren, und zwar quasi mathematisch durch einfügen eines Korrekturfaktors.

[103] Hier durchkreuzt Jung sein eigenes Anliegen, Psychologie und Physik miteinander zu verschmelzen. Er hatte ja gerade von der Quantentheorie die Überzeugung übernommen, daß es keinen „archimedischen Punkt" gibt, also keine vom Beobachter absolut unabhängige Beobachtung! Unverständlich ist auch, wieso das, was er von der „persönlichen Gleichung" sagt, für die Physik keine Rolle spielen soll.

gegen beobachtet sich selber und kann das Beobachtete nur wieder in ein anderes Psychisches übersetzen."[104]

2. *Träume*

Für Jung ist ein Traum die „spontane Selbstdarstellung der aktuellen Lage des Unbewußten in symbolischer Ausdrucksform"[105]. In der Regel verhalte er sich kompensatorisch zum Bewußtsein. Dabei könne man Träume entweder vom kausalen Standpunkt aus deuten, oder sie final, bzw. teleologisch verstehen.[106] Der kausale Standpunkt führe zu einer Gleichförmigkeit der Bedeutungen, so daß in diesem Zusammenhang auch Symbole eine feste Bedeutung bekämen. „Die finale Betrachtungsweise dagegen sieht im veränderten Traumbild den Ausdruck einer veränderten psychologischen Situation. Sie kennt keine festen Symbolbedeutungen."[107] Obwohl Jung die finale Betrachtungsweise bevorzugte, ging er doch meistens davon aus, daß die Symbole im Traum in Analogie zu ihrer Bedeutung in Mythen und Märchen zu deuten sind, also mit einer zwar häufig ambivalenten, aber doch festen Bedeutung. Jung fragte, so wie auch Freud, den Träumer zunächst nach seinen spontanen Einfällen. Er blieb aber nicht bei der Technik der freien Assoziation Freuds, weil diese oft vom eigentlichen Sinn des Traumes wegführe. Er entwickelte deshalb die Technik der Amplifikation, wobei insbesondere auch der Therapeut seine Einfälle beisteuerte und den Traum im Lichte von ähnlichen Motiven in Märchen, Mythen, religiösen Traditionen und anderem kulturellem Material zu deuten suchte.

[104] GW VIII,247 ff. – Am Ende dieser Passage kommt Jung zu einer Formulierung, die, wenn man sie nicht als unfreiwilligen Humor ansieht, auf tragische Weise den Mangel an Selbstkritik in seinem Denken und Reden belegt: „... Die Physik hingegen ist in der Lage, durch rein psychische Tätigkeit erzeugte mathematische Formeln explodieren zu lassen."
[105] GW VIII, § 505.
[106] Von finis (lat.) oder telos (gr.), beidemale im Sinne von: Ziel, bzw. Endzweck.
[107] GW VIII, § 471.

Die Unterscheidung Freuds zwischen dem „manifesten“ (wörtlichen) und dem „latenten“ (verborgenen) Trauminhalt trat bei Jung zurück zugunsten der Deutung auf der „Objektstufe“ und auf der „Subjektstufe“. Auf der Objektstufe werden z. B. Personen im Traum als die genommen, als die sie im Traum erscheinen. In der Regel sind nahe Angehörige (Eltern, Geschwister) nach Jung so zu deuten. Sie eignen sich nicht als Deckfiguren oder als reine Symbolfiguren, da sie zu vertraut sind. Es kann aber sehr wohl eine Eigenschaft von ihnen auf Kosten anderer Eigenschaften im Traum überbetont werden. Auf der Subjektstufe wird der Traum als innerseelisches Drama verstanden. Grundsätzlich sind dann alle Traumfiguren und Gegenstände ein Teil oder ein Aspekt (Freud würde sagen: eine Repräsentanz – im Sinne von verinnerlichter Vorstellung – oder auch eine seelische Instanz) der Psyche des Träumers.

Grundsätzlich wollte Jung den häufig vorhandenen, aber nicht sofort ablesbaren finalen oder prospektiven, manchmal sogar prognostischen Sinn von Träumen nicht als Prophezeiung verstanden wissen. Trotzdem hat er seine eigenen Träume oft so gedeutet, wie er überhaupt beim Umgang mit seinen Träumen oft seine Theorie wieder über den Haufen warf. Die Auffassung Freuds, daß Träume, mit wenigen Ausnahmen, Wunschträume sind und es stets wichtig ist, den verborgenen Wunsch zu entdecken, fand Jung einseitig.

Manche Träume scheinen zerstören zu wollen. Auch sie können aber hilfreich sein, so wie grundsätzlich alle Träume, dann nämlich, wenn man sie als Warnung oder als Korrektur einer extremen Einseitigkeit des Bewußtseins versteht. Besonders eindrucksvoll sind die sogenannten „großen Träume“, die weniger dem persönlichen als viel mehr dem kollektiven Unbewußten und seiner archetypischen Symbolwelt entstammen.

Traumserien erschließen oft den Individuationsprozeß. Die einzelnen Träume deuten sich gegenseitig oder helfen, früher Geträumtes und noch nicht ganz Verstandenes besser zu verstehen. Im Aufbau gleichen viele Träume einem Drama mit Einführung (Angabe des Ortes und der Personen), Verwicklung (allmähliches

Hervortreten des Konflikts), Kulmination und Peripetie (Höhepunkt und Umschwung) und Lysis (Lösung des Problems). Nicht selten fehlt die Lysis, oder sie ist unrealistisch. Daraus lassen sich wichtige Rückschlüsse auf die Situation des Träumers ziehen. Fehlt scheinbar jeder Aufbau des Traumes, so daß er sprunghaft oder sogar chaotisch anmutet, dann fehlt dem Träumer die Gestaltungskraft. Er bietet nur unbearbeitetes Rohmaterial, von dem er überschwemmt wird. Er befindet sich möglicherweise im Zustand einer „psychischen Inflation" oder einer psychotischen Reaktion. Ich füge hier wörtlich eine Warnung an, die Samuels, Shorter und Plaut in ihrem „Wörterbuch Jungscher Psychologie" geben. Sie ist nicht falsch, aber unvereinbar mit vielen Äußerungen Jungs, in denen er das Unbewußte zur letzten Richtschnur und zum Urgrund des Lebens macht und das Bewußtsein entthront. Die genannten Autoren sagen: „Jung warnte wiederholt vor einer Überbewertung des Unbewußten; dies beeinträchtige die Kraft zu bewußter Entscheidung. So gesehen kann ein außergewöhnlich schöner oder numinoser Traum eine ungesunde und verführerische Anziehungskraft besitzen, solange man ihn nicht genauer anschaut. Der Traum und der Träumer sind unauflöslich miteinander verbunden, und das Unbewußte funktioniert nur dann zufriedenstellend, wenn das bewußte Ich von seiner Einstellung her das Unbewußte erforschen will und auch bereit zur Mitarbeit ist."[108]

Traumbilder sind für Jung der bestmögliche Ausdruck von noch unbewußten Sachverhalten. Insofern ist auch für Jung der Traum die „via regia", der Königsweg – wie Freud sagt – zum Unbewußten. Im Unterschied zu Freud forderte er seine Patienten auf, ihre Träume nicht nur mündlich mitzuteilen, sondern auch aufzuschreiben. Die bewußte Gestaltung beim Niederschreiben nahm er mit in die Deutung hinein und wertete sie nicht von vornherein als Veränderung des „Originals" ab.

Obwohl Jung Träume grundsätzlich nur in ihrem Kontext deuten wollte, der stets vom Träumer zu erfragen ist, haben er und seine Anhänger sich nicht immer daran gehalten. Dazu tragen auch die

[108] Samuels/Shorter/Plaut, Wörterbuch, 219.

zahlreichen Traumbücher bei, deren Inhalt weit mehr, wenn auch oft indirekt, von Jung als von Freud beeinflußt ist. Es kann aber schwerwiegende Folgen haben, wie ich in meiner Praxis öfters beobachten konnte, wenn etwa das ohnehin überaus bedeutungsreiche Symbol „Hund“ ohne Rücksicht darauf gedeutet wird, ob ein Förster von seinem Lieblingshund träumt oder ob der Träumer Angst hat vor Hunden.

Jung konnte seinen Schülern raten: „Lernen Sie so viel wie möglich die Symbolik, aber vergessen Sie dann alles wieder, wenn Sie einen Traum analysieren.“[109] Nur so ist es möglich, das immer wieder gänzlich Unerwartete und auf Anhieb oft völlig Rätselhafte des Traumes zu sich sprechen zu lassen.

Viele Begriffe Jungs, wie „Selbst“, „Persona“, „Schatten“, „Kompensation“ usw. verdanken ihre Entstehung dem Umgang mit Träumen. Das muß gesehen werden, auch wenn sie in gesonderten Abschnitten erwähnt werden sollen. Hier sei nur noch hingewiesen auf das Traum-Ich. Jung meint damit das Ich im Traum. Davon zu unterscheiden wäre aber das träumende, also den Traum erzeugende und gestaltende Ich des Träumers, das nicht dasselbe sein kann wie das wache Ich. Daß Jung hier nicht unterscheidet, hängt damit zusammen, daß er den Traum viel direkter als Freud als eine Manifestation des Unbewußten versteht, und daß er dieses Unbewußte nicht, wie Freud, gegen ein „Vorbewußtes“ abhebt. Daher unterscheidet er auch nicht zwischen dem „Primärprozeß“ Freuds, der dem „Lustprinzip“ folgt und das Rohmaterial des Traumes nach einer Logik zusammenstellt, die Emotionen und Stimmungen folgt, und dem „Sekundärprozeß“, der dieses Material teilweise oder ganz der Logik des Bewußtseins angleicht und zu einer zusammenhängenden Handlung ausgestaltet. Das Anordnende sind bei Jung vielmehr die Komplexe und die dadurch „konstellierten“ Archetypen mit ihrer Numinosität. Sie, nicht so sehr die Affekte und Stimmungen – diese nur archetypisch vermittelt und damit indirekt – erzeugen und gestalten die Träume, zumindest die „großen Träume“, die freilich nicht unbedingt auch die längsten sein müssen. Sie wirken wie Magnetpole des Unbewußten.

[109] Der Mensch und seine Symbole, 56.

Die Frage, ob es ein Traum-Ich gibt, wie weit dieses ichhaft ist und welche Rolle es im Leben des Träumers hat, ist, wie wir sehen werden, eine zentrale Frage auch für die Anthropologie, und zwar auch für die christliche Deutung des Menschen, seiner Persönlichkeit und seines Lebens. Gibt es so etwas wie ein zweites Ich – eine „Tiefenperson" –, dann kommt sofort auch die Frage ins Spiel, wie und wo die Abgrenzung gegen das bewußte Ich erfolgt. Das ist die Frage nach dem Verhältnis vom Unbewußten zum Bewußtsein. Welcher der beiden Bereiche ist wichtiger?

Hierzu einige Äußerungen von Jung: Der „unbewußte Zustand" ist „dermaßen relativ, daß man sich sogar verlockt fühlt, einen Begriff wie ‚Unter-Bewußtsein' zu verwenden, um den dunklen Seelenteil richtig zu charakterisieren. Ebenso relativ ist aber auch das Bewußtsein, denn es gibt innerhalb seiner Grenzen nicht ein Bewußtsein schlechthin, sondern eine ganze Intensitätsskala von Bewußtsein ... Es gibt ein Bewußtsein, in welchem das Unbewußtsein überwiegt, wie ein Bewußtsein, in welchem die Bewußtheit dominiert. Diese Paradoxie ist sofort verständlich, wenn man sich klar macht, daß es keinen bewußten Inhalt gibt, von dem man mit Sicherheit behaupten könnte, daß er total bewußt sei, denn dazu wäre eine unvorstellbare Totalität des Bewußtseins erforderlich, und eine solche würde eine ebenso undenkbare Ganzheit oder Vollständigkeit des menschlichen Geistes voraussetzen. So gelangen wir zu dem paradoxen Schluß, daß es keinen Bewußtseinsinhalt gibt, der nicht in einer anderen Hinsicht unbewußt wäre. Vielleicht gibt es auch kein unbewußt Psychisches, das nicht zugleich bewußt ist. Letzteren Satz zu beweisen ist aber schwieriger als ersteren, denn unser Ich, welches allein eine solche Feststellung machen könnte,[110] ist ja der Bezugspunkt des Bewußtseins und

[110] Hier liegt ein methodischer Kurzschluß vor. Vgl.: Keintzel, C.G. Jung, 225 ff. Es zeigt sich, daß ein großer Teil der unbewußten Vorgänge, auch der Träume, eine Bewußtseinspsychologie mit genauer Analyse bewußter Vorgänge voraussetzt, denn Unbewußtes wird nur durch das Medium des Bewußtseins erkannt; Träume werden erst zu Träumen nach dem Erinnern im Wachzustand. Jung wußte das (vgl. oben Anm. 102), aber er hat diese Einsicht in vielen Aussagen einfach ignoriert, oder, wie hier, sich so ausgedrückt, daß seine Begriffe (Ich, Unbewußtes, Bewußtsein usw.) in verschiedenem Zusammenhang verschiedene Bedeutungen bekamen. Er hatte ja auch sagen können, das Ich lebe nur von Gnaden des Unbewußten!

befindet sich gerade nicht in solcher Assoziation mit den unbewußten Inhalten, daß es für deren Natur aussagen könnte. Letztere sind ihm praktisch unbewußt, was aber nicht heißen will, daß sie ihm nicht in einer anderen Hinsicht bewußt seien, das heißt, es kennt gegebenenfalls diese Inhalte unter einem gewissen Aspekt, weiß aber nicht, daß diese es sind, die unter einem anderen Aspekt Störungen im Bewußtsein verursachen. Außerdem gibt es Vorgänge, bei denen irgendeine Beziehung zum bewußten Ich nicht nachzuweisen ist, und die trotzdem ‚vorgestellt', respektive bewußtseinsähnlich erscheinen. Schließlich gibt es Fälle, wo auch ein unbewußtes Ich und damit eine zweite Bewußtheit vorhanden ist . . ."[111]
Ist es nun diese „zweite Bewußtheit", die sich im Traum-Ich bemerkbar macht? Sofern das geträumte Ich damit gemeint ist, fällt auf, daß wir als Handelnde im Traum uns oft anders verhalten als im Wachzustand. Jung meint, im Wachzustand würden wir uns so sehen, wie wir sein möchten, im Traum dagegen so, wie wir wirklich sind. Freud behauptet ungefähr das Gegenteil, denn für ihn sind fast alle Träume durch Wünsche bedingt. Jung meint, man habe in Träumen „ein relatives Bewußtsein seines Ich, allerdings eines sehr beschränkten und eigentümlich veränderten Ich, das man als Traum-Ich bezeichnet. Es ist nur ein Fragment oder eine Andeutung des wachen Ich."[112] Es folgen dann Ausführungen über die Erlebnisweise dieses Traum-Ich, die behaupten, es bestehe hier „keine Ähnlichkeit mit dem wachen Denken".[113] Dem

[111] VIII,217f.

[112] Jung meint wohl die Ich-Stärke oder Ichhaftigkeit des Traum-Ichs, aber er könnte dahingehend mißverstanden werden, daß das Traum-Ich an dieser Stelle doch nicht als Gegenspieler des wachen Ich gesehen wird, wie er das an anderen Stellen behauptet. Das wichtige Buch von Bossard, Traumpsychologie, befaßt sich mit solchen Fragen, freilich, wie ich in einer noch ungedruckten Arbeit zeigen will, auch nicht ganz überzeugend. Bevor aber eine Psychologie und Theologie des Träumens vorliegt, ist eine gültige Beurteilung der Leistung Jungs schlechthin unmöglich, bzw. verfrüht.

[113] Eine sehr große Ähnlichkeit zum wachen Denken besteht bei den meisten „Non-REM-Träumen", die aber Jung nicht beachtet. Das sind Träume ohne „Rapid-Eye-Movements" (= REM). Sie finden statt in Schlafphasen, die man zunächst irrtümlicherweise als traumlose Phasen ansah. Sie sind weniger „traumhaft" und phantastisch als die REM-Träume, aber doch auch Träume. – Dieter Wyss will darüber hinaus in seinem sehr eigenwilligen Buch „Traumbewußtsein" nachweisen, daß im Traum durchgehend eine Ähnlichkeit mit dem wachen Denken gegeben ist.

Traum-Ich widerfahren die Geschehnisse im Traum „wie eine andere Art von Realität"[114].

Die Frage stellt sich: Wieso kann dann aber das wache Ich zum geträumten Ich sagen: Ich bin es? Mehr noch: Nicht selten sagt der Träumer spontan, er sei überzeugt davon, daß er nicht nur das Ich im Traum gewesen sei, sondern gleichzeitig sei er auch noch eine andere Person gewesen. Für die „subjektstufige" Deutung Jungs ist dies allerdings nicht verwunderlich, und in der Entwicklung dieser Deutungsmöglichkeit liegt eines der wichtigsten Verdienste Jungs, das freilich oft zunichte gemacht wird durch zu viel Mythologisieren und Symbolisieren.[115]

Neben wichtigen Einsichten finden sich bei Jung immer wieder mystifizierende, spekulative Pauschalbehauptungen. So sagt er, der Traum öffne die Türe der Seele in die „kosmische Urnacht". Er lasse uns eintreten „in den tieferen, allgemeineren, wahreren, ewigeren Menschen, der noch im Dämmer der anfänglichen Nacht steht, wo er noch das Ganze und das Ganze in ihm war, in der unterschiedslosen, aller Ichhaftigkeit baren Natur. Aus dieser allverbindenden Tiefe stammt der Traum, und sei er noch so kindisch, noch so grotesk, noch so unmoralisch"[116].

Kann man so etwas behaupten etwa vom folgenden Traum eines Alkoholikers und Cholerikers? Er träumt, er drücke seinem Feind mit den Daumen die Augen in den Kopf hinein, so daß er nicht mehr sehen kann. Dazu bemerkt er, das sei ein sehr schöner Traum gewesen (!)

Von grundsätzlicher Bedeutung ist der folgende Satz Jungs: „Die Psychologie des Traumes eröffnet uns den Weg zu einer allgemeinen vergleichenden Psychologie, von der wir ein gleiches Verständnis für die Entwicklung und Struktur der menschlichen See-

[114] GW VIII, § 580.

[115] Zur Frage, wieso nicht nur das Ich des Traumes, sondern auch die Traumwelt letztlich doch dieselbe Welt ist wie die des Wachens, gibt das Buch von D. v. Uslar den bisher wohl wichtigsten Beitrag. Es zeigt (wie das auch Wyss vordemonstriert), daß Traumforschung ohne philosophische Analyse gar nicht möglich ist, ja eigentlich auch nicht ohne theologische Überlegungen.

[116] Zitiert nach Jacobi, Mensch und Seele, 77.

le erwarten, wie es die vergleichende Anatomie uns hinsichtlich des menschlichen Körpers beschert hat."[117]
Diese naive Anwendung von Methoden aus der Anatomie und Physiologie auf die Psychologie findet sich an vielen Stellen bei Jung. So kann er „moralische Verfehlungen" gleichsetzen einem „psychischen Diätfehler, der meine Verdauung aus dem Gleichgewicht bringt"[118]. „Das Unbewußte reagiert automatisch, wie mein Magen, der sich figürlich an mir rächt."[119]
Wieder sei ein Beispiel aus der eigenen Praxis eingefügt. Eine Frau träumt, sie esse Poppcorn. (In Wirklichkeit ißt sie es sehr ungern.) Sie wacht auf mit Völlegefühl und schläft wieder ein mit dem Vorsatz: Nie wieder Poppcorn essen! Sofort fängt sie im Traum wieder an, Poppcorn zu essen, und wacht auf mit dem Gefühl zu platzen. Sie nimmt sich vor, jetzt endlich nicht mehr im Traum Poppcorn zu essen, träumt aber nach dem Einschlafen sofort wieder davon. So geht das die ganze Nacht über, etwa sechsmal. Dies ist im Traum sicher eine Metapher, die auf einseitige seelische „Ernährung" zu deuten ist. Solche Träume berechtigen aber nicht, Seelisches genau so wie Organisches zu handhaben! Jung kann aber sogar seine Kritik am Christentum in den Vorwurf zusammenfassen, es biete eine einseitige und darum ungesunde Diät.[120]
Freilich kann Jung auch sagen, wir müßten uns das Rüstzeug zur Traumdeutung „aus allen Gebieten der Geisteswissenschaften mühsam zusammenstellen"[121]. Dann wieder behauptet er, Träume seien „reine Natur und deshalb von unverfälschter, natürlicher Wahrheit". Und selbst unsinnig erscheinende Träume seien „höchst sinnreich". Träume sprächen „eigentlich nur von wichtigen und ernsthaften Dingen"[122].

[117] Ebd., 78.
[118] Es kommt häufig vor, daß Träume sich so ausdrücken, weil sie Unanschauliches (seelische Probleme) zu veranschaulichen trachten. Sie gebrauchen dann Metaphern. Man kann solche Metaphern (Bildreden) aber nicht ungeprüft zu „wissenschaftlich-empirischen" Behauptungen machen!
[119] GW VII,257; vgl. VIII,281; XII,214, und noch oft.
[120] GW VII,258.
[121] Jacobi, Mensch und Seele, 78.
[122] Ebd., 79.

Als Jungs Definition des Traumes kann man seine Behauptung ansehen, der Traum sei „eine spontane Selbstdarstellung der aktuellen Lage des Unbewußten in symbolischer Ausdrucksform“[123]. Seine wichtigste Funktion ergibt sich aus folgenden Sätzen: „Die Seele als ein sich selbst regulierendes System ist balanciert wie das Leben des Körpers. Für alle exzessiven Vorgänge treten sofort und zwangsläufig Kompensationen ein. Ohne sie gäbe es weder einen normalen Stoffwechsel, noch eine normale Psyche. In diesem Sinne kann man die Kompensationslehre als eine Grundregel für das psychische Verhalten überhaupt erklären. Das Zuwenig hier erzeugt ein Zuviel dort.“[124]

3. Die Seele

Die Seele ist für Jung die „höchste psychische Intensität auf kleinstem Raum“.[125] Manchmal hat das Wort bei Jung denselben Sinn wie „Psyche“, häufig aber wird es davon unterschieden, indem es einen engeren Bedeutungsinhalt hat. Die Seele ist „eine innere Einstellung und eine Beziehungsmöglichkeit zum Unbewußten“.[126] Jung sagt: „Ebensogut, wie uns die tägliche Erfahrung berechtigt, von einer äußeren Persönlichkeit zu sprechen, berechtigt sie uns auch, die Existenz einer inneren Persönlichkeit anzunehmen. Die innere Persönlichkeit ist die Art und Weise, wie sich einer zu den inneren psychischen Vorgängen verhält. Sie ist die innere Einstellung, der Charakter, den er dem Unbewußten zukehrt. Ich bezeichne die äußere Einstellung, den äußeren Charakter als Persona, die innere Einstellung bezeichne ich als Anima, als Seele.“[127] „Seele ist das Lebendige im Menschen, das aus sich selbst Lebende

[123] Ebd., 82.
[124] Ebd., 81.
[125] Briefe II,253.
[126] Nach Hark, Lexikon, 148.
[127] Man ist geneigt zu fragen: Hat dann die Frau keine Seele? Und wie kann ein Inhalt des Unbewußten gleichzeitig dem Unbewußten als Ganzem zugekehrt sein? Jung nennt nämlich die Anima den Archetypus der Weiblichkeit im Unbewußten des Mannes. Das Zitat findet sich in GW VI, §883.

und Lebenverursachende, darum blies Gott dem Adam einen lebendigen Odem ein, damit er lebe. Die Seele verführt die nicht lebenwollende Tätigkeit des Stoffes mit List und spielerischer Täuschung zum Leben. Sie überzeugt von unglaubwürdigen Dingen, damit das Leben gelebt werde. Sie ist voll von Fallstricken und Fußangeln, damit der Mensch zu Fall komme, die Erde erreiche, sich dort verwickle und daran hängen bleibe, damit das Leben gelebt werde; wie schon Eva es im Paradies nicht lassen konnte, Adam von der Güte des verbotenen Apfels zu überzeugen. Wäre die Bewegtheit und das Schillern der Seele nicht, der Mensch würde in seiner größten Leidenschaft, der Trägheit, zum Stillstand kommen."[128]

„Die Seele kümmert sich wahrscheinlich nicht um unsere Wirklichkeitskategorien. Für sie scheint in erster Linie wirklich zu sein, was wirkt. Wer die Seele erforschen will, darf sie nicht mit dem Bewußtsein verwechseln, sonst verhüllt er den Gegenstand der Forschung seinem eigenen Blick. Man muß im Gegenteil noch entdecken, wie verschieden die Seele vom Bewußtsein ist, um sie erkennen zu können. Nichts ist daher möglicher, als daß jenes, das für uns Illusion heißt, für sie Wirklichkeit ist, weshalb nichts inkommensurabler wäre, als die seelische Wirklichkeit an unserer Bewußtseinswirklichkeit zu messen. Für den Psychologen gibt es nichts Blöderes als den Missionarsstandpunkt, der die Götter der armen Heiden für Illusion erklärt."[129]

Die Seele ist also nicht Bewußtsein, aber auch nicht Unbewußtes! Sie ist „das Lebendige im Menschen". Aber gehört zu diesem Lebendigen nicht sowohl das Bewußtsein wie auch das sogenannte Unbewußte?

[128] GW 9/1, § 56. – Jungs assoziatives Denken verrät sich auch darin, daß er oft ein Komma setzt, wo ein Punkt hingehören würde. Vor allem läßt er auch inhaltlich seine Gedanken schweifen, so daß z. B. hier der groteske Eindruck entsteht, er meine, Gottes dem Menschen verliehener Atem habe diesen mit „List und spielerischer Täuschung" zum Leben „verführt". Im übrigen ist schwer einzusehen, wieso solche Aussagen sich auf „empirische Tatsachen" beziehen sollen, wie Jung das ja für alle seine Aussagen reklamiert.

[129] GW XVI, § 111.

Die Seele erscheint hier wie eine eigene Person in der Person. Von ihr wird gesagt, was sie tut und wie sie sich verhält. Ist das dichterische Bildrede? Oder wird hier anthropomorph (vermenschlichend) gesprochen in ähnlichem Sinne, wie die Bibel von Gottes Tun und Sich-Verhalten spricht? Immerhin haben die Theologen sehr genau über die Berechtigung anthropomorpher Aussagen über Gott nachgedacht.[130] Bei Jung bleibt dies alles in Schwebe. Und woran soll man die Seele messen, wenn nicht an der Bewußtseinswirklichkeit? Ihr entstammt ja bereits unsere Sprache. In dem Augenblick, in dem etwa ein Traum in Worte gefaßt wird, und erst recht, wenn er dann gedeutet wird, wird versucht, von der Bewußtseinswirklichkeit her das zu verstehen, was vorher nicht nur unbewußt, sondern auch ungewußt war.

Außerdem fällt auch auf, daß Jung hier einen radikalen qualitativen Unterschied zwischen Seele – doch in diesem Zusammenhang nur zu verstehen als das Unbewußte! – und Bewußtsein postuliert. An anderen Stellen, wo er Übergänge annimmt, scheint nur ein quantitativer Unterschied in der Bewußtseinshelligkeit zu bestehen.

Schließlich muß man noch fragen, ob es nach dieser Auffassung Jungs überhaupt eine Berechtigung gibt, von Illusionen zu sprechen. Wenn nicht, dann unterscheidet sich Jung in diesem Punkt radikal von Freud, für den die Auflösung von realitätsfernen Illusionen durch die „Realitätsprüfung" ein zentrales Anliegen war. Und Jung wäre dann gerade nicht Aufklärer, sondern Gegenaufklärer. Auch wird es dann noch deutlicher, daß eine ständige Vermischung von Jung und Freud, wie Eugen Drewermann sie betreibt, Konfusion stiften muß.

4. Die Psyche

Helmut Hark stellt fest: „Die Psyche ist für Jung die Gesamtheit aller bewußten und unbewußten psychischen Vorgänge, während

[130] Vgl. t.B. Kuitert, Gott in Menschengestalt.

die Seele mehr einen Funktionskomplex mit einem gewissen Persönlichkeitscharakter darstellt."[131]
Diese Definition macht es nötig, hier schon kurz zu skizzieren, was Jung zu den bewußten und was zu den unbewußten psychischen Vorgängen zählt. Das Bewußtsein ist für ihn die Anpassungsmöglichkeit an die äußere Wirklichkeit.
Es fällt sofort auf, daß hier das Selbstbewußtsein fehlt, also jenes auf sich selbst zurückgeworfene, über sich reflektierende Bewußtsein, mit dem etwa Edmund Husserl, aber im Grunde genommen die gesamte Philosophie sich intensiv beschäftigt hat. Dabei hat doch Jung selbst von dieser Möglichkeit, über sich selbst nachzudenken, dauernd Gebrauch gemacht. Was er damit eigentlich tut, darüber denkt er nicht einmal dort nach, wo es am ehesten seinen Platz hätte, z.B. in einem Gespräch über Tiefenpsychologie und Selbsterkenntnis.[132] Selbsterkenntnis ist bei ihm, wie es Helmut Barz schon im Titel seines Buches sagt, „Selbst-Erfahrung": Erfahrung dessen, was Jung als „das Selbst" bezeichnet. Barz betont, daß Selbsterkenntnis bei Jung auf keinen Fall „im bisher üblichen Sinne des Begriffs" verstanden werden darf. Es ist vielmehr das Erkennen des „seelischen Bestands des Patienten" in der Therapie.[133]
Zu diesem „seelischen Bestand" gehört nach Jung aber in erster Linie das Unbewußte, das auch als die „Tiefe der Person" bezeichnet wird. „Die Psyche ist nach Jung ein Mikrokosmos, in dem das Ich-Bewußtsein nur ein begrenzter Ausschnitt ist, der von dem Unbewußten als etwas Grenzenlosem umgeben wird."[134]
In der Psyche gibt es „vererbte" Funktions- und Verhaltensweisen, die „gewisse Arten zu denken, zu fühlen, zu imaginieren ermöglichen"[135]. Sind diese allgemeinen Verhaltensweisen bewußt, dann gehören sie in den Bereich des kollektiven Bewußtseins. Sind sie unbewußt, dann gehören sie dem kollektiven Unbewußten an mit seinen „Archetypen".

[131] Hark, 134; vgl. Jung, GW VI, § 877.
[132] GW XVIII,2, 273-282.
[133] Barz, Selbst-Erfahrung, 10f.
[134] Nach Hark, Lexikon, 134.
[135] GW XVI, § 206.

Die Psyche ist ein sich selbst regulierendes energetisches System, das einen Zustand des Gleichgewichts anstrebt. Dabei sind die schon bei Freud heftig kritisierten Begriffe „Energie", „Kraft" usw. nicht nur Metaphern.[136] Vielmehr ist für Jung „die relative oder partielle Identität von Psyche und physikalischem Kontinuum von größtem theoretischem Belang, weil sie zu einem ganzheitlichen Weltbild beiträgt"[137]. Insofern ist es für ihn konsequent, daß er schließlich das Psychische ausweitet zum allgegenwärtigen „Psychoiden", das eine Wirklichkeit ist, die sowohl psychisch wie auch physikalisch, bzw. kosmisch ist. Hier wird mit der Grenzenlosigkeit des Unbewußten Ernst gemacht.

5. Das Unbewußte

Hark faßt zusammen: „Das Unbewußte beinhaltet alle psychischen Erfahrungen und Inhalte, die nicht auf das Bewußtsein sowie das Ich in wahrnehmbarer Weise bezogen sind."[138] Jung betont: „Der Begriff des Unbewußten ist für mich ein ausschließlich psychologischer Begriff und kein philosophischer im Sinne eines metaphysischen." Es ist ein „psychologischer Grenzbegriff". „Die Berechtigung, überhaupt von der Existenz unbewußter Vorgänge zu reden, ergibt sich mir einzig und allein aus der Erfahrung, und zwar zunächst aus der psychopathologischen Erfahrung, welche unzweifelhaft dartut, daß z.B. in einem Falle von hysterischer Amnesie das Ich von der Existenz ausgedehnter psychischer Komplexe nichts weiß, daß aber eine einfache hypnotische Prozedur imstande ist, im nächsten Moment den verlorenen Inhalt vollkommen zur Reproduktion zu bringen ... Die Frage, in welchem Zustand sich ein unbewußter Inhalt befindet, solange er nicht ans Bewußtsein angeschlossen ist, entzieht sich jeder Erkenntnismög-

[136] Wenn Wolfhard H. König (bei W. Mertens, Neue Perspektiven, 8-123) das „Hydrodynamik"- und das „Mechanik-Modell" Freuds und insbesondere seinen Begriff der „Kraft" kritisiert, so gilt dies auch für Jung.
[137] Hark, Lexikon, 135.
[138] Ebd., 186.

lichkeit. Es ist daher ganz überflüssig, darüber Vermutungen anstellen zu wollen."[139]

„Die bedeutende Kraft unbewußter Inhalte beweist immer eine entsprechende Schwäche des Bewußtseins und dessen Funktionen.[140] Das Bewußtsein ist gewissermaßen von Ohnmacht bedroht. Dessen Gefährdung ist für den Primitiven einer der am meisten gefürchteten ‚magischen' Zufälle. Es ist begreiflich, daß diese geheime Angst auch beim Kulturmenschen zu finden ist. In schlimmen Fällen ist es die geheime Angst vor Geisteskrankheiten, in weniger schlimmen die Furcht vor dem Unbewußten, die auch der Normale verrät in seinem Widerstand gegen psychologische Gesichtspunkte.[141] Geradezu grotesk wird dieser Widerstand in der Art, wie man den psychologischen Erklärungsversuch in künstlerischen, philosophischen und religiösen Dingen abwehrt, wie wenn die menschliche Seele ausgerechnet mit diesen Dingen nichts zu tun hätte und nichts zu tun haben dürfte."[142]

„Unsere bisherige Erfahrung von der Natur unbewußter Inhalte erlaubt uns eine gewisse allgemeine Einteilung derselben. Wir können ein persönliches Unbewußtes unterscheiden, welches alle Acquisitionen der persönlichen Existenz umfaßt, also Vergessenes, Verdrängtes, unterschwellig Wahrgenommenes, Gedachtes und Gefühltes." Daneben gebe es Inhalte, die „aus der ererbten Möglichkeit des psychischen Funktionierens überhaupt, nämlich aus der ererbten Hirnstruktur stammen. Das sind die mythologischen Zusammenhänge, die Motive und Bilder, die jederzeit und überall ohne historische Tradition oder Migration neu entstehen können."[143]

139 GW VI, §915.
140 Für Jung selbst war diese Kraft so groß, daß er sich als einen „Getriebenen" bezeichnen konnte, der seinem „Dämon" auf Gedeih und Verderb gehorchen mußte! Und er konnte auch sagen, das Ich sei ein „Clown", der sowieso nur tue, was das Unbewußte wolle! Andererseits konnte er sagen, die Begegnung mit dem „Numinosen" des Unbewußten mache gesund!
141 Man beachte die Parallelisierung: Geisteskrankheiten – Unbewußtes – psychologische Gesichtspunkte!
142 GW XVI, §374. – Die menschliche Seele hat sehr viel damit zu tun. Darum ist z.B. eine Trauminterpretation unter dem künstlerischen Gesichtspunkt sehr fruchtbar, aber sie führt, wie Elisabeth Lenk gezeigt hat, zu wesentlich anderen Ergebnissen als denen Jungs!
143 GW VI, §919.

Man muß beachten, daß hier soziale Gesichtspunkte völlig ausgeschlossen werden, wie sie Elisabeth Lenk in „Die unbewußte Gesellschaft", aber auch Birgit Frostholm in: „Leib und Unbewußtes" detailliert nachgewiesen haben, gar nicht zu reden von der umfangreichen Literatur, die sich auf die Psychoanalyse Freuds bezieht. Auch wird nicht Bezug genommen auf die Untersuchungssituation, zu der ja immer zwei Menschen gehören, die sich in einer bestimmten Weise – vor allem als Arzt und Patient – begegnen. Hier spielt nach Jung die „persönliche Gleichung" eine wichtige Rolle, beim kollektiven Unbewußten aber soll die „ererbte Hirnstruktur" unabhängig von „historischer Tradition" entscheidend sein!
Die „Produkte der unbewußten Tätigkeit" sind nach Jung „Träume und Phantasien". Wenn Jung einen grundsätzlichen Unterschied machte zwischen persönlichem und kollektivem Unbewußten, dann fällt auf, daß im Begriff „unbewußte Tätigkeit" dieser Unterschied wieder aufgehoben wird. Ja Jung sagt sogar: „Es ist müßig, darüber zu spekulieren, wie groß der Anteil des Bewußtseins z. B. an den Träumen sei."[144] „Ein Traum stellt sich uns dar. Wir erschaffen ihn nicht bewußt. Gewiß verändert die bewußte Reproduktion oder gar schon die Wahrnehmung vieles daran, ohne aber die Grundtatsache der produktiven Regung von unbewußter Provenienz aus der Welt zu schaffen."[145]
In diesem Zusammenhang bezeichnet Jung nun die Traumtätigkeit als kompensatorisch (ausgleichend im Sinne von ergänzend), während er sie an anderen Stellen komplementär (sich widersprechende Gegensätze ausgleichend bzw. integrierend) nennt. Es ist aber nicht dasselbe, ob noch Fehlendes, das in keiner Spannung zum Vorhandenen sein muß, hinzugetan wird, oder ob eine auftretende Spannung zwischen zwei Positionen auf einen Nenner (z. B. ein Symbol der Ganzheit) gebracht wird. Daß Jung nicht genau unterscheidet, bedingt bei ihm weitere Unklarheiten.

[144] Für Freud, aber auch für die moderne Traumforschung ist gerade diese Frage sehr wichtig. Die subtilen Untersuchungen darüber, etwa von Moser, Zeppelin und Schneider, sind keinesfalls leere Spekulation.
[145] GW VIII, § 505.

Er sagt: „Das funktionelle Verhältnis der unbewußten Vorgänge zum Bewußtsein dürfen wir als ein kompensatorisches bezeichnen, indem der unbewußte Vorgang erfahrungsgemäß das subliminale Material, das durch die Bewußtseinslage konstelliert ist, zutage fördert, also alle diejenigen Inhalte, welche, wenn alles bewußt wäre, am bewußten Situationsbild nicht fehlen könnten. Die kompensatorische Funktion des Unbewußten tritt umso deutlicher zutage, je einseitiger die bewußte Einstellung ist, wofür die Pathologie reichliche Beispiele liefert."[146]

Die Sprengkraft solcher allgemeiner Behauptungen wird sofort deutlich, wenn man etwa daran denkt, daß die christliche Einstellung für Jung einseitig ist und außerchristliche Ergänzung braucht, daß eine rationale Einstellung einseitig ist und Ergänzung durch das Irrationale braucht, daß eine betont moralische Einstellung einseitig ist und Ausgleich durch Integration des „Bösen" braucht, daß die Trinität unvollkommen ist und zur Quaternität erweitert werden muß, daß das Patriarchat Ergänzung durch das Matriarchat braucht, usw., daß dies alles aber Leistungen des Unbewußten sind, das uns somit die volle bewußte Verantwortung abnimmt!

Ganz auf dieser Linie liegen die folgenden Ausführungen Jungs: „Wir sind gewohnt, tiefgreifende historische Veränderungen ausschließlich auf äußere Ursachen zurückzuführen. Ich glaube aber, daß die äußeren Umstände öfters mehr oder weniger bloße Gelegenheiten sind, bei welchen die unbewußt vorbereitete, neue Einstellung zu Welt und Leben manifest wird. Durch allgemeine soziale, politische und religiöse Bedingungen wird das kollektive Unbewußte affiziert, und zwar in dem Sinne, daß alle diejenigen Faktoren, welche durch die herrschende Weltanschauung respektive Einstellung im Leben eines Volkes unterdrückt werden, sich allmählich im kollektiven Unbewußten ansammeln und dadurch seine Inhalte beleben." So entsteht „eine allgemeine Bereitschaft, ... neue Ideen aufzunehmen, obschon anderseits auch ein heftiger Widerstand dagegen besteht. Neue Ideen sind nicht bloß Geg-

[146] GW VI, § 920.

ner der alten, sondern sie treten auch meistens in einer Form auf, welche der alten Vorstellung als mehr oder weniger unannehmbar erscheint."[146a]

Wir haben schon gesehen, daß Jung der Fähigkeit der Seele zur Selbstregulierung im Sinne von Kompensation genau so vertraut wie der Fähigkeit des Organismus, sich selbst zu helfen. Diese Selbsthilfe kann aber auch versagen. Mit solchen Fällen rechnet auch Jung. Sind nämlich die Entscheidungen des Bewußtseins falsch, dann kann ein Mensch bis in das Unbewußte hinein schwer erkranken.[147] Anderseits gibt es aber im Unbewußten keinen Unterschied zwischen „richtig" und „falsch". Es ist „jenseits von Gut und Böse".[148] In ihm erscheint „alles mit allem kontaminiert" (verseucht durch Vermischung).[149] Und trotzdem besitzt es eine „unerbittliche Gerechtigkeit"![150] Es ist eine „massa confusa archaisch undifferenzierter Inhalte"[151]. Es ist „eine Fundgrube für alles Gute und Böse, alles Alte und Neue, alles Schöne und Häßliche"[152]. Es ist „die Gesamtheit aller in statu nascendi begriffenen seelischen Inhalte"[153]. Es macht „einerseits den Eindruck einer Fülle von Verschiedenem, anderseits aber auch den einer Einheit"[154]. Es ist „eine Psyche, deren Wesen nur durch Paradoxa umschrieben werden kann: Es ist persönlich und unpersönlich, gerecht und ungerecht, ethisch und unethisch, von einer schlauen Intelligenz und gleichzeitig blind, überaus stark und äußerst schwach etc. Dies ist die psychische Grundlage, welche den Baustoff zu unseren Begriffsstrukturen liefert ...[155]

Woher weiß Jung das? Es kann fast nur so sein, daß er von seiner Erfahrung mit Träumen ausgeht. Es wäre dann präziser, dem träu-

[146a] GW VIII, §594.
[147] Vgl. GW XIV,1, 138; VII,257; Briefe II,497.
[148] GW XV,119; Briefe II,13; Neumann, Ethik, 136.
[149] GW XI,314.
[150] Nach von Beit, Symbolik des Märchens, 228.
[151] GW XVI,203; XI,108ff. und an vielen anderen Stellen.
[152] GW VII,303f.; Jacobi, Individuation, 121.
[153] GW VIII,415.
[154] GW XI,314.
[155] Briefe III,177; vgl. GW XIV,1, 219. – Diese Herkunft scheinen Jungs Begriffsstrukturen noch zu verraten!

menden Ich, jener Instanz, die von ihm unbeachtet bleibt, weil er Träume als direkte Manifestationen des Unbewußten ansieht, solche „Eigenschaften" zuzuschreiben. In der Tat sind die Träume verschiedener Menschen sehr verschieden, denn ihre „Tiefenperson" scheint genau so ihre unverwechselbare „Individualität" zu besitzen wie ihre bewußte Persönlichkeit (in der Literatur auch „Kortikalperson" genannt). Jeder, der mit Träumen zu tun hat, wird bestätigen, daß wir „in der Tiefe" – sofern man die Welt der Träume überhaupt als die Tiefe bezeichnen will – nicht alle gleich sind. Ich könnte z. B. bei bestimmten Träumen auf Anhieb sagen, wer von meinen Patienten sie sicher nicht geträumt hat und wer mit großer Wahrscheinlichkeit der Träumer, bzw. die Träumerin ist. Aber für Jung ist das Unbewußte „ein ungemein schwankender Tatbestand."[156] Wirklich „Tatbestand"? Wo bleibt dann Jungs Beteuerung, das Unbewußte sei für ihn nur eine „Hypothese" oder ein „Verstehensmodell"?[157] Es sei ein „rein negativer Grenzbegriff"?[158] Es sei „unbestimmt, qualitätslos und überhaupt unerkennbar"?[159] Und doch „ein Vorhandenes, Objektives, von dem unzweifelhaft Wirkungen auf das Bewußtsein ausgehen"?[160] Die moderne Psychologie nennt solche Größen „Konstrukte". Sie hat genaue Regeln entwickelt, wie man mit Konstrukten umgehen darf und wie nicht. Man darf sie nicht „hypostasieren", also so behandeln, als seien sie tatsächliche, auf direkte Weise empirisch erforschbare Größen. Jung setzt sich darüber kühn hinweg. Er meint nur, unter „bestimmten Kautelen" sei eine Hypostasierung (Verdinglichung) des Unbewußten doch gestattet, aber er gibt diese Kautelen (Vorbehalte) nicht an.[161] Er beteuert jedoch, sich streng an die „intellektuelle Redlichkeit" zu halten und nennt eine Hypostasierung des Unbewußten grundsätzlich einen „unerhörten Übergriff".[162] Damit

[156] GW VIII,214.
[157] GW VIII,245; Briefe I,87 f., Anm. 5; 125; 444 f.; Briefe II,246 f.; 323; 480 und öfter.
[158] GW XI,545.
[159] GW XI,545; IV,165 f.; XII,214.
[160] GW XI,314.
[161] GW XI,287; vgl. IV,165 f. und XIV,2, 332.
[162] GW XI,545 und Briefe I,124.

scheint es ihm aber vereinbar zu sein, daß er Unbewußtheit auch als „das peccatum originale" (die Ursünde) bezeichnen kann.[163] Offensichtlich entspringt alles und jedes dieser Ursünde. Das Unbewußte „umschreibt einen ungemein schwankenden Tatbestand: alles, was ich weiß, an das ich aber momentan nicht denke; alles, was mir einmal bewußt war, jetzt aber vergessen ist; alles, was von meinen Sinnen wahrgenommen, aber von meinem Bewußtsein nicht beachtet wird; alles, was ich absichts- und aufmerksamkeitslos, das heißt, unbewußt fühle, denke, erinnere, will, tue; alles Zukünftige, das sich in mir vorbereitet und später erst zum Bewußtsein kommen wird, ... aber auch die bewußtseinsunfähigen, psychoiden Funktionen, von deren Existenz wir nur indirekt Kunde haben."[164]

Jung nimmt dabei nicht zur Kenntnis, daß die sogenannte Bewußtseinspsychologie, die er stets abwertet, im Zusammenhang mit dem Erinnern, Fühlen, Wollen und auch mit der „Handlungstheorie" sich sehr präzise mit diesen Phänomenen befaßt hat und dabei 16 oder noch mehr gegeneinander abgrenzbare Arten von Unbewußtem unterscheidet.[165] Ignoriert man diese Unterscheidungen, dann bleibt der Schluß unausweichlich: Wenn man sich „der Erforschung des Unbewußten zuwendet, ... wird die Sache notwendig verschwommen"[166]. Entsprechend hat auch der wichtigste Archetypus des Unbewußten, das Selbst, „an das der konkrete Rabbi Jesus ... assimiliert wurde"[167], einen „verblasenen Charakter"[168].

Freud mag die Schwierigkeiten, die mit der Konstruktion eines Unbewußten verbunden sind, schon 1923 geahnt haben, als er eine Kehre vollzog, die er aber nie konsequent durchführte. Er sagte damals an einer wichtigen Stelle: „Wir erkennen, daß das Unbewußte nicht mit dem Verdrängten zusammenfällt; es bleibt richtig, daß alles Verdrängte unbewußt ist, aber nicht alles Unbewußte

[163] GW IV,365; vgl. X,388 und XI,493.
[164] GW VIII,214.
[165] Vgl. Pongratz, Problemgeschichte, 183 ff.; Lersch, Aufbau der Person, 594 ff.
[166] Evans, Gespräche, 47.
[167] GW XI, § 231.
[168] Siehe Anm. 166.

ist verdrängt ... Wenn wir uns so vor der Nötigung sehen, ein drittes, nicht verdrängtes Unbewußtes aufzustellen, so müssen wir zugestehen, daß der Charakter des Unbewußten für uns an Bedeutung verliert. Er wird zu einer vieldeutigen Qualität, die nicht die weitgehenden und ausschließenden Folgerungen gestattet, für welche wir ihn gerne verwertet hätten."[169] Jung hat sich damals längst nicht mehr die Mühe genommen, die Schriften Freuds genau zu lesen. (Freud umgekehrt auch nicht.) Es ist auch fraglich, ob es ihn beeindruckt hätte, daß für Freud bereits drei verschiedene Bedeutungen von Unbewußtem diesen Begriff unbrauchbar, weil zu vieldeutig und schillernd gemacht haben.

6. *Bewußtsein*

Bewußtsein ist für Jung der notwendige Gegenbegriff zum Unbewußten, nicht umgekehrt. Das Unbewußte ist aber dem Bewußtsein überlegen. Das Unbewußte ist das „agens", das Handelnde, das Bewußtsein das „patiens", das passiv Erleidende. So jedenfalls kann es Jung sehen.[170] Ein von Jung selbst hervorgehobener Satz lautet: „Nicht ich schaffe mich selbst, ich geschehe vielmehr mir selber."[171] Sofort aber bemerkt Jung, daß das zum völligen Determinismus führen würde. Und, da eine psychologische Wahrheit nach seiner Meinung nur dann wahr ist, wenn sie sich auch umkehren läßt, fügt er hinzu, soeben nur „die Hälfte der psychologischen Wahrheit" gesagt zu haben. Der Mensch besitze nämlich auch ein Freiheitsgefühl, „das mit der Autonomie des Bewußtseins identisch ist. Trotzdem alles und jedes dem Ich" (als Zentrum des Bewußtseins) „die Abhängigkeit und Vorbedingtheit beweist, so ist es doch nicht von seiner gänzlichen Unfreiheit zu überzeugen. Man muß in der Tat zugeben, daß ein absolut präformiertes Bewußtsein und ein total abhängiges Ich ein zweckloses Schauspiel

[169] Freud, GW XIII,244f.
[170] Vgl. GW 283.
[171] Daß Jung sich selbst so erlebt hat, davon zeugen seine „Erinnerungen" fast auf jeder Seite.

wären, indem dann alles ebensogut oder noch besser unbewußt abliefe. Die Existenz des Ichbewußtseins hat nur Sinn, wenn sie frei und autonom ist."[172] Aber sie ist es ja nicht, wie Jung immer wieder betont! Jung stellt deshalb fest, es gebe einen Konflikt zwischen Bewußtsein und Unbewußtem, der durch Bewußtwerdung wenigstens einer Lösung nähergebracht werde. Man wird darin auch den Konflikt zwischen Natur und Kultur erkennen können, denn das Unbewußte ist für Jung „reine Natur".[173] „Das Bewußtsein läßt sich wie ein Papagei dressieren, nicht aber das Unbewußte ... Es ist und bleibt jeder subjektiven Willkür entzogen, ein Bereich nicht zu verbessernder und nicht zu verderbender Natur und ihres Geheimnisses, das wir nur belauschen aber nicht befingern können."[174]

Nur das Christentum hat nach Jung das Unmögliche doch fertiggebracht. Es hat das Unbewußte so konstelliert, daß sich von ihm aus nun zu Worte meldet: „... ein wahres antimimon pneuma, ein Aftergeist von Arroganz, Hysterie, Verschwommenheit, verbrecherischer Amoralität und doktrinärer Verbohrtheit, ein Erzeuger von geistiger Schundware, von Kunstersatz, philosophischer Stotterei und utopischem Schwindel, gut genug, um an den Massenmenschen von heute en gros verfüttert zu werden. So sieht der nachchristliche Geist aus."[175]

Dieses krasse Beispiel ist eine Illustration für Jungs These, eine falsche Einstellung des Bewußtseins könne sogar das Unbewußte krank machen. Das Bewußtsein selbst ist für Jung „die Bezogenheit psychischer Inhalte auf das Ich, soweit sie als solche vom Ich empfunden wird." Ist das nicht der Fall, so handelt es sich um unbewußte Beziehungen zum Ich.[176] Das Bewußtsein „ist in erster Linie ein Orientierungsorgan". Es nimmt wahr („empfindet"), deutet („denkt") und wertet („fühlt").[177]

[172] GW XI,283.
[173] Briefe II,13.
[174] GW XII,65. Übrigens konnte auch Freud (in „Totem und Tabu") unbewußte Vorgänge als „unzerstörbar und unkorrigierbar" bezeichnen.
[175] Aion, 62. Diese Passage haben interessanterweise die Herausgeber von Band IX,2, in dem „Aion" abgedruckt ist, stillschweigend gestrichen!
[176] GW VI, §758.
[177] GW VIII, §256.

Da das Unbewußte die „schöpferische Matrix", der Mutterboden „von allem Seienden" ist, ist es auch in allem Seienden, also auch im Bewußtsein, wieder zu finden.[178] Das Bewußtsein ist demnach nur ein Epiphänomen, eine Begleiterscheinung des Unbewußten. Die „unverfälschte, natürliche Wahrheit" liege beim Unbewußten, während das Bewußtsein „kaleidoskopartig beweglich" und „bodenlos" ist.[179]
Bewußtes Leben und unbewußter Prozeß stehen zueinander in einer „unerhörten Inkommensurabilität" (Unvergleichbarkeit). Trotzdem ist eine Synthese möglich. Sie ist „die Paradoxie der Vereinigung des Unvereinbaren".[180]

7. Das Ich

Das Ich nennt Jung bezeichnenderweise meistens den „Ich-Komplex". Er ist zentraler Inhalt des Bewußtseins aber zugleich die Bedingung des Bewußtseins. Das heißt ja doch wohl: Ohne den Ich-Komplex gäbe es den Ich-Komplex nicht. Das ist ein ähnlicher Zirkel wie er schon in der Behauptung enthalten war, die Psyche sei gleichzeitig Subjekt und Objekt der Psychologie.
Jung unterscheidet das Ich vom Selbst. Das Ich ist „nur das Subjekt meines Bewußtseins, das Selbst aber das Subjekt meiner gesamten, also auch der unbewußten Psyche ... In diesem Sinne wäre das Selbst eine (ideelle) Größe[181], die das Ich in sich begreift."[182] Setzt sich trotzdem das Ich mit dem Selbst gleich, so kommt es zu einer „Ich-Inflation", einer Aufblähung des Ich, oder, in der Alltagssprache, einer Selbstüberschätzung.[183]

178 GW V,278, 387, 418 u.ö.
179 GW X,376 und 173.
180 GW XII,174.
181 Jung hat es aber doch weit von sich gewiesen, ideelle Größen, bzw. Noumena in seine Psychologie einzuführen!
182 GW VI, §810.
183 Man beachte, daß auch hier das ethisch-religiöse Problem der Selbstüberschätzung („Hybris", „Pharisäismus") auf einen psychoenergetischen Prozeß reduziert zu werden scheint.

Wenn nun aber das Ich ein „Komplex“ ist, also nach einer Kurzdefinition von Jung: ein seelisches Energiefeld, woher kommt dann seine Subjektivität? Kann man denn das Persönlichste, das Ich, auf so unpersönliche, prozeßhafte Weise beschreiben, wie Jung das tut? Sicher findet sich noch mehr bei Jung, auch über die Ich-Entwicklung, aber neben der detaillierten Ich-Psychologie der Psychoanalyse und der Ich-Du-Analyse der Begegnungsphilosophie erscheint das, was Jung vom Ich sagt, wie auch die Art und Weise, wie er ohne Bedenken auch von unbewußten Subjekten spricht, dürftig und problemblind. Wenn das Selbst als Teil des Unbewußten als Subjekt bezeichnet wird, oder wenn etwa vom Traum-Ich gesprochen wird, möchte man wissen, ob hier direkte Rede oder übertragene Rede beabsichtigt ist, ob also im Unbewußten dieselbe Art von Subjekthaftigkeit und im Traum dieselbe Art von Ichhaftigkeit postuliert wird, wie im Bewußtsein.

8. Das Selbst

Das Selbst ist das „archetypische Bild des vollständigen Potentials des Menschen und der Einheit der Persönlichkeit als Ganzes“. Es ist „die zentrale Autorität bezüglich des psychischen Lebens und damit des Schicksals des Individuums“.[184] – Wenn hier vom Schicksal des Menschen gesprochen wird, so fällt auf, daß Außenfaktoren nicht erwähnt werden!
Das Selbst kann auch als „psychodynamischer Faktor von besonderer Numinosität“ gekennzeichnet werden. „Der tiefenpsychologische Begriff des Selbst wird von Jung als „empirischer Begriff“, von Hark jedoch als „Konstrukt“ bezeichnet – was ja nicht dasselbe ist. Er „verweist auf bewußtseinstranszendente Beziehungsmöglichkeiten mit Gott und dem Kosmos, mit Kristallen und Tieren, mit dem Sein und allem Seienden“. Bildhafte Ausdrucksformen für das Selbst sind insbesondere Mandalas, die einen Mittelpunkt haben. Auch Gestalten wie: Arzt, Held und Priester

[184] Nach Samuels u. a., Wörterbuch, 198.

können das Selbst verkörpern. Sie können androgyn sein, also weiblich und männlich zugleich, da das Selbst einen vereinigenden Charakter hat. Auch andere Gegensätze können sich in einer solchen Gestalt vereinigen: zugleich groß und klein, hilflos und mächtig, Kind und Greis, usw. Hark, dem ich hier folge, schließt die Bemerkung an: „Damit ist nicht gesagt, ob diese tatsächlich so sind oder ob es sich bei den Erscheinungsformen um paradoxe Spiegelungen im wahrnehmenden Subjekt handelt. Das Selbst ist eben ein Grenzbegriff, der uns auch mit den begrenzten Möglichkeiten menschlicher Erkenntnis konfrontiert." Will Hark damit sagen, daß solche im Traum oder in der Imagination erlebte Bilder nachträglich, im davon gegebenen Bericht, vom Berichtenden auf paradoxe Weise verändert werden? Sind aber nicht gerade auch die Träume und Phantasien selbst „paradoxe Spiegelungen im wahrnehmenden Subjekt"? Oder spricht er von Außenpersonen in der Wachwelt, die zu Personifizierungen des Selbst gemacht werden? Wie aber könnte irgendein Mensch „tatsächlich" so widersprüchlich sein?

Wenn Jung immer wieder auf Jesus zu sprechen kommt als dem, „an den sich das Selbst-Symbol assimiliert", dann ist dies ein Beispiel für eine Personifizierung des Selbst in der Außen-, nicht in der Innenwelt. Aber gerade hier hatte Jung immer wieder Ärger mit Rückfragen und Kritik. Aufschlußreich ist die folgende Äußerung Jungs: „In der christlichen Anschauungswelt stellt Christus unzweifelhaft das Selbst dar. Man hat mir eingewendet, daß Christus kein gültiges Symbol des Selbst, bzw. nur ein täuschender Ersatz für ein solches gewesen sein könne. Ich kann dieser Ansicht nur beipflichten, wenn sie sich strikte auf die jüngste Zeit, welche in der Lage ist, psychologische Kritik zu verwenden, bezieht; keineswegs aber, wenn sie das vorpsychologische Zeitalter beurteilen will. Christus bedeutete nicht nur Ganzheit, sondern war sie auch als psychisches Phänomen. Das bezeugt die Symbolik sowohl wie die Phänomenologie der früheren Zeit, für welche – nota bene – das Böse eine privatio boni war. Die Ganzheitsvorstellung ist jeweils so ganz, wie man selbst ist. Wer garantiert dafür, daß unser Begriff von Totalität nicht ebenfalls ergänzungsbedürftig ist? Ein bloßer Begriff der Ganzheit setzt diese nämlich keineswegs."[185] Wie aber ist damit vereinbar, daß Jung dem Selbst Numinosität und damit das Gefühl von Zeitlosigkeit, bzw. „Ewigkeit" zuschreibt? Hat etwa auch jede Zeit ihre eigene, relative Auffassung von Zeitlosigkeit? Jung hatte ja auch betont, unser Verstand sei nicht ewig und könne darum Ewigkeit nicht denken!

Das Selbst ist nach Jung ein „Etwas", das alles von uns fordert, was wir zu geben haben. Es sei heilsam, sich dieser völligen Hingabe nicht zu verschließen. „Intellektuell ist das Selbst nichts als ein psychologischer Begriff, eine Konstruktion, welche eine uns unerkennbare Wesenheit ausdrücken soll, die wir als solche nicht erfassen können, denn sie übersteigt unser Fassungsvermögen, wie schon aus ihrer Definition hervorgeht. Sie könnte ebensowohl als ‚der Gott in uns' bezeichnet werden. Die Anfänge unseres ganzen seelischen Lebens scheinen unentwirrbar aus diesem Punkte zu entspringen, und alle höchsten und letzten Ziele scheinen auf ihn hinzulaufen. Dieses Paradoxon ist unausweichlich[186], wie immer, wenn wir etwas zu kennzeichnen versuchen, was jenseits dieses Vermögens unseres Verstandes liegt."[187]

Merkt Jung nicht, oder will er nicht merken, daß er an anderer Stelle Behauptungen aufstellt, die mit den eben zitierten Ausführungen unvereinbar sind? So kann er grimmig sagen: „Naturwissenschaft ist keine Wissenschaft von Wörtern und Begriffen, sondern von Tatsachen. Ich versteife mich auf keine Terminologie; ob man die vorkommenden Symbole als ‚Ganzheit', ‚Selbst', ‚Bewußtsein', ‚höheres Ich' oder etwas dergleichen bezeichnet" (wozu aus anderen Äußerungen hinzuzunehmen ist: Christus, Gott usw.) „tut wenig zur Sache. Ich bestrebe mich nur, keine falschen oder irreführenden Namen zu geben. Aber all diese Termini sind und bleiben nichts anderes als Namen für die Tatsachen, die einzig Gewicht haben. Meine Namengebungen bedeuten keine Philoso-

[185] GW IX,2, 72, Anm. 76.
[186] Das ist ja doch kein Paradoxon, denn es enthält keine (echte oder unechte) Doppeldeutigkeit. Es ist allenfalls ein Mysterium! – Dies ist nur eines von unzähligen Beispielen für Jungs ungeschickten Umgang mit der Sprache.
[187] GW VII, § 398 f.

phie, obschon ich niemand daran hindern kann, diese terminologischen Schemen anzubellen, wie wenn sie Satzungen wären."[188] Derselbe Jung (wirklich „derselbe"?) kann aber auch versichern: „Eine Tatsache ist bekanntlich nie nur so, wie sie an sich ist, sondern auch so, wie wir sie anschauen."[189] Eigentlich sollte Jung, der mehrere Sprachen sprach, auch die Probleme gekannt haben, die beim Übersetzen auftauchen. Für Theologen und Philosophen gehören sie zum täglichen Brot.[190]

Auch Freud gab sich viel mehr Mühe mit der sprachlichen Differenzierung, die auch einer Differenzierung des Beobachteten oder indirekt Erschlossenen entsprach. So findet man das, was bei Jung das Selbst als Sammelbecken für Verschiedenes ist, teilweise unter folgenden Stichworten: Ideal-Ich; Ich-Ideal; Über-Ich; unbewußter Teil des Ich; Subjektrepräsentanz; Narzißmus; und indirekt noch an anderen Stellen seiner Theorien. Auf diese Weise vermeidet Freud „Monster-Begriffe" wie den des Selbst und ermöglicht ein viel präziseres Einordnen und Deuten der Beobachtungen und auch der Ergebnisse der Selbstanalyse, die für Freud ebenfalls ein sehr wichtiges und sehr kritisch durchleuchtetes Thema war. Nicht so für Jung. Er pocht auf allgemeingültige „Tatsachen", die jedermann mit gutem Willen einsehen müßte. Aber es geht ja auch darum, welche Formulierungen verständlicher und nützlicher sind. Z.B. sagt Jung: „Eine Annäherung des Ich dem Selbst gegenüber ... führt unweigerlich zu einer ‚Inflation des Ich', wenn nicht eine kritische Sonderung zwischen diesem und den unbewußten Figuren stattfindet." Dazu bemerkt er, er gebrauche diesen Ausdruck genau so, wie er in 1 Kor 5,2 gemeint sei. Nun ist aber eindeutig dieser Ausdruck im Korintherbrief eine Bezeichnung für eine moralische, noch genauer, für eine geistliche Fehlhaltung. Die Korinther hätten den Verstoß, um den es hier geht, „beklagen müssen, statt sich mit ihrem geistlichen Reich-

188 GW XVI, zitiert nach Jacobi, Mensch und Seele, 109. Bei Jung steht: „Setzungen"!

189 Nach Jacobi, 232.

190 Vgl. die besondere Disziplin, die sich dafür entwickelt hat, die Hermeneutik.

tum zu brüsten".[191] Jung meint, dasselbe zu sagen, wenn er seine Terminologie von „Ich" und „Selbst" einsetzt. Und was die „kritische Sonderung" anbelangt, gibt er keine Maßstäbe dafür an. Diese „Sonderung" ist eine Sache des Gewissens, noch genauer, der Demut, die verhindert, daß jemand sich selbst überschätzt. Jungs Terminologie macht es nicht leichter, sondern schwerer über eine solche Haltung zu sprechen, genauer: über das zu sprechen, was die eigentliche „Tiefe" des Menschseins ausmacht.[192] Dabei wäre das „Selbst" das gegebene Thema dafür.
Dabei will ja Jung eben gerade das besser verstehen, was im Menschen vor sich geht. So sagt er etwa über das Selbst: „Ohne dieses Postulat wüßte ich die empirisch stattfindenden Prozesse nicht genügend zu formulieren."[193] Entscheidend für die Brauchbarkeit eines „Postulats" oder eines „Konstrukts", wie dem des „Selbst", ist also sein Wert für eine bessere Erklärung und Formulierung als das, was bisher formuliert wurde. Damit hat Jung zweifellos recht. Er war aber nicht der erste, der den Begriff des Selbst gebrauchte. Leider hat er diesen durchaus brauchbaren Begriff überdehnt und durch zu viel disparaten Inhalt aufgebläht, so daß seine Brauchbarkeit nicht zu-, sondern abnahm. Vor allem hat er das Selbst überfrachtet mit seinem Grunddogma der Ganzheit. Ganzheit ist Jung so selbst-verständlich, daß er sich Einwände gegen dieses sein oberstes Prinzip kaum vorstellen kann.

9. Ganzheit

Jungs durch seine eigenen Bedürfnisse und Wünsche beeinflußten Spekulationen über Ganzheit und über das Selbst gehen ineinan-

[191] Lang, Die Briefe an die Korinther, zur Stelle; Jung, Aion, 44, Anm. 3.
[192] Nach Wellek, Die Polarität im Aufbau des Charakters, ist das das Gewissen und das Gemüt. Für Freud ist die entscheidende Instanz das Über-Ich mit seinen Funktionen: Gewissen, Selbstbeobachtung und Idealbildung. Ein Verstoß gegen das Gewissen weckt Schuldgefühle, ein Widerspruch zum Ich-Ideal macht traurig. Solche sehr hilfreichen Unterscheidungen finden bei Jung keinen Platz, wo man sie unterbringen könnte.
[193] GW VII,263.

der über, so wie er ja auch beide Begriffe untereinander austauschen kann.
Das Selbst und die Ganzheit sind für Jung auch die „Entelechie“[194], also das, was sein Ziel in sich selbst hat. Bei Jung, wie schon bei Aristoteles, ist dieser Begriff teilweise austauschbar mit „Energie“. Bei Goethe, auf den sich Jung als seinen angeblichen Vorfahr gerne berief, ist es ein Stück Ewigkeit, das den Körper belebend durchdringt. Bei Hedwig Conrad-Martius ist die Entelechie eine eindeutig metaphysische Größe, der sie eine besondere Abhandlung gewidmet hat: „Die Geistseele des Menschen“. Darin spricht sie auch von der „menschlichen Totalität“ und vom „Ursprungsselbst“, aber ohne C. G. Jung auch nur einmal zu erwähnen; nicht, weil sie ihn nicht gekannt hätte, vielmehr deshalb, weil sie seine unklaren Begriffe nicht für hilfreich ansieht.[195]
Die Anhänger Jungs übernehmen aber diese Begriffe unkritisch, so daß sie im Selbst den „Lenker der seelischen Ereignisse von allem Anfang an“ sehen[196], so wie Jung selbst es hochstilisiert zum „apriori Vorhandenen, aus dem das Ich hervorgeht. Es präformiert sozusagen das Ich.“[197] Es ist unveränderbar. Sogar das Gebet kann nur „sein Potential verstärken“, aber nicht verändern.[198] Auch die gelegentliche Wendung, Christus sei „das Selbst aller Selbste“[199] liegt auf dieser Linie.

[194] GW XII,216; VIII,556ff.; Briefe II,221.
[195] Mündliche Mitteilung. In sämtlichen Schriften dieser bedeutenden Schülerin von Edmund Husserl spielen die Hauptthemen Jungs, z.B. auch das Thema „Archetypus“, eine zentrale Rolle. Diese Schriften sind insgesamt wie ein Beleg dafür, daß die Themen, die Jung aufgreift, in Theologie und Philosophie sehr wohl bekannt sind, und zwar nicht nur theoretisch, daß sie aber auch zu ganz anderen Folgerungen führen können als bei Jung. Freilich ist diese Philosophin alles andere als allgemeinverständlich, aber ist das Jung? Ist er nicht eher allgemein-mißverständlich?
[196] Jacobi, Individuation, 63, vgl. 42; L. Frey, Anfänge, 73.
[197] GW XI,283.
[198] Vgl. GW XI,489, Anm. 2.
[199] Briefe II,330; vgl. Aion, 63ff. Diese Linie zieht E.F. Edinger noch aus in: „Christ as Paradigm of the Individuation Ego“, wo Christus am Selbst und nicht etwa das Selbst an Christus gemessen wird. Ein weiterer Aufsatz desselben Autors, „Metaphysics and the Unconscious“ zeigt denselben Mißbrauch der Bezeichnung „Metaphysik“ für alles Mögliche, nur nicht das eigentlich Gemeinte (die Frage nach der einheitlichen Begründung alles Seienden) wie er sich schon bei Jung findet.

Gerade solche Wendungen werden von Christen oft zustimmend aufgenommen, indem sie stillschweigend umgedeutet werden, so als hätte Jung gesagt, Christus sei das Modell aller Mitmenschlichkeit. Das Selbst, wie auch die Ganzheit, sind aber bei Jung keine Begriffe, die den Menschen von sich selbst nach außen hin zum Mitmenschen befreien, indem sie ihn zugleich mit sich selbst durch empfangene Vergebung aussöhnen, sondern es sind extrem introvertierte Begriffe, und zwar von einer solchen Art von Introversion, die mit Augustinus als Verkrümmtheit in sich selbst bezeichnet werden kann. Jung kann nämlich sagen, das Unbewußte mit seinem Zentrum, dem Selbst, kreise unendlich in sich selbst, wenn nicht das Bewußte interveniere und es davon befreie.[200] Von sich aus könne das Unbewußte „immer nur sich selber Ähnliches erzeugen"[201], wie das die „Phantasieserien" von „Geisteskranken" und „Neurotikern" bewiesen, die „so gut wie ziellos in sich selbst verlaufen".[202] Wie kann dann aber das Ich helfen, wenn es doch nur ein Abkömmling dieses in sich selbst kreisenden Selbst sein soll, das nur seinesgleichen erzeugen kann? Und wo bleibt dann die „Entelechie" und die „Finalität" des Unbewußten? Hier wäre ein dialektisches Denken, das nicht alles im Psychischen, bzw. im Unbewußten wie in einem Urchaos zusammenfallen läßt, unbedingt notwendig, aber Jung denkt gerade hier nicht dialektisch. Ein wirklicher Dialog, eine Zwiesprache zwischen Geist und Seele oder Geist und Natur als verschiedenen Bereichen von verschiedener Herkunft, hat im Rahmen seiner Psychologie gar keinen Platz.

Alles ist eben orientiert an Ganzheit. Ganzheit bedeutet Gesundheit, bedeutet Wahrheit und kann als die „in der Psyche wirkende göttliche Macht" interpretiert werden.[203] Aber diese „göttliche Macht", die Ganzheit, das Selbst, das Seelenzentrum, ist „inhaltlich leer" und „nicht definierbar", und trotzdem als „nicht-

[200] GW XII,107f.
[201] GW VIII,551.
[202] GW VII,254. – Der klinische Befund spricht eindeutig dagegen. außerdem ist ein so pauschales Urteil, das „Geisteskranke" und „Neurotische" gleichgeschaltet, kaum ernst zu nehmen.
[203] Jacobi, Individuation, 63. Briefe II,496 und 262; GW VII,263; XII,253f.

menschlich" zu definieren.[204] Es ist „nur eine Arbeitshypothese", aber es wird – seltsam für eine Hypothese! – im selben Maße stärker, in dem das Ich schwächer wird.[205]

„Sobald man sich der Erforschung des Unbewußten zuwendet, wird die Sache notwendig verschwommen"[206], hatte Jung gesagt, und so ist es auch nicht verwunderlich, daß der Begriff, an dem sich diese Erforschung orientiert, der der Ganzheit, ebenfalls verschwommen ist.

Wir sahen schon, daß Jung der Meinung sein konnte, jede Zeit habe ihren eigenen Begriff von Ganzheit. Für Jung gehört zur Ganzheit das Gute und das Böse, für frühere Zeiten gehörte das Böse nicht dazu. Hier überträgt Jung den am Modell biologischer und physiologischer Vorgänge gewonnenen Begriff der Ganzheit im Sinne von Ausgewogenheit, Balance, Gleichgewicht, auf Probleme der Ethik – eine schon häufig kritisierte Kontamination verschiedener Bereiche, die verhängnisvolle Folgen haben muß.[207] Wenn es bereits sehr umstritten ist, ob das sogenannte „homöostatische Modell" der Biologie und der Psychologie, das als Ziel aller Prozesse die Wiederherstellung des Gleichgewichts postuliert, brauchbar und nicht vielmehr lebensfern ist, so tauchen bei der Übertragung dieses Modells auf die Ethik ganz neue Probleme auf, die es für die Biologie und eine rein energetisch, prozeßhaft und unpersönlich denkende „Tiefenpsychologie" gar nicht gibt. Wenn schon in allen diesen Bereichen die „Ganzheit" das Ziel sein soll, dann muß ethische „Ganzheit" anders bestimmt werden als etwa biologische „Ganzheit". Jung schielt dabei jedoch viel zu schnell auf so etwas wie die Ganzheit aller Ganzheiten, auf die universalwissenschaftliche, d. h. – nach seiner Meinung – psychische Ganzheit, die bei ihm auch für den Kosmos gültig ist und „unus mundus" genannt wird.

Am ehesten kann man zustimmen, wenn Jung „Ganzheit" im Rahmen seiner Typologie erläutert. Zur Ganzheit gehört, daß ein

[204] Briefe II,496 und öfter.
[205] GW X,462.
[206] Evans, Gespräche, 47.
[207] Vgl. Hennemann, Jaen Gebser, Abendländische Wandlung. Eine Kritik, in: Welt am Sonntag, 6.5.1951, 4.

Mensch mit allen vier Orientierungsfunktionen zu leben lernt: Denken, Fühlen, Empfinden und Intuieren. Der Weg dorthin ist oft lang und verschlungen. Jung nennt ihn die „Individuation". Er muß herausführen aus der „‚Kompartimentspsychologie', wo die eine Schublade nicht weiß, was in der anderen ist"[208]. Jungs Weg der Individuation berührt sich hier mit Freuds Ziel des Reifwerdens durch „Bewußtmachen" und „Durcharbeiten". Bei beiden wird dieses Ziel aber mehr nur formal angegeben, während die christliche Seelsorge, die dieses Ziel mit einschließt, sehr viel konkreter davon spricht, allerdings auch dialektisch, was, wie wir sehen werden, unvermeidlich ist. Man denke nur an das rabbinische, von Jesus gewiß nicht außer Geltung gesetzte Wort, es gebe nichts „Ganzeres" als ein zerbrochenes Herz.

In dieser Beziehung sagt Jung genau das Gegenteil: Ganzheit ist für ihn der Mittelweg: „ein Gleichgewicht von Leid und Freude", denn „das natürliche und notwendige Leid" gehöre zum Leben dazu.[209]

Samuels, Shorter und Plaut meinen feststellen zu können, daß „Jungs Vorstellungen im Einklang mit vielen Entwicklungen im Denken des 20. Jahrhunderts" stehen, weil sie „eine holistische Geisteshaltung" zeigen, auch wenn Jung dieses Wort nicht verwendet.

Die „Ganzheit" ist für Jung die Vorstellung, die sein Verständnis von Gesundheit – das sogenannte „Gesundheitsmodell" – sein Menschenbild, die von ihm praktizierte Therapie, ja seine gesamte Psychologie entscheidend beeinflußt. Dabei beachtet er aber nicht, daß es sich hier um eine „symbolische Konstruktion"[210] handelt, niemals aber um ein empirisch feststellbares Faktum. Solche sehr abstrakte symbolische Konstruktionen, die als Denkmodelle nützlich sein können, müßten in jedem Zusammenhang, in dem sie gebraucht werden, neu auf ihre Nützlichkeit – oder evtl. Schädlichkeit – überprüft werden.[211] Genau diese Pflicht jedes Forschers vernachläßigt Jung.

[208] GW XII, § 6.
[209] GW XIV, § 185.
[210] Vgl. Weyl, Wissenschaft als symbolische Konstruktion des Menschen, 418.
[211] Vgl. Wellek, Die Polraität im Aufbau des Charakters, 259.

Das geschieht bei Jung nicht ohne einen handfesten Grund, den er selbst als seine „persönliche Gleichung“ hätte in Rechnung stellen müssen, aber um dies zu tun, hätte er mehr Abstand von sich selbst haben müssen. Er selbst führt uns zurück bis zum Ursprungsort für sein Ganzheits-Dogma, und er verrät in seinem Schlüssel-Bekenntnis mehr, als ihm selbst bewußt ist. Ich meine die Worte aus seinen „Erinnerungen“: „Damit hat es angefangen, daß ich nicht mehr nur mir selber gehören durfte. Von da an gehörte mein Leben der Allgemeinheit ... Damals stellte ich mich in den Dienst der Seele ... Daß ich mich ihr verschrieb, war die einzige Möglichkeit, meine Existenz als eine relative Ganzheit zu leben und auszuhalten.“[212] Wie aber, wenn sowohl „die Allgemeinheit“, wie auch „die Seele“ nur in der Wunschvorstellung Jungs die Ganzheit „ist“, die Fundament und Ziel alles Seienden sein könnte, tatsächlich aber vor allem als nie voll überschaubare Vielheit erfahren wird? Eine ganzheitliche, unperspektivische Sicht gibt es nicht.[213] Jung aber kommt zu seinem Begriff der Ganzheit gar nicht durch Erfahrung, sondern durch „Urerfahrung“ oder durch eine „Initialimagination“[214]. Philosophisch gesprochen ist demnach Ganzheit für Jung ein „A-priori“, d. h. eine Einsicht, deren Richtigkeit durch die Erfahrung weder bewiesen noch widerlegt werden kann, ohne deren Voraussetzung aber weitere Einsichten nicht möglich sind, oder, anders gesagt, ein „idealer Gegenstand“[215]. Beachtet man das nicht, dann erliegt man der Gefahr, auch bei anderen Themen und „Gegenständen“ der Psychologie für „empirisch“ zu halten, was eigentlich nur „ideal“ ist, bzw. für ein reales Ding auszugeben, was eigentlich – wie eben „Ganzheit“ – nur ein Gedankending ist. Diese Konfusion ist bei Jung besonders auffällig. Gewiß, sie findet sich auch in der Alchi-

212 Erinnerungen, 196.
213 Die Liste der Forscher – angefangen von dem gerade auch von Jung oft zitierten Werner Heisenberg mit seiner Unschärferelation –, die sich in diesem Punkt völlig einig sind, ließe sich noch erheblich erweitern. Ich verweise nur auf: Koch, Introduction, 19; Graumann, Perspektivität; Weyl, Wissenschaft, 424; Schmitz, System III,1, 352.
214 Erinnerungen, 196.
215 Vgl. Hartmann, Zur Grundlegung der Ontologie.

mie, in der Astrologie, in der Anthroposophie und anderswo, aber sie ist eben gerade der Grund dafür, warum solche Systeme von phantasiereichen Spekulationen von seiten einer selbstkritischen Forschung mit Skepsis aufgenommen werden. Jung freilich sieht das anders. Er beschuldigt in erster Linie die Theologie, sie rede von Nicht-Existentem als wäre es existent. Die imposante, mit größtem Einsatz geleistete Denkbemühung der Theologie, gerade diese Konfusion zu vermeiden, nimmt Jung nicht zur Kenntnis. Das muß all denen sympathisch sein, die unbedingt in Glaubensdingen mitreden wollen, ohne sich genau zu informieren.

Ganzheit also ist keine anzutreffende oder experimentell nachweisbare und meßbare Größe wie etwa „Leib“ oder „Fieber“. Prüfen wir nun, ob Jung nicht so mit diesem Begriff umgeht, als entspräche er einer solchen Größe.

Jung kann sagen, das Persönliche habe nur durch „Verdrängung“ des Kollektiven entstehen können.[216] Wo aber etwas verdrängt wird, da geht – wie wir hier anmerken müssen – die ursprüngliche Ganzheit und Einheit notwendigerweise verloren. Daraus folgt, daß Ganzheit gerade nicht – wie etwa im Christentum und im Humanismus – ein Begriff für die Einheit der Persönlichkeit ist, sondern seinem Wesen nach Unpersönliches meinen muß. Und es folgt weiter, daß die Ganzheit nur durch Aufgabe des Persönlichen wiederzuerlangen ist. Dieser Grundrichtung, die Jung verfolgt, entspricht seine Sympathie für den Zen-Buddhismus, die er noch auf seinem Totenbett ausdrückte. Hat Freud, ganz im Gegenteil dazu, die Richtung, in der er Gesundheit erhoffte, in die berühmt gewordenen Worte gefaßt: „Wo Es war, soll Ich werden“[217], so müßte man für Jung formulieren: Wo Ich war, soll wieder Es werden. Ganzheit wird bei Jung erreicht durch einen „Zentrierungsvorgang“, bei dem das Ich in eine „periphere Stellung“ kommt. Dieser Vorgang ist ein „Lebensprozeß der Seele außerhalb des Bewußtseins.“[218] So hat denn auch die Ganzheit (des

[216] GW VII,304.
[217] S. Freud, GW XV,86.
[218] GW XVI,54.

Selbst) einen „nichtmenschlichen Charakter"[219]. Ganzheit ist immer im Unbewußten, Einseitigkeit und Spaltung dagegen immer im Bewußtsein zu finden.[220]

Allerdings wird das Problem kompliziert, wenn man beachtet, daß Jung auch von einer „unbewußten Persönlichkeit" reden kann, der eine unbewußte oder „vorbewußte" Ganzheit eignet. Man kann ganz sein und es nicht wissen.[221] Anderseits gehört aber für Jung zur Ganzheit die Synthese oder „Coniunctio" von Unbewußtem und Bewußtsein! Dann wiederum kann er sagen, daß das einzige Kriterium für die Wandlung, die zur Ganzheit führt, „das Verschwinden der Ichhaftigkeit" ist.[222]

Als hätte er das alles nun doch nicht gesagt, kann er doch auch behaupten: „Die Persönlichkeit als eine völlige Verwirklichung der Ganzheit unseres Wesens ist ein unerreichbares Ziel."[223] „Die Bemühung des Arztes sowohl wie das Suchen des Patienten zielt auf jenen verborgenen, noch nicht manifesten ‚ganzen' Menschen, welcher zugleich der größere und zukünftige ist."[224] Nur das kollektive Unbewußte, das Jung in diesem Zusammenhang auch als den „allwissenden Geist" bezeichnen kann, „weiß ... den Menschen, ... wie er immer war ... Er weiß ihn als Mythos", der nur zu erlangen ist durch „einen Tod für sein persönliches Wesen und eine Wiedergeburt in einer neuen Sphäre ... ."[224a] Ganzheit ist das „Sein im Tao". Das Tao aber ist das Nichts.[225] Das Ziel ist darum, „die vollständige Auflösung des Ego"[226].

Was ist erreicht, wenn wir an diesem Ziel sind? Gesundheit? Individuation? Ich-Stärkung? Ich-Auflösung? Oder Inflation, d. h. völ-

[219] GW XI,202.
[220] GW VIII,102.
[221] GW VIII,256 und öfter; GW X,416.
[222] GW XI,598 f.
[223] GW XVII,196.
[224] GW XII,20
[224a] GW X,22.
[225] GW XVII,211; X,505; XI,675; VIII,543 und öfter. Trotz solcher Aussagen besteht Jung darauf, seine Psychologie sei keine Heilslehre! (Vgl. Mensch und Seele, 121).
[226] Briefe II,354.

lige Überschwemmung des Ich mit unbewußten Inhalten, ähnlich wie in der Psychose? Gerade hier, wo die Entscheidung fällt, wo es um die Antwort auf die Frage geht, was Gesundheit ist, wird Jung ganz besonders widersprüchlich. Ein letztes Zitat möge das belegen: „In der Konfrontation des Ich mit der ‚Leere', der Mitte, ist die Grenze jeglicher Erfahrungsmöglichkeit erreicht. Das Ich als Bezugspunkt der Erkenntnis löst sich auf. Es kann aber nicht mit der Mitte zusammenfallen, denn sonst wären wir bewußtlos, d.h. die Auslöschung des Ich ist bestenfalls eine unendliche Approximation. Wenn das Ich aber die Mitte an sich reißt, so verliert es das Objekt (Inflation!)."[227]

Ist das Leben des Menschen ein ständiges Leben an dieser Grenze, so nahe an der „Bewußtlosigkeit" wie irgend möglich? Für das Leben Jungs mag diese Gratwanderung mit der ständigen Gefahr des Absturzes bestimmend gewesen sein. Daß eine solche Erfahrung Allgemeingültigkeit hätte, ist damit noch nicht gesagt. Nur so viel muß wohl jeder, der nach dem Menschen fragt, zugeben, ob Christ oder Nicht-Christ: Der reife Mensch weiß um seine Grenzen: die Geburt und den Tod. Und er kann nur reif bleiben, wenn er dieses Wissen nie völlig verleugnet. Es gibt aber ihrem Wesen nach verschiedene Grenzen. Jung unterläßt es, darüber nachzudenken. Für ihn ist die Grenze offensichtlich eine lineare Grenze, die ein „Diesseits" gegen ein „Jenseits", abgrenzt, so wie Inland und Ausland durch eine Staatengrenze voneinander abgetrennt werden, oder ein Gefäß durch eine Wand gegen das andere abgedichtet wird. Entsprechend hat er auch vom „Bewußtsein" und vom „Unbewußten" eine gefäßhafte Vorstellung.

Auch in dieser Sicht, die eine relative Berechtigung haben mag, ist die Frage entscheidend, was denn das „Jenseits" bestimmt. Und es ist ganz gewiß nicht dasselbe, ob man antwortet: Die Leere, bzw. die Bewußtlosigkeit, bedingt durch das Zusammenfallen von Ich und Mitte, also die All-Einheit; oder ob man antwortet: das „Reich Gottes", die Gemeinschaft derer, denen Gott die Lippen geöffnet hat zu ewigem Lob und Anbetung. Hier, in der verschiedenen Be-

[227] Briefe II,496.

stimmung des „Jenseits" trennen sich zwei Welten, die aber auch auf das Diesseits gar nicht zu unterschätzende Auswirkungen haben. Und ein weiterer Unterschied ergibt sich durch die christliche Überzeugung, daß die Ewigkeit in die Zeit eingebrochen ist, indem Gott Mensch wurde, so daß die Aufgabe, die Grenze zwischen Gott und Mensch zu bestimmen, sich neu stellt, indem gesucht werden muß nach einer Möglichkeit einer nichtlinearen Abgrenzung. Das ist keine Aufgabe für Geistesakrobaten, denn eine solche Abgrenzung erleben wir täglich. Es ist die Grenze zwischen Ich und Du, die wir in der Begegnung erfahren. Überall dort, wo ein Mensch schon als Kind die Erfahrung eines ernst zu nehmenden, liebenden Gegenüber macht, kann er auch sich selbst als einheitliche, ganze Person erleben. Wenn aber, wie dies offensichtlich Jungs Schicksal war, dies mißlingt, dann wird eine andere Vorstellung von Ganzheit verführerisch: die besonders deutlich in der Psychose erlebte „Entbergung, Entgrenzung und Überwältigung" und der damit gegebene „Standverlust".[228] Das aber ist noch bedrohlicher als bewußt erlebter Nihilismus und drängt darum Menschen, die in dieser Bedrohung allein gelassen werden (wollen), zu psychotischer Angstabwehr, die viel rigider und deshalb schwerer korrigierbar ist als neurotische Abwehr.

10. Unus Mundus

Samuels, Shorter und Plaut stellen fest: „Jung verwendet dieses Konzept oder Bild, um darauf hinzuweisen, daß jede Seinsschicht eng mit allen anderen Schichten verbunden ist und es nicht etwa einen transzendenten oder übergeordneten Plan für die Koordination getrennter Teile gibt ... Zum Beispiel sind Körper und Psyche miteinander verbunden, ebenso können Psyche und Materie aufeinander bezogen werden." So lassen sich auch „Aussagen der Relativitätstheorie über die Fluidität und den ‚symbolischen'

[228] Vgl. die entsprechende Monographie von Kulenkampff; vgl. Meyer, Die Entfremdungserlebnisse (C. G. Jung wird auch hier nicht genannt!).

Charakter der physikalischen Welt mit den ganz ähnlichen Eigenschaften innerpsychischer Aktivität vergleichen. Um gelten zu lassen, daß etwas gleichzeitig Teilchen und Welle sein kann, muß der Atomphysiker eine mehr oder weniger psychologische Einstellung zu seiner Arbeit haben." Man kann auch „die Vorstellung, daß in einer ‚Wirkung auf Distanz' zwei voneinander unterschiedene subatomare Partikel miteinander harmonieren, als ob eins um das Verhalten des anderen ‚wüßte', mit der Archetypentheorie und/oder dem Wirken des unpersönlichen Selbst vergleichen."
„Der Unus mundus ist eine Weltsicht, die der Kausalerklärung grundsätzlich zuwiderläuft."
Samuels, Shorter und Plaut glauben (sicher zu Unrecht), Jung stimme überein etwa mit G. Bateson, „Geist und Natur. Eine notwendige Einheit". Sie erwähnen aber auch die Kritik von Atwood und Stolorow, die die Theorie des Unus mundus bei Jung als eine Abwehr gegen seine eigene intensive Angst gedeutet haben. Entgangen ist ihnen dagegen, daß ja das Licht nicht „gleichzeitig Welle und Teilchen" ist, sondern in verschiedenem Kontext so erscheint.

11. Psychoides Unbewußtes

Genau wie beim „Unus mundus" befinden wir uns auch hier im Bereich der pseudowissenschaftlichen, nur vermeintlich empirisch fundierten Spekulationen Jungs. Das Psychoide ist nach ihm die „tiefste" und elementarste Ebene des Unbewußten, deren Inhalte dem Bewußtsein völlig unzugänglich sind. Außerhalb seiner Psychologie wird dieser Bereich als der „Lebensgrund" bezeichnet. Ph. Lersch versteht darunter „das Insgesamt der organischen Zustände und Vorgänge, die sich in unserem Leben abspielen."[229] Für Jung ist jedoch im „untersten" Bereich des „Unbewußten", eben im „Psychoiden", Organisches und Seelisches nicht mehr voneinander zu unterscheiden. Samuels, Shorter und Plaut sagen

[229] Lersch, Aufbau der Person, 107.

darüber: „Die psychoide Ebene ist neutral, weder ganz psychisch, noch ganz physiologisch." Kommt man aber nicht – so muß man mit Wilhelm Keller fragen – auf diese Weise zu „Monsterbegriffen", die „alles und nichts Bestimmtes mehr" besagen?[230]

12. Synchronizität

Auch dieser Begriff ist eng verflochten mit Jungs Begriffen des „Unus mundus" und des „Psychoiden". Er meint „ein sinnvolles zeitliches Zusammentreffen von zwei Ereignissen, . . . ohne daß diese kausal voneinander abhängig wären"[231]. Beispiele sind für Jung insbesondere archetypische Träume und prophetische oder Wahrträume. Hans Bender, der solche Träume untersucht hat, stellt fest, „daß Angst ein Hauptmotiv für die Durchbrüche der Psyche durch das Raumzeitkontinuum ist", also für den oft so „unfaßlichen Sprung über die Zeit hinweg", und daß die Koinzidenzen, die Jung als „Synchronizität" bezeichnet, ohne „erwartende Beobachtung" gar nicht bemerkt werden. Es müsse aber der sogenannte „Erfüllungszwang", der dazu führt, daß zukünftige Ereignisse unter dem Eindruck einer Prophezeiung arrangiert werden, ausgeklammert werden.[232]

Unter diesen Gesichtspunkten steht auch Jungs Theorie der Synchronizität auf höchst subjektivem und schwankendem Boden, denn seine ständige latente Angst vor dem Zerfall der Ganzheit seiner Person wurde bereits öfters erwähnt, desgleichen seine Vorerwartungen bei allen seinen Beobachtungen, und das Mitwirken eines Erfüllungszwangs beim Zustandekommen vieler seiner Beispiele ist nicht auszuschließen. Vor allem kann man viele Träume, die er als Belege anführt, auch anders deuten, als er das tut. Jung kann zugeben, daß seine Annahme des „Unus mundus", die eng zusammenhängt mit der eines „absoluten Wissens", des „Psychoiden" („Seelenähnlichen") und des „Objektiv-Psychischen", ei-

[230] Keller, Dasein und Freiheit, 110.
[231] Hark, Lexikon, 164.
[232] Mylius, Traumjournal, 8-10.

ne „metaphysische Spekulation" ist.[233] Da jedoch alle diese krampfhaft auf „Ganzheit" ausgerichteten Theorien bereits die Blickrichtung und den Schwerpunkt bei seinen „empirischen" Beobachtungen setzen, wie dies u. a. James Hillman kritisiert, kann keine Rede mehr davon sein, daß Jung reiner Empiriker wäre.[234] Vielmehr ist alles, was er sagt, wesentlich von seinen Spekulationen mitbestimmt.

Jung würde das abwehren mit der an anderer Stelle gemachten Bemerkung, er gebrauche das Wort „metaphysisch" nur in uneigentlichem Sinne. Er kennzeichne damit nur „die eigentümliche Aussage der Träume".[235] Da nun aber die Grundlage seiner ganzen Psychologie die Traumpsychologie ist, ist folglich seine gesamte Psychologie (uneigentliche) Metaphysik! Auf jeden Fall ist das an ihr, was er selbst als „metaphysisch" kennzeichnet, nicht ein Nebengedanke, sondern die Grundlage von allem, denn der „Unus mundus" erzeugt nicht nur Synchronizitätsphänomene, sondern in ihm „sind alle jene Bedingungen angelegt, welche die Gestalt der empirischen Phänomene bestimmen".[236]

13. Archetypen

An dieser Stelle nun den Begriff zu erläutern, der für die Psychologie Jungs eine zentrale Bedeutung hat, legt sich nahe, weil ein enger Zusammenhang besteht zwischen seinen kosmologischen Spekulationen und der Archetypen-Theorie. Als Definition kann folgendes Zitat gelten: „Archetypen sind typische Formen des Auffassens, und überall, wo es sich um gleichmäßige und regelmäßig wiederkehrende Auffassungen handelt, handelt es sich um einen Archetypus, gleichwohl ob dessen mythologischer Charakter erkannt wird oder nicht."[237]

[233] GW XIV,2, 230.
[234] Vgl. Hillman, 1979.
[235] GW XII,123 und 129.
[236] Nach von Franz, Zahl, 22; dieselbe, Unus mundus, 253.
[237] GW VIII, §280.

An anderer Stelle sagt Jung: „Wie wir den Begriff eines unser bewußtes Handeln regulierenden oder determinierenden Instinktes aufstellen müssen, so müssen wir auch für die Gleichmäßigkeit und Regelmäßigkeit der Anschauung einen zum Instinkt korrelativen Begriff einer die Art der Auffassung determinierenden Größe haben. Diese Größe bezeichne ich als Archetypus oder Urbild. Man könnte das Urbild passend als Anschauung des Instinktes von sich selbst oder als Selbstabbildung des Instinktes bezeichnen, nach Analogie des Bewußtseins, welches auch nichts anderes ist als eine innere Anschauung des objektiven Lebensprozesses. In derselben Weise, wie die bewußte Auffassung dem Handeln Form und Bestimmung erteilt, so bedingt die unbewußte Auffassung durch den Archetypus die Form und Bestimmung des Instinktes. Gleicherweise, wie wir den Instinkt als ‚raffiniert' betrachten, so ist auch die das Zustandekommen des Instinktes bewirkende Intuition, d.h. die Auffassung mittels des Archetypus, von unglaublicher Präzision."[238]

Das ist wieder einmal eine Passage bei Jung, in der es auf den ersten Blick schwer fällt, aus den kühnen Spekulationen eine empirische Basis herauszuschälen. Wer jedoch mit Träumen umgeht, wird zugeben müssen, daß sie manchmal – aber längst nicht immer – erstaunlich präzise auf die augenblickliche seelische Situation reagieren. Man könnte deshalb vermuten, daß der Mensch, der sich auf seine Instinkte bekanntlich weniger verlassen kann als das Tier, im Schlaf instinktsicherer reagiert. Freilich gibt es gerade bei Jung Äußerungen, die den Eindruck erwecken, daß solche Reaktionen bei Neurotikern und Psychotikern gestört sind.[239] Anderseits liefern ihm genau diese Kranken den Beweis für die Existenz von Archetypen![240]

Man wird Jung auch hier vorhalten müssen, daß er zu schnell und, indem er noch ungeklärte Detailfragen ignoriert, durch unzulässige Verallgemeinerung zu seiner Archetypentheorie kommt. Aber er, der ausschließlich empirisch begründete Aussagen zu machen

238 GW VIII, § 277.
239 Vgl. GW XII,107 f.; vgl. oben 54.
240 GW VIII, § 281.

beansprucht, fängt jede Kritik von vornherein ab, indem er meint: „Es besteht keine Hoffnung, daß die Gültigkeit irgendeiner Aussage über unbewußte Zustände oder Vorgänge wissenschaftlich je bewiesen werden könnte ... Man muß sich stets bewußt bleiben, daß das, was wir mit ‚Archetypus' meinen, an sich unanschaulich ist, aber Wirkungen hat, welche Veranschaulichungen, nämlich die archetypischen Vorstellungen, ermöglichen."[241] Trotzdem spekuliert Jung, daß das Wesen des Archetypus „bewußtseinsunfähig, das heißt transzendent ist", weshalb er es als „psychoid" bezeichnet.[242] Archetypen sind die „wie ein Kristallgitter in der Kristallauge, in der unbewußten Psyche sich gleichbleibenden Strukturdispositionen"[243]. Sie sind „inhaltlich leer", obwohl sie sich „unendlich entwickeln und differenzieren" lassen.[244] Sie manifestieren sich so, „als ob sie ebensosehr der Gesellschaft als dem Individuum angehören". Sie sind daher „numinos und ansteckend" und können „synchronistische Phänomene" „veranlassen".[245] Sie sind „nicht bloße Objekte der Vorstellung, sondern auch ... autonome Faktoren, d.h. ... lebendige Subjekte und transzendental bedingte Dynamismen"[246]. Im Fortgang dieses Textes gibt dann Jung in einer gewundenen Formulierung zu, man könne nicht entscheiden, ob die Archetypen das Bewußtsein oder das Bewußtsein die Archetypen hervorbringe.

Gefragt, wie er sich die Entstehung der Archetypen vorstelle, vermutet Jung, „sie seien Niederschläge stets sich wiederholender Erfahrungen der Menschheit."[247] Er kann sie aber auch als „angeborene Hirnstrukturen" bezeichnen.[248] Gleichzeitig sind sie auch „empirisch nachweisbare Entsprechungen der religiösen Dogmen"[249]. Das hindert Jung nicht daran zu betonen, die Existenz

[241] GW VIII, § 417.
[242] Ebd.
[243] v. Franz, Zahl, 36; vgl. GW XII,155 ff.
[244] GW VIII,203 und XII,25.
[245] GW XII,378 und X,380.
[246] GW XI,504.
[247] GW VII, § 109; VIII,174.
[248] GW VI,603; VII, § 219 f.
[249] GW XII,32.

von Archetypen sei nur eine Hypothese, dann aber zu behaupten, die ganze Mathematik sei archetypischer Natur,[250] und wieder an anderer Stelle zu berichten von der Sprache und der Stimme der Archetypen!

In seinem Erinnerungsbuch bekennt er, hilflos und fremd einem unaufhörlichen Strom von Phantasien ausgeliefert gewesen zu sein. „Ich lebte ständig in einer intensiven Spannung ... Daß ich das aushielt, war eine Frage der brutalen Kraft. Andere sind daran zerbrochen. Nietzsche und Hölderlin und viele andere. Aber es war eine dämonische Kraft in mir und von Anfang an stand es für mich fest, daß ich den Sinn dessen finden mußte, was ich in den Phantasien erlebte."[251]

Es ist nötig, sich klar zu machen, in welcher Verfassung sich Jung befand, als er „entdeckte", daß es Archetypen gibt und daß sie eine besondere „Sprache" haben. Bevor er dies herausfand, mußte er sich beruhigen. Er schrieb: „In dem Maße, wie es mir gelang, die Emotionen in Bilder zu übersetzen, d. h. diejenigen Bilder zu finden, die sich in ihnen verbargen, trat innere Beruhigung ein. Wenn ich es bei der Emotion belassen hätte, wäre ich womöglich von den Inhalten des Unbewußten zerrissen worden."[252]

Hier schon tauchen Fragen auf. Wenn er das, was ihn beinahe zerreißt, als „Inhalte des Unbewußten" bezeichnet, dann ist das eine mögliche, aber nicht zwingende Deutung. Indem er sich nun ganz auf das „Unbewußte" konzentriert, schaltet er andere, evtl. dem bewußten Erleben entstammende Gründe für seine starken Emotionen aus. Noch weniger ist bewiesen, daß in jedem Fall in der Tiefe des sogenannten Unbewußten so starke Emotionen lauern. Nach Jungs eigener Theorie ist das nur der Fall, wenn die bewußte Einstellung einseitig ist. Es ist nun aber auch eine unzulässige Verallgemeinerung, wenn gefolgert wird, daß Verbildlichung des Erlebten zur Beruhigung führt. Es könnte ja sein, daß das vor allem bei eidetischen, auf das Sichtbare konzentrierten Persönlichkeits-

[250] GW VIII,263.
[251] Erinnerungen, 180.
[252] Erinnerungen, 181.

typen der Fall ist, so daß sich dann, wenn diese Frage übergangen wird, an dieser Stelle eine allgemeine Überschätzung des Bildes in die Psychologie einschleicht.
Ihre Verdichtung fand nun aber das Erlebte in den Archetypen, denen Jung umso intensiver zu „begegnen" scheint, je mehr die äußere Begegnung mit Mitmenschen bei ihm gestört ist. Er berichtet: „Ich schrieb die Phantasien auf, so gut ich konnte, und gab mir Mühe, auch den psychischen Voraussetzungen, unter denen sie aufgetaucht waren, Ausdruck zu verleihen. Doch konnte ich das nur in sehr unbeholfener Sprache tun. Zuerst formulierte ich die Phantasien, wie ich sie wahrgenommen hatte, meist in einer ‚gehobenen Sprache', denn sie entspricht dem Stil der Archetypen." (Oder müßte man nicht sagen: ... dem Stil der Archetypenlehre Jungs?) „Die Archetypen reden pathetisch und sogar schwülstig. Der Stil ihrer Sprache ist mir peinlich und geht gegen mein Gefühl, wie wenn jemand mit Nägeln an einer Gipswand oder mit dem Messer auf dem Teller kratzt. Aber ich wußte ja nicht, um was es ging. So hatte ich keine Wahl. Es blieb mir nichts übrig, als alles in dem vom Unbewußten selbst gewählten Stil aufzuschreiben. Manchmal war es, wie wenn ich es mit den Ohren hörte. Manchmal fühlte ich es mit dem Munde, wie wenn meine Zunge Worte formulierte; und dann kam es vor, daß ich mich selbst Worte flüstern hörte. Unter der Schwelle des Bewußtseins war alles lebendig. Von Anfang an hatte ich die Konfrontation mit dem Unbewußten als wissenschaftliches Experiment aufgefaßt, das ich mit mir selber anstellte und an dessen Ausgang ich vital interessiert war. Heute könnte ich allerdings auch sagen: Es war ein Experiment, das mit mir angestellt wurde."[253]
Unwillkürlich stellt sich da das Goethewort ein: „Die ich rief, die Geister, werd' ich nun nicht los." Und man wird auch erinnert an den Geisterseher Emanuel Swedenborg, der zu berichten wußte, daß die Sprache der Geister je nach ihrem Standort verschieden sei. So sei die Sprache der bösen Engel nur äußerlich harmonisch, innerlich aber „knarrend". Ähnlich sei die Sprache der Egoisten.

[253] Ebd.

Auch könnten Geister in einer Minute mehr ausdrücken als Menschen in einer Stunde. Ihre Sprache und ihr Denken hingen aufs engste zusammen mit ihrer inneren Atmung.[254]
Jung war also nicht der einzige, der „auditive und visuelle Wortbilder" an der Schwelle des Träumens erlebte, wie sie neuerdings Elisabeth Lenk schildert. Lenk liefert aber das vielleicht interessanteste Beispiel dafür, daß man diese inneren Erlebnisse auch genau umgekehrt deuten kann, wie Jung das getan hat: nicht als Manifestationen der „objektiven" Psyche, sondern als solche der Subjektivität." Ich höre hinter der Gesellschaft eine andere Gesellschaft. Ich sehe meine Gesellschaft in diese Gesellschaft hinein. Lauter klagende Stimmen, Geister. Der andere Schauplatz ist der, wo die vertriebenen Geister sich tummeln, wo sie klagen dürfen: der Geisterchor. Und sogar aus dem Traum werden sie noch verdrängt, all diese Geister, die nur zum Teil Menschengestalt annehmen, die in der Sprache noch aufbewahrt sind, aber aus dem Denken vertrieben. Die Menschenwelt ist so aufdringlich, so laut. Selbst die Traumwelt ist noch vollgepackt mit Dingen, vollgestopft mit lästigen Leuten, wo soll die vertriebene Subjektivität denn hin? Sie will sich rhythmisch äußern als Musik. Wenn sie aber angestaut wird, wenn sie gezwungen wird, sich gegen die Wirklichkeit Bahn zu brechen, gibt es Eruptionen, Explosionen. Der Ton verzerrt sich wie bei einer wimmernden, eiernden Platte. Der Traum schwankt zwischen der Beschreibung von einzelnen Wiederholungen und der Zusammenfassung des stets sich Wiederholenden. Er stellt die anderen als die Immergleichen dar, die getrennt und doch immer wiederholt sind, als das massenhaft Gleichartige ... Eigentlich bewegt sich nichts. Der Traum hat mit den Ereignissen nichts zu tun. Die Probleme der Menschenwelt werden ihm nur aufgebürdet ... Eine wunderbare Indifferenz breitet sich jetzt aus. Die Gegenstände sind aufgelöst. Nur die Gefühlstöne sind noch da und tanzen, gleichweit von der Traumwelt und von der Menschenwelt entfernt. Etwas, was geknickt war, hat sich wieder aufgerichtet. Die Geschichte ist nur noch einmal rückwärts gespielt

[254] Vgl. Oetinger, Swedenborg, 95. Hier scheint „Bewußtseinserweiterung" im Spiel zu sein, wie sie etwa St. Grof mit LSD oder Hyperventilation herbeiführt.

worden. Es war gar keine Geschichte, es war nur die Bewegung des Sich-wieder-Aufrichtens. ‚Die Zeit geht aufrecht unter ihrer Last'".[255]

Hier ist ebenfalls die Rede von dem, was Jung die Archetypen und ihre Sprache nennt, aber ohne diese Begrifflichkeit und mit einer Deutung, die in eine ganz andere Richtung geht, dabei aber nicht weniger, sondern eher mehr überzeugt als die Jungs. Zunächst ist die Träumerin frei von dem Deutungszwang, da ihr Überleben nicht davon abhängt, in den Träumen einen rationalen Sinn zu finden. Sodann richtet sie ihr Hauptaugenmerk auf die gegenwärtige, „unbewußte", weil nicht mehr voll bewußt erlebte Gesellschaft als den Hauptfeind der Subjektivität. Ihre Subjektivität erlebt sie nur noch in Träumen und (surrealistischen) Dichtungen, bzw. in Musik. Selbstverständlich verrät sich da ein Mensch, dem Sprache und Musik wichtig ist. Elisabeth Lenk, die Professorin für Literaturwissenschaft, erhebt aber nicht den Anspruch, daß das, was sie erlebt, unbedingt Allgemeingültigkeit haben müßte. Mehr als Plausibilität, als das Gefühl, das Gesagte leuchte ein und spreche den Leser oder die Leserin im Kern seiner bzw. ihrer Menschlichkeit an, kommt bei der Traumdeutung sowieso nicht in Frage. Aber die Entscheidung, vor die wir gestellt werden beim Versuch, in die tieferen Geheimnisse unserer Existenz einzudringen durch die Deutung unserer inneren Erlebnisse, ist jetzt klar: Geht in uns „die Zeit aufrecht unter ihrer Last", oder geht die Zeit unter in der zeitlosen, starren Welt von Archetypen? Muß das Subjektive, und damit das Menschliche, im Kampf des „Helden" (zu dem seine Anhänger Jung gemacht haben) gegen die Bedrohung aus den Tiefen des kollektiven Unbewußten verteidigt werden? Wird dann aber nicht irrtümlicherweise ein Kampfplatz von außen nach innen verlegt? Oder soll das Subjektive aufgelöst werden, so daß das Ich im Es untergeht?

Wo Jung steht, wenn solche Fragen gestellt werden, dürfte jetzt ziemlich klar sein. Übersehen wird nur meistens, daß er dort, wo er steht, nicht als Wissenschaftler steht, sondern allenfalls als vom Christentum enttäuschter Zen-Buddhist.

[255] Lenk, Die unbewußte Gesellschaft, 393.

Wieso haben dann aber Wissenschaftler – unter ihnen Physiker, Biologen, Ethnologen und andere – Jungs Archetypen-Konzept übernommen? Die Antwort liegt nahe: Weil es so vieldeutig und nach allen Seiten hin offen ist. Das wird schon klar bei der Frage nach der Zahl der Archetypen. Die Zahl ist unbegrenzt. Um doch noch eine Übersicht zu bekommen, folge ich einer Gruppierung, wie sie in einer Encyklopädie des archetypischen Symbolismus befolgt wird[256]:

Kosmos und Schöpfung
Weltzentrum
Aufspaltung und Versöhnung
Das göttliche Kind
Monster
Tod
Erlöser

Götter
Heilige Hochzeit
Heilige Tiere
Offenbarung
Heiliges Königtum
Göttinnen
Wandlung

Helden und Heldinnen

Da Archetypen für Jung „jene ältesten Formen menschlichen Geistes" sind, „die wir nicht erworben haben, sondern die uns seit nebelhaften Urzeiten vererbt sind", da sie aber anderseits „die eigentliche Grundlage des individuell Seelischen" darstellen[257], ergibt sich von da her eine große Sympathie vieler Jung-Anhänger für die Lehre von der Seelenwanderung (Reinkarnation).[258] Auf diese Weise kann aber auch alles, was den menschlichen Geist früher oder in der Gegenwart beschäftigt, als archetypisch bezeichnet werden. Zurecht sagt darum Pongratz: „So reicht denn die Sinn- und Beziehungsfülle des Archetypus vom Anorganischen bis hinauf zum Geistigen. Von einem Begriff im strengen Sinn kann hier schwerlich noch gesprochen werden." Die Archetypen „umgreifen alle Bereiche des Seins: Gott, Heiland, Jungfrau, Mutter, Satan, Mercurius, Venus, Held, Riese, Zwerg, Ahasver, Hexe, Elfe, die große Mutter, der alte Weise, Magier, Schlange, Fisch, Drache, Einhorn, Baum, Rose, Sonne, Mond, Erde, Feuer, Wasser, Luft, Trinität, Quaternität, Kreis, Mandala, Paradies, Sündenfall, Wandlung, Hochzeit, jungfräuliche Geburt, Idee von der Erhaltung der Energie und anderes mehr. Ist dann nicht alles, was im Himmel und

[256] Bercholz, An Encyclopedia of Archetypal Symbolism, Boston 1990.
[257] GW VIII,174, 176; vgl. X,45f.
[258] Vgl. GW VI,153f., Anm. 8.

auf Erden ist, archetypischer Natur? Gibt es ein Kriterium für den Archetypus?"[259]

Was ist dann eigentlich nicht-archetypisch? Es kommen ja auch ständig neue Archetypen hinzu: „Inzestarchetypus", „Archetypus der Furt", der „Hades-Fahrt" usw.[260]

14. Anima und Animus

Auch derjenige, der Jungs Begriff des Archetypus für wenig brauchbar hält, muß sich unabhängig davon auseinandersetzen mit den Begriffen: Anima und Animus, die Jung zu den wichtigsten Archetypen zählt. Mit Freud könnte man sie besser als seelische Instanzen bezeichnen.

Hark definiert: „Die Anima ist ein Archetypus des Seelenlebens und der Weiblichkeit des Mannes." „Der Animus ist das männliche Seelenbild in der Frau. Genauer gesagt ist er das Logosprinzip im Unbewußten der Frau. Logos meint in diesem Zusammenhang: Erkenntnis, Urteil, Unterscheidungsvermögen und Vernunft. Ähnlich wie die Anima des Mannes durch die Erfahrungen mit der Mutter geprägt wird, geschieht dies beim Animus durch den Vater der Frau oder andere männliche Vorbilder."

Jung kann die Anima bezeichnen als „ein vererbtes psychisches Anpassungssystem"[261]. Genau so wie sie, ist auch der Animus ein „Psychopompos", ein innerer Seelenführer, ein „Vermittler zwischen Bewußtsein und Unbewußtem und eine Personifizierung des Unbewußten"[262].

[259] Pongratz, Problemgeschichte, 228f., – Indessen mag man doch ein Kriterium für archetypisches Denken darin erkennen, daß dieses Denken alles und jedes, dem es sich inhaltlich zuwendet, reduziert auf das Unpersönliche, Prozeßhaft-Dynamische oder Energetische. So bringt dann etwa Eichendorffs Gedicht „Mondnacht" nach Thomas Immoos' Deutung der Archetypen in der Literatur „ein großes Energiepotential in Bewegung" (181f.)!

[260] Belege bei: Keintzel, C.G. Jung, Ergebnisse, 241 und 346, Anm. 15.

[261] GW XVII, §338.

[262] GW IX,1, §141.

„Im weltabgewandten (introvertierten) Zustand" sind beide Gestalten als Brücken zum Unbewußten hilfreich. „Nach außen gewandt ist die Anima wetterwendisch, maßlos, launenhaft, unbeherrscht, emotional, manchmal dämonisch intuitiv, rücksichtslos, ruchlos, lügnerisch, gleisnerisch und mystisch, der Animus dagegen starr, prinzipienhaft, gesetzgeberisch, lehrhaft, weltverbessernd, theoretisch, in Wörtern verfangen, streit- und herrschsüchtig. Beide haben schlechten Geschmack: Die Anima umgibt sich mit minderwertigen Subjekten und der Animus fällt auf minderwertiges Denken herein."[263]
Überzeugend ist das alles kaum. Schön wäre es ja, wenn einfach durch eine Wendung von „außen" nach „innen" aus dem jeweiligen, übrigens recht kunterbunten Lasterkatalog („mystisch" und „theoretisch" sind hier negativ!) ein Tugendkatalog würde! – Weitere Kritik im zweiten Teil dieser Arbeit!

15. Der Schatten

Jung sagt: „Es hat eben etwas Furchtbares an sich, daß der Mensch auch eine Schattenseite hat, welche nicht nur etwa aus kleinen Schwächen und Schönheitsfehlern besteht, sondern aus einer geradezu dämonischen Dynamik. Der einzelne Mensch weiß selten davon; denn ihm als Einzelmenschen kommt es unglaubwürdig vor, daß er irgendwo oder irgendwie über sich selber hinausragen sollte. Lassen wir diese harmlosen Wesen aber Masse bilden, so entsteht daraus gegebenenfalls ein delirierendes Ungeheuer, und jeder einzelne ist nur noch kleinste Zelle im Leib des Monstrums, wo er wohl oder übel schon gar nicht mehr anders kann, als den Blutrausch der Bestie mitzumachen und sogar nach Kräften zu unterstützen. Aus dumpfer Ahnung vor diesen Möglichkeiten der menschlichen Schattenseite verweigert man dieser die Anerkennung." So wie aber der Körper unweigerlich einen Schatten werfe, so gebe es auch unweigerlich einen seelischen Schatten. Jung ge-

[263] GW IX,1, §223.

braucht dieses Bild, stolpert aber über seinen eigenen Vergleich, indem er sich flugs verleiten läßt, nun den Körper zu denunzieren: „Dieser Körper ist ein Tier mit einer Tierseele, d. h. ein dem Trieb unbedingt gehorchendes lebendes System. Mit diesem Schatten sich zu vereinigen, heißt Ja sagen zum Trieb und damit auch Ja sagen zu jener ungeheuerlichen Dynamik, welche im Hintergrund steht. Davon will uns die asketische Moral des Christentums befreien, auf die Gefahr hin, die Tiernatur des Menschen im tiefsten Grund zu stören."[264]

„Der Schatten ist ein moralisches Problem, ... denn niemand vermag den Schatten ohne einen beträchtlichen Aufwand an moralischer Entschlossenheit zu realisieren. Handelt es sich bei dieser Realisierung doch darum, die dunklen Aspekte der Persönlichkeit als wirklich vorhanden anzuerkennen." Im weiteren Text führt Jung den Widerstand gegen die „Realisierung" des Schattens nicht auf eine Reaktion des Ich zurück, sondern auf die „emotionale Natur" des Schattens selbst, die er, ohne die beiden Begriffe zu unterscheiden, auch als „affektiv" bezeichnen kann, und auf seine „obsedierende", bzw. „possedierende" (Besitz ergreifende) Art, worin sich „eine gewisse Autonomie des Schattens" zeigt. „Auf dieser tieferen Ebene mit ihren kaum oder gar nicht kontrollierten Emotionen verhält man sich mehr oder weniger wie ein Primitiver, der nicht nur ein willenloses Opfer seiner Affekte ist, sondern dazu noch eine bemerkenswerte Unfähigkeit des moralischen Urteils besitzt."[265]

Das heißt ja nun aber, mit anderen Worten, daß im Bereich des Schattens alles es-haft verläuft, als „ein Geschehnis, das einem zustößt", wie Jung selbst sagt – wofür man dann aber auch nicht verantwortlich ist. Eine moralische Bewältigung dieses Problems ist aber doch nur möglich, wenn Freuds Parole gilt: „Wo Es war, soll Ich werden", nicht aber auf dem umgekehrten Wege, den, wie wir gesehen haben, Jung einschlägt! Hier, beim Schatten, kommen bei Jung ungelöste und auf der Basis seiner Psychologie auch unlösbare moralische Probleme ins Spiel. Diese Unlösbarkeit infi-

[264] GW VII, § 35.
[265] GW IX,2, § 14f.

ziert seine gesamte Psychologie, denn die „Realisierung des Schattens“ ist nach Jung „die unerläßliche Grundlage jeglicher Art von Selbsterkenntnis“[266].
Jung unterscheidet zwischen einem individuellen und einem archetypischen oder unpersönlichen Schatten. Archetypische Beispiele sind für Jung Mephisto als Schatten von Goethes Faust und der Teufel als Schatten von Christus. Damit aber sind wir mitten drin in dem Problem, das den theologischen Protest am schärfsten herausgefordert hat: dem Umgang Jungs mit dem Bösen. Ganzheit ist nämlich nur möglich durch „Assimilation“ des Schattens, oder, wie Jung auch sagt, durch Rücknahme von Projektionen, denn wer das Böse in sich selbst verleugnet, projiziert es nach außen, von wo er es wieder nach innen zurücknehmen muß.
Eine der schwierigen, bei Jung im Dunkel bleibenden Aufgaben besteht nun darin, zu unterscheiden zwischen unechter und unreifer Fremdkritik, die nur auf Projektion (Freud würde zunächst sagen: Externalisierung) des Schattens beruht, und echter Fremdkritik, die es ja doch auch geben muß. Es ist eine zu billige Methode, die aber unter Jungianern anzutreffen ist, bei aller und jeder Kritik nach außen sofort verdächtigt zu werden, man hätte eine noch mangelhafte Individuation oder Ganzwerdung hinter sich, sonst würde man Selbstkritik und nicht Fremdkritik üben.
Es ist denkbar, daß Jung seit 1913 das Schattenproblem bearbeitet hat, um durch Intellektualisieren die Kritik zu verkraften, die Freud ihm damals im letzten Brief, den er an ihn schrieb, entgegengeschleudert hat und die ihn im Zentrum seiner Existenz getroffen haben muß. Freud schrieb: „Wer bei abnormem Benehmen unaufhörlich schreit, er sei normal, erweckt den Verdacht, daß ihm die Krankheitseinsicht fehlt.“[267] Dieses Vorzeichen, das Freud seinem Bruch mit Jung gab, konnte Jung offenbar nur durch Verdrängung, bzw. Gegenbesetzung und Verleugnung verkraften, wozu dann noch Intellektualisierung hinzukommt. Jungs Schatten-Spekulationen eignen sich vorzüglich für eine solche Art von Abwehr, und man könnte nun unendlich darüber streiten, ob hier

[266] Ebd.
[267] McGuire u. a. (Hg.), Briefwechsel, 598.

Freud seinen Schatten auf Jung oder Jung seinen Schatten auf Freud projizierte. Um nicht wahrhaben zu müssen, daß seine „analytische Psychologie“ gerade dort, wo nun wirklich die Entscheidung fällt: auf dem moralischen Gebiet, in die Sackgasse führt, ging Jung mit erstaunlicher Verbissenheit einen anderen Weg als den notwendigen – nämlich der unerläßlichen Einsicht, daß ethische Fragen auf einer anderen Ebene liegen als der einer energetisch und biologisch orientierten Komplex-Psychologie. Jung hat, ganz im Gegenteil dazu, die Entdeckung des mit dem Schattenproblem verbundenen persönlichen Konflikts ausgeweitet und verankert im Unpersönlichen.

Lassen wir uns das vor Augen führen von seinem Schüler Erich Neumann, der schreibt: „Hinter den persönlichen moralischen Problemen des Individuums taucht das moralische Problem des Kollektivs auf... Als letzte Stufe aber erscheint das moralische Problem der ganzen Menschheit, das zugleich auch das der Gottheit ist. Das moralische Problem überschreitet hier in der inneren Erfahrung die Grenzen des Persönlichen und weitet sich zum Problem des Bösen in der Menschheit und des Bösen überhaupt, d. h. theologisch formuliert zum Problem des Bösen in Gott.“[268]

Es mag sehr kühn erscheinen und soll auch hier nur als Herausforderung zum weiteren Nachdenken einmal ausgesprochen werden: Darf man nicht vermuten, daß ohne jene zutiefst verletzende Bemerkung von Freud sich sogar Jungs spätere Quaternitäts-Spekulationen (Aufnahme des Bösen in die Trinität und dadurch deren Ausweitung zur nun erst „vollständigen“ Quaternität) nicht so entwickelt hätten, wie er sie dann zu Papier gebracht hat? Galten nicht auch sie, wenn auch über viele Umwege, der Selbstrechtfertigung?

Aber kann man in diesen Dingen so reden, daß ein Mißbrauch zur Selbstrechtfertigung ausgeschlossen wird? Jesus, der wahrhaftig nicht kompliziert sprach, dort, wo es auch einfach gegangen wäre, fand für diesen zutiefst menschlichen Konflikt sein berühmtes Gleichnis vom Splitter und vom Balken, das mit der Anweisung

[268] Neumann, Neue Ethik, 134.

schließt: „Du Heuchler, zieh zuerst den Balken aus deinem Auge; danach sieh zu, wie du den Splitter aus deines Bruders Auge ziehst." (Mt 7,5) Man könnte – sicher nur probeweise – einmal den ersten Teil dieses Satzes als die notwendige Introversion bezeichnen und das, was nach dem „danach" kommt, dann als die Extraversion. Die Extraversion aber bereitete Jung Schwierigkeiten, was dann freilich auch rückwirkend die Introversion beeinflußte. Vielleicht war es bei Freud umgekehrt. Ihn absorbierte zu sehr der Kampf nach außen.

16. Quaternität

Jung behauptet: „Die Quaternität ist ein Archetypus, der sozusagen universell vorkommt. Sie ist die logische Voraussetzung für jedes Ganzheitsurteil. Wenn man ein solches Urteil fällen will, so muß dieses einen vierfachen Aspekt haben." Jung erwähnt dann: vier Himmelsrichtungen, vier Elemente, vier primitive Qualitäten, vier Farben, vier Kasten in Indien, vier Wege im Buddhismus (im Sinne der geistigen Entwicklung). „Darum" (!) „gibt es auch vier psychologische Aspekte der psychischen Orientierung, über die hinaus nichts Grundsätzliches mehr auszusagen ist." Diese vier Funktionen sind nach Jung: konstatieren 1. daß etwas ist, 2. was es ist, 3. ob es einem paßt oder nicht, 4. woher es kommt und wohin es geht. Jung beruft sich hierfür – zu Unrecht! – auf Schopenhauer.

So willkürlich, wie Jung mit dem Philosophen Arthur Schopenhauer umgeht, so geht er auch mit theologischen Sätzen um. Er geht dabei aus von der „interessanten Tatsache ... daß, während die zentrale christliche Symbolik eine Trinität ist, die Formel des Unbewußten eine Quaternität darstellt. In Wirklichkeit ist allerdings die orthodoxe christliche Formel insofern nicht ganz vollständig, als der dogmatische Aspekt des bösen Prinzips der Trinität fehlt, aber als Teufel ein mehr oder weniger mißliches Sonderdasein führt. Immerhin scheint die Kirche ein inneres Verhältnis des Teufels zur Trinität nicht auszuschließen. Eine katholische

Autorität äußert sich zu dieser Frage folgendermaßen: ‚Die Existenz Satans aber ist nur von der Trinität aus zu verstehen ... Jede theologische Behandlung des Teufels, die nicht auf das trinitarische Gottesbewußtsein bezogen ist, bedeutet eine Verfehlung des eigentlichen Sachverhalts ... Im Geheimnis des dreipersönlichen Gottes erschließt sich eine neue göttliche Freiheit in ihren Wesenstiefen, die auch den Gedanken an einen persönlichen Teufel neben und gegen Gott möglich macht'"[269]. Soweit diese „katholische Autorität".

Hören wir nun und staunen, was Jung daraus macht: „Der Teufel ist demnach im Besitze einer autonomen Persönlichkeit, der Freiheit und der Ewigkeit, und hat diese metaphysischen Eigenschaften so sehr mit der Gottheit gemein, daß er sogar gegen Gott vorhanden sein kann. Hiernach könnte die Beziehung oder sogar die (negative) Zugehörigkeit des Teufels zur Trinität als katholischer Gedanke nicht mehr geleugnet werden. Die Einbeziehung des Teufels in die Quaternität ist keineswegs eine moderne Spekulation ..."[270]

Die befremdliche Art und Weise, wie hier argumentiert wird, durchzieht das gesamte Buch von Marie-Luise von Franz, Zahl und Zeit, in dem sie in der Nachfolge Jungs „durch eine Untersuchung der Archetypen der natürlichen Zahlen weiter in das Gebiet der Einheitswirklichkeit von Psyche und Materie vordringen" will. Von Franz erweist sich u. a. darin als eine gelehrige Schülerin Jungs, als sie, ähnlich wie er, aus der Literatur nur das auswählt, was ihren Spekulationen entgegenkommt, und Gegenargumente meistens übergeht. Nimmt man vor allem Jung beim Wort, daß Archetypen rein formal und „inhaltlich leer" sind, dann kann auch die Quaternität, die er in sehr vielen Träumen beobachtet haben will, inhaltlich sehr Verschiedenes bedeuten, und selbst mit

[269] Jung (GW XI, § 103) zitiert hier aus: Georg Koepgen, Die Gnosis des Christentums, 189 f. und 185 ff. Jung verschweigt, daß es sich insofern gerade nicht um eine katholische Autorität handelt, als das erwähnte Buch Koepgens auf den Index gekommen ist. Koepgen wurde u. a. vorgeworfen, er habe den Sinn christlicher Dogmen „verschoben" (vgl. v. Loewenich, Katholizismus, 285) – ein Vorwurf, der genau das trifft, was Jung so gut wie ständig tut.

[270] GW XI, § 103; vgl. § 90.

der Behauptung, sie sei „die Formel des Unbewußten" oder der – oft in Mandalaform gekleidete – seelische „Zentralarchetypus"[271], wäre über den wirklichen Menschen und sein Seelenleben noch sehr wenig ausgesagt; jedenfalls nichts, was zu so gewichtigen Folgerungen berechtigt, daß der Teufel bzw. das Böse in die göttliche Trinität aufgenommen werden müßte.

17. Individuation

Dieser Begriff sei für seine Psychologie sehr wichtig, bemerkt Jung. Er bezeichne „die Bildung und Besonderung von Einzelwesen, speziell die Entwicklung des psychologischen Individuums als eines vom Allgemeinen, von der Kollektivpsychologie unterschiedenen Wesens. Die Individuation ist daher ein Differenzierungsprozeß, der die Entwicklung der individuellen Persönlichkeit zum Ziele hat ... Die Individuation ist schon physisch und physiologisch gegeben und drückt sich dementsprechend auch psychologisch aus. Eine wesentliche Behinderung der Individualität bedeutet daher eine künstliche Verkrüppelung. Es ist ohne weiteres klar, daß eine soziale Gruppe, die aus verkrüppelten Individuen besteht, keine gesunde und auf die Dauer lebensfähige Institution sein kann ... Da das Individuum nicht nur Einzelwesen ist, sondern auch kollektive Beziehung zu seiner Existenz voraussetzt, so führt auch der Prozeß der Individuation nicht in die Vereinzelung, sondern in einen intensiveren und allgemeineren Kollektivzusammenhang."[272]
Hierzu nur einige Anmerkungen, damit nicht später dieser Text wieder zitiert werden muß:
Jung litt zeitlebens unter Einsamkeit. Sein Kontakt mit den Mitmenschen war gestört, wofür sich zahlreiche Belege finden, u.a. bei Stein, Stern, Brome, Balmer, Rattner, Hurwitz, aber auch in seinem Erinnerungsbuch. Selbst den eben zitierten Abschnitt

[271] Vgl. v. Franz, Zahl und Zeit, 136.
[272] GW VI, § 825.

kann man als „gestört“, bzw. einseitig bezeichnen, weil die Ich-Du-Begegnung darin völlig fehlt. Vielmehr scheint das, was „vorausgesetzt“ und auch angestrebt wird, eine „allgemeinere Kollektivbeziehung“ zu sein. Auch Worte wie Gemeinschaft oder Mitmenschlichkeit kommen nicht vor. An der Stelle, an der man sie erwarten könnte, steht das Wort „Institution“. Man wird das nicht nur auf die bei Jung durchgehend zu beobachtende sprachliche Unbeholfenheit zurückführen können.[273]

An einer anderen Stelle behauptet Jung, es entstehe durch die Individuation ein scheinbarer Gegensatz zur Kollektivnorm. Bei „genauerer Betrachtung“ sei aber „der individuelle Standpunkt nicht gegensätzlich zur Kollektivnorm, sondern nur anders orientiert ... Der individuelle Weg kann auch gar nicht eigentlich ein Gegensatz zur Kollektivnorm sein, weil der Gegensatz zu letzterer nur eine entgegengesetzte Norm sein könnte. Der individuelle Weg ist aber eben niemals eine Norm.“[274]

Man ist versucht, dazwischenzurufen: Mit Ausnahme von C. G. Jung selbst, der schon 1912 verkündete: „Von da an gehörte mein Leben der Allgemeinheit.“ Und in der Form einer allgemeingültigen Norm behauptet er im selben Zusammenhang: „Mit den Bildern des Unbewußten ist dem Menschen eine schwere Verantwortung auferlegt. Das Nicht-Verstehen sowie der Mangel an ethischer Verpflichtung berauben die Existenz ihrer Ganzheit und verleihen manchem individuellen Leben den peinlichen Charakter der Fragmenthaftigkeit.“[275]

Ist es peinlich zuzugeben, daß unser Leben „Stückwerk“ ist (1 Kor 13,9) und daß die „geistlich Armen“ selig sind, die, „die da hungern und dürsten nach der Gerechtigkeit“ (Mt 5,3.6), die, die sich nach dem Ziel der „Vollkommenheit“ bzw. des Ganz- und Heil-Werdens ausstrecken, aber wissen, daß sie es noch nicht erreicht haben und

[273] Um aus seiner Einsamkeit herauszukommen, versuchte er zunächst – und wohl auch später – mit missionarischem Eifer, seiner nächsten Umgebung seine neuen Einsichten „beizubringen“. (Erinnerungen, 198). Das gibt Anlaß zu der Frage, ob nicht ein wichtiges Motiv für jeden Versuch, Konvertiten zu machen, die Angst vor Einsamkeit ist.

[274] GW IV, § 828.

[275] Erinnerungen, 196.

aus eigener Kraft auch nicht erreichen werden (Phil 3,12–16) und daß dann, wenn sie es erreicht haben werden, nicht überpersönliche Ganzheit, sondern die denkbar persönlichste Begegnung und Gemeinschaft in ihrer Tiefe aufleuchten wird, denn unser Leben ist jetzt noch „verborgen mit Christus in Gott", und sein Offenbarwerden kann nur in Christus geschehen, der unser – auch höchst persönliches – Leben ist (Kol 3,3–4)? Und genau dieser Unterschied zwischen Verborgenheit und Offenbarwerden markiert jene Grenze, ohne die ein Mensch nie ein Individuum werden kann und ohne die er die Zeit seines Lebens nicht als begrenzt, aber erfüllt erleben kann, weil er, um das Ziel zu erreichen, nicht sein Ich auflösen muß – wie Jung das bekanntlich an anderen Stellen fordert –, also nicht aus der Zeit in die Zeitlosigkeit und in das Unpersönliche ausbrechen muß.

So gesehen erscheint der Gegensatz zwischen der Modellvorstellung Jungs von Individuation, Reife und Gesundheit und dem Ziel des gläubigen Reif-Werdens mit Christus unversöhnbar. Soll man nun sagen, daß es ein Glück ist, daß Jung widersprüchlich ist, und daß deshalb doch noch Brücken, die den Abgrund zu überwinden scheinen, gesucht werden können?

Auch bei dem Wort „ethische Verantwortung" scheint sich eine Kluft aufzutun zwischen Jung und der nun doch nicht derartig einseitig nach innen gerichteten christlichen Verantwortung. Hier spricht der Introvertierte, von dem Jung treffend sagt, was er an sich beobachtet hat: Er kann nur auf dem Umweg über Introspektion (Innenschau) und in der Phantasie durchgespieltem Rollentausch sich einfühlen. „Wie würde ich mich fühlen, wenn ich genau an der Stelle stehen würde, an der der andere jetzt steht – und Angst hat, und träumt, etc. –?" Aber es gibt auf der Welt nicht nur Introvertierte. Extravertierte scheinen, wie Jung ja auch selbst zugibt, diesen Umweg nicht in der Weise zu brauchen. Warum entwirft er dann eine Psychologie für Introvertierte, erhebt aber den irrigen Anspruch, sie sei allgemeingültig? Und entspringt ethische Verantwortung nicht zuallererst bei der Frage Kains: „Bin ich denn meines Bruder Hüter?" (Gen 4,9) und höchstens in zweiter Linie bei der Frage: „Bin ich denn der Hüter und Pfleger mei-

ner inneren Bilder?" Auch wenn man beide Fragen mit Ja beantwortet, ist doch die Reihenfolge alles andere als gleichgültig und für das Ergebnis von entscheidender Bedeutung.
Die Frage, zu welchem Ergebnis die Jungsche Psychologie führt, konzentriert sich zweifellos auf die Frage, was er unter Individuation versteht. Und dahinter steht dann wiederum die Frage nach seinem Menschenbild, die uns später noch beschäftigen muß.
Hier geht es um die Norm (für Gesundheit). Jung sagt: „Eine Norm entsteht aus der Gesamtheit individueller Wege und hat nur dann eine Existenzberechtigung und eine lebenfördernde Wirkung, wenn individuelle Wege, die sich von Zeit zu Zeit an einer Norm orientieren wollen, überhaupt vorhanden sind."[276] „Eine Norm dient zu nichts, wenn sie absolute Geltung hat."[277] „Ein wirklicher Konflikt mit der Kollektivnorm entsteht nur dann, wenn ein individueller Weg zur Norm erhoben wird, was die eigentliche Absicht des extremen Individualismus ist. Diese Absicht ist natürlich pathologisch und durchaus lebenswidrig."[278] „Sie hat demgemäß nichts mit Individuation zu tun, welch letztere zwar den individuellen Nebenweg einschlägt, eben deshalb aber auch die Norm braucht zur Orientierung der Gesellschaft gegenüber und zur Herstellung des lebensnotwendigen Zusammenhangs der Individuen in der Sozietät. Die Individuation führt daher zu einer natürlichen Wertschätzung der Kollektivnormen, während einer ausschließlich kollektiven Lebensorientierung die Norm in zunehmendem Maße überflüssig wird, wodurch die eigentliche Moralität zugrunde geht." Und nun, sogar als Kernsatz bei Jung gekennzeichnet: „Je stärker die kollektive Normierung des Menschen, desto größer ist seine individuelle Immoralität."[279]

[276] Aber sind das nicht kopflastige Trivialitäten, die sich am viel Wichtigeren vorbeischleichen?
[277] Dann gibt es ja wohl auch nichts, was uns „unbedingt angeht" (mit Paul Tillich gesprochen), und tatsächlich ist Religion für Jung Geschmackssache, den „de fide non est disputandum" (Briefe II,278) zitiert er in kühner Verschiebung des Sinnes eine Redewendung, die eigentlich heißt: „De gustibus non est disputandum".
[278] Man beachte aber, daß Freud in seinem letzten Brief an Jung ihm genau dies vorgeworfen hat!
[279] GW VI, § 828.

Wiederum muß man fragen: Gibt es von da her überhaupt noch eine Brücke etwa zum Menschenbild von Heinz-Rolf Lückert, das schon in einem Titel seiner Bücher enthalten ist: „Der Mensch, das konfliktträchtige Wesen"? Was der Psychologe Lückert beobachtet, ist aber nicht nur wesentlich näher am wirklichen Leben als die dürren Thesen Jungs, sondern es bietet auch eine viel bessere Voraussetzung, etwa den Konflikt zwischen Hiob und seinen Freunden, die ja die damals herrschende Kollektivnorm vertreten, zu verstehen. Es ist darum wohl kein Zufall, daß Jungs Psychologie gerade an diesem Buch, das eine der tiefsten und menschlichsten Dichtungen der Weltliteratur ist[280], scheitern mußte.
Und wo stehen die Jungianer in dem Konflikt zwischen Therapeuten, deren Ziel Anpassung des Patienten an die Umwelt ist, und Therapeuten wie Medard Boss, die gerade dieses Ziel als Verrat an einem ernst zu nehmenden Gesundheitsmodell, bzw. einer wirklichen Individuation erkennen? Mit Jung könnte man antworten: Sie stehen beim „Sowohl-als-auch" oder beim „Entweder-und-oder".

18. Komplexe

„Neben den Träumen sind für Jung und vor allem die Komplexe eine via regia (königlicher Weg) zum Unbewußten." Folgende Stichworte kennzeichnen sie im Rahmen der Psychologie Jungs: „Architekten unserer Träume", „Anordner unseres Seelenlebens", „unbewußte Brennpunkte der psychischen Vorgänge", „seelische Energiefelder", „autonome Seelenanteile ..., die sich wie unabhängige Wesen verhalten".[281]
Man wird dem nicht widersprechen können, wenn man Erfahrung hat im Umgang mit Träumen. Darin kommen immer wieder „mythologische Gestalten" vor, die wie „abgespaltene Teilpersönlichkeiten erlebt werden", z. B. als „Teufel, Hexe, Fabeltier, Geister,

[280] Vgl. die eindrucksvolle Deutung des Hiob-Buches von Walter Nigg, in: Drei große Zeichen.
[281] Nach Hark, Lexikon, 102.

Dämonen usw.)“.[282] Kann man aber davon, daß Komplexe im Traum sich so „verhalten“, ohne weiteres darauf schließen, daß sie sich tatsächlich so „verhalten“, also auch dann, wenn der Traum gedeutet und in das Wachleben aufgenommen wurde? Freud ist hier wesentlich kritischer, wie wir gleich sehen werden. Er kennt ja auch die Unterscheidung zwischen „latentem“ und „manifestem“ Trauminhalt. Was Jung von den Komplexen schlechthin behauptet, würde darum nach Freud allenfalls auf den manifesten Trauminhalt anwendbar sein, nicht aber auf den latenten, und das heißt, den maßgebenden, eigentlichen Inhalt des Traumes.

Freud hat aus mehreren Gründen Bedenken gegen den Begriff des Komplexes. Er sieht eine Gefahr darin, daß man zu schnell bei jeder affektiven Reaktion eines Menschen auf einen bis in die Kindheit zurückgehenden „Komplex“ schließt. Das wäre eine „irreführende Generalisierung“, und es würde hier „das Problem selbst als eine „Erklärung“ angeboten werden.[283] Der Begriff sei deshalb „zu vage und inadäquat“. Es gebe eine „Jungsche Komplexmythologie“[284].

Erinnert man sich daran, daß Jung für seine Psychologie die Bezeichnung „Komplexe Psychologie“ gegenüber der der „Analytischen Psychologie“ bevorzugt hat,[285] auch wenn er damit auf die „Kompliziertheit psychischer Tatbestände“ und nur indirekt auf die „Komplexe“ hinweisen will, dann bekommt die Kritik Freuds einen vernichtenden Charakter. Es ergibt sich dann, daß nicht nur das Leben Jungs „ein Mythos“ war, wie das sogar in vermeintlich positivem Sinne von Marie-Louise von Franz behauptet wird, sondern auch seine gesamte Psychologie, und zwar in dem negativen Sinne, in dem Freud – und mit ihm der im Rahmen moderner wissenschaftlicher Forschung immer noch vorherrschende Sprachgebrauch – die Etikette „mythologisch“ versteht.

Ein zweites Bedenken stellt sich sofort ein: Sind nicht Gestalten, die in Träumen, Phantasien und Mythen oft Komplexe zu verkör-

[282] Ebd.
[283] Laplanche und Pontalis, Vokabular, 253f.
[284] Vgl. Jones, Freud, 522 und 203.
[285] Jacobi, Die Psychologie von C.G. Jung, 15.

pern pflegen (Teufel, Hexen, Dämonen, Vater[komplex], Mutter[komplex] usw.), zugleich auch Verkörperungen von Archetypen? Wie unterscheidet man das eine von dem anderen? Die Stichworte, mit denen oben das „Verhalten" der Komplexe charakterisiert wurde, können ausnahmslos auch auf die Archetypen angewendet werden.

Diese Schwierigkeit hat Jolande Jacobi mit dazu veranlaßt, ihre Untersuchung zu schreiben mit dem Titel: „Komplex, Archetypus, Symbol". Sie unterscheidet folgende Arten von Komplexen:

a) Von den Wurzeln her: 1. solche, die auf frühkindliche; 2. solche, die auf aktuelle Konflikte zurückgehen.

b) Von ihrer Natur her: 1. „kranke", 2. "gesunde" Komplexe.

c) Nach der Ausdrucksart: 1. Komplexe, die als etwas Negatives, und 2. als etwas Positives beurteilt werden.[286]

Bei Jung selbst findet sich darüber hinaus eine grundsätzliche Unterscheidung: „Gewisse Komplexe entstehen durch schmerzliche oder peinliche Erfahrungen im individuellen Leben ... Ein anderer Teil (der Komplexe) aber stammt aus ganz anderer Quelle ... Es handelt sich im Grunde genommen um irrationale Inhalte, welche dem Individuum zuvor nie bewußt waren, und die es darum vergebens irgendwo außen nachzuweisen versucht." – „Die Reintegration eines persönlichen Komplexes wirkt erleichternd und oft direkt heilend, der Einbruch eines kollektiv-unbewußten Komplexes dagegen ist ein sehr unangenehmes, ja sogar gefährliches Zeichen. Der Parallelismus mit dem primitiven Seelen- und Geisterglauben ist deutlich. Die Seelen der Primitiven entsprechen den autonomen Komplexen des persönlichen Unbewußten; die Geister dagegen den Komplexen des kollektiven Unbewußten."[287]

Von unübersehbarer und manchmal verheerender Konsequenz begleitet ist nun vor allem die Tatsache, daß Jung seine gesamte Diagnostik auf einen so schillernden Begriff gründen will, wenn er sagt: „Die Krankheitserkennung in der Psychotherapie beruht ... weit weniger auf dem klinischen Krankheitsbild als viel-

[286] Jacobi, Komplex, etc., 29.
[287] Zitiert nach Jacobi, Komplex, 26f.

mehr auf den inhaltlichen Komplexen. Die psychologische Diagnostik zielt auf Komplexdiagnosen und damit auf die Formulierung von Tatbeständen, welche durch das klinische Krankheitsbild weit eher verhüllt als dargestellt werden. Die eigentliche Noxe" (krankheitserregende Ursache) „ist im Komplex zu erblicken, welcher eine relativ autonome psychische Größe darstellt. Seine Autonomie beweist er dadurch, daß er sich der Hierarchie des Bewußtseins nicht einordnet, resp. dem Willen erfolgreich Widerstand leistet." Jung meint, durch seine Assoziationsstudien[288] dies „experimentell" nachgewiesen zu haben.[289] Hier liege „der Grund, warum seit Urzeiten die Auffassung bestand, daß Psychoneurosen und Psychosen Possessionen seien"[290], „denn gerade dem naiven Beobachter drängt sich der Eindruck auf, daß der Komplex etwas wie eine Nebenregierung zum Ich darstellt"[291].

Wir werden noch sehen, daß die Frage, ob die menschliche Persönlichkeit monistisch (einheitlich) oder pluralistisch (mehrschichtig, bzw. polar) erscheint und gedeutet werden muß, auch die entscheidende Frage ist für die christliche Theologie und die christliche Lebenspraxis, bis hin zum Verständnis dessen, was Kirche sein kann und was nicht. Von der „Polarität im Aufbau des Charakters" haben ja auch Psychologen wie Albert Wellek gesprochen, der Jung sehr kritisch gegenüberstand. Die Frage für die psychologische Anthropologie, an der auch die theologische Lehre vom Menschen nicht vorbeigehen kann, lautet nun: Hilft die „komplexe Psychologie" Jungs besser als andere Konzepte, die Po-

[288] GW II.

[289] Die Assoziationspsychologie ist aber nur ein Teil der Psychologie, genauer: ein Teil der Elementenpsychologie oder atomistischen Psychologie, die in Spannung steht sowohl zur Ganzheits- wie auch zur Gestaltpsychologie. Diese Spannung geistert auch durch die Psychologie Jungs. Einerseits ist Ganzheit, andererseits Komplex, bzw. Teilpersönlichkeit für ihn eine tragende Säule seiner Psychologie – und freilich auch seines Lebens! In seinem Leben bleibt allerdings Ganzheit nie verwirklichte Utopie und Gespaltenheit grausame Realität.

[290] Aber doch nicht alle, sondern in erster Linie nur die sogenannten Zwangsstörungen!

[291] GW XVI, § 196. – Aber Jung hat doch behauptet, daß das Ich ohnedies gar nicht regiere. Das tue das Unbewußte!

larität der menschlichen Persönlichkeit zu verstehen und theologisch in Rechnung zu stellen?

19. Psychologische Typen

Diese letzte Frage geht unmittelbar über in die Jungsche Typologie, die ihrerseits sogar als „eine der bemerkenswertesten Leistungen modernen Denkens" bezeichnet worden ist.[292]
Ein Typus ist für Jung ein „Musterbild einer in vielen individuellen Formen vorkommenden allgemeinen Einstellung", die „habituell ist und dadurch dem Charakter des Individuums ein bestimmtes Gepräge verleiht."[293] Die Zugehörigkeit zu einem Typus kann sich im Laufe des Lebens ändern.
Jung kennt vier psychologische Funktionstypen: Das Denken, das begriffliche Zusammenhänge stiftet, das Fühlen, das bewertet, das Empfinden, das Daten der Sinneswahrnehmung registriert, und das Intuieren als spontanes Ahnungsvermögen. Ist das Denken die Hauptfunktion, dann ist das Fühlen die (unbewußte) „minderwertige" Funktion, die es gilt, im Laufe der Individuation oder Ganzwerdung zu entwickeln. Ähnlich verhält es sich mit dem Empfinden, dem das Intuieren entgegengesetzt ist. Aber natürlich kann auch das Fühlen Hauptfunktion sein und dann das Denken „minderwertig", und Entsprechendes ist möglich beim Intuieren und Empfinden. Neben diesen Funktionstypen spricht Jung von zwei Einstellungstypen: Introversion und Extraversion, je nachdem ob die seelische Energie nach innen oder nach außen gerichtet ist. Immer dann, wenn das Bewußtsein eines Menschen introvertiert ist, ist das Unbewußte extravertiert und umgekehrt.
Hier erscheint die Lehre Jungs ausnahmsweise übersichtlich und systematisch geordnet. Entspricht sie aber auch der Wirklichkeit des Menschen? Werden hier psychologische Beobachtungen nicht in ein Schema gezwängt, so daß etwa Fühlen in jedem Fall dem Denken polar entgegengesetzt wird? So wie für Jung das äußere,

[292] Hall/Lindzey, Persönlichkeit, I,136.
[293] GW VI, §913.

klinische Krankheitsbild sogar irreführend ist, so nimmt er auch in seiner Typologie keine Rücksicht auf „bloß äußere Wirklichkeit". Wellek, der dies feststellt, vermutet mit Hermann Rorschach, der Mühe hatte, Jungs Begriffe in seinen Test aufzunehmen, Jung habe innerhalb von zehn Jahren seine Begriffe (z. B. den der Introversion) auf den Kopf gestellt. Ja so oft er schreibe, seien die Begriffe wieder verschoben.[294]
Trotzdem muß hier für nähere Angaben über die Typologie Jungs auf die leicht greifbare Darstellung in seinen „Psychologischen Typen" hingewiesen werden. Proben aufs Exempel liefert etwa Helmut Hark in seinem Buch über „Religiöse Neurosen" und Jung selbst in seinen Auslassungen über Freud. Jung behauptet, den „Charakter" Freuds genau zu kennen. Er hält ihn deshalb „für einen ursprünglich introvertierten Gefühlstypus mit sogenanntem minderwertigem Denken. Als ich ihn 1907 kennenlernte", meint Jung, „war dieser ursprüngliche Typus bereits neurotisch verwischt. Bei der Beobachtung eines Neurotikers weiß man zunächst nicht, ob man den bewußten oder den unbewußten Charakter beobachtet. Freud bot damals, wie auch später, das Bild eines extravertiert orientierten Denkers und Empirikers. Seine Überschätzung des Denkens einerseits und mangelnde Verantwortlichkeit der Beobachtung anderseits erregten meinen Zweifel in puncto seines Typus. Die subjektive Überschätzung seines Denkens ist illustriert durch den Satz: ‚Das muß doch stimmen, denn ich habe es ja gedacht.'"[295] „Die mangelnde Verantwortlichkeit der Beobachtung zeigt sich z. B. in der Tatsache, daß keiner seiner ‚traumatischen' Hysteriefälle verifiziert wurde."[296] „Er verließ sich auf die Ehrlichkeit seiner hysteri-

[294] Wellek, Charakter, 258 f. und 423, Anm. 62 – Jung würde darin sogar eine Tugend sehen, weil man nur so der Komplexität des Seelischen gerecht werden könne.

[295] Jung erspart sich die Angabe einer Fundstelle. Mit den Begriffen seiner eigenen Psychologie muß man auch fragen, ob er hier nicht seinen eigenen negativen Schatten teilweise auf Freud projiziert. – Nach Colin Wilson (Herr der Unterwelt, 86) und anderen Autoren war Jung Freud gegenüber unsachlich. Freud selbst nennt ihn einen „Schuft", der „brutal und scheinheilig" ist.

[296] Jungs Paradefall der Helly Preiswerk, seiner Cousine, über die er seine Doktorarbeit geschrieben hat, ist nach Wilson gekennzeichnet durch „intellektuelle Unehrlichkeit", und auch in anderen Zusammenhängen war Jung, wie Wilson sehr genau belegt, schlicht und einfach unehrlich (39, 66, 69, 79, 82, 113, u. ö.).

schen Patienten. Als ich Freud wegen eines neurotischen Symptoms 1909 ein Stück weit analysierte, stieß ich auf Spuren, die auf eine erhebliche Kränkung seines Gefühlslebens schließen ließen. Erfahrungsgemäß schlägt an solchen Punkten ein Gefühlstyp in das Denken als Gegenfunktion um, und zwar mit der entsprechenden kompensierenden Überschätzung."[297]

Es ergibt sich eine beklemmende Frage: Ist ein solcher „Umschlag" ein „Zwangsschicksal" – mit Lipot Szondi gesprochen? Sind wir ihm ausgeliefert wie einem unabänderlichen Mechanismus oder einem typologisch vorprogrammierten Prozeß? Oder läßt er sich umformen zum „Wahlschicksal", dem wir dann doch nicht mehr blind ausgeliefert sind? Das müßte aber so geschehen, daß wir beizeiten und nicht erst hinterher erkennen, daß wir in Gefahr sind, das Opfer bestimmter kompensatorischer „Überschätzungen" zu werden, wodurch wir dann blind und intolerant reagieren.

Das alles scheint sehr nahe heranzukommen an jene verzweifelte Ausweglosigkeit, die Paulus schreien ließ: „Ich elender Mensch! Wer wird mich erlösen?" (Röm 7,24) Gibt es nur eine einzige Erlösung aus diesem Verhängnis, die „durch Jesus Christus, unseren Herrn", wie Paulus sagt? Und läßt sich diese Erlösung auch in der Sprache der Psychologie ausdrücken, die ja dem wirklichen Leben näher sein will als die Sprache der Theologie? Und läßt sie sich so einfach ausdrücken, daß für „Jesus Christus" „das Selbst" eingesetzt wird und die Erlösung dann zur „Selbst-Erfahrung" wird? Diese Selbsterfahrung oder Individuation würde dann auch alle schädlichen Aspekte einer psychologischen Typologisierung transzendieren. Für diese Auffassung könnte Jung sich auf einen völlig glaubwürdigen, weil ihm gegenüber sehr kritischen Zeugen berufen: Ernst Kretschmer meint feststellen zu können, daß „die umfassenden Genies" kaum mehr einem bestimmten Typus zuzuordnen sind.[298]

Mit solchen Fragen stehen wir unmittelbar vor dem zweiten Teil dieses Buches, in dem bisher nur angedeutete Bewertung und Kri-

[297] Briefe III,75.
[298] Vgl. Kretschmer, Charakter, (1967), 376.

tik der Arbeit Jungs weitergeführt werden soll bis hin zu Schlußfolgerungen, auch wenn solche Folgerungen in jedem Fall gewagt und vorläufig sind. Es erscheint mir notwendig, diesen zweiten Teil zu unterteilen in eine philosophische und psychologische und – als Abschluß – eine theologische Kritik.

II. Versuch einer kritischen Würdigung

A Philosophische und psychologische Kritik

Vorbemerkung

Insbesondere von einer neueren Untersuchung her, die für unsere Aufgabe sehr wichtig ist, könnte Protest angemeldet werden gegen die Reihenfolge: philosophische und psychologische Kritik, und erst danach die theologische Kritik. Ich meine das bereits einmal erwähnte Buch von Johannes Fischer: Glaube als Erkenntnis. Fischer geht von der Behauptung aus, die Theologie und die Kirche müsse eine „andere Erkenntniseinstellung" haben „als die einer theoretischen Wissenschaft". Sie müsse sich entscheiden: „Hat sie eine Erkenntnis zu vermitteln, welche Gott in den Plausibilitätshorizont der Welt stellt, als ‚Sinntotalität', als moralische Instanz, als Hilfe zur Bewältigung von Lebenskrisen und Grenzsituationen, als ‚heilendes Bild der Seele' im Sinne der Tiefenpsychologie, als den Urheber der Naturgesetze etc.? Oder ist ihr Zweck jene praktische Erkenntnis, welche den Erkennenden mitsamt seiner Welt in die Wirklichkeit Gottes stellt?" Dies zweite tue nach Fischer die Bibel.[299]

Daraus ergibt sich, daß auch alle Psychologie „im Lichte der Wirklichkeit Gottes" gesehen werden müßte, weshalb zuerst über diese Wirklichkeit gesprochen werden müßte. Dann müßte also der theologische Teil dem psychologischen und philosophischen vorangehen. Aber gibt es eine Sprache und eine Vorstellungswelt, die (noch) frei ist von allen philosophischen und psychologischen Prägungen und Beeinflussungen? Es gibt sie nicht einmal in der Bibel. Dann gibt es wohl auch keine „reine", völlig unpsychologische und unphilosophische Theologie, aber es gibt genau so wenig eine „reine", völlig untheologische Psychologie und ja auch keine völlig un-

[299] Fischer, Glaube als Erkenntnis, 45f.

philosophische Psychologie, was gerade Jung zu seinem Bedauern zugeben mußte.
Daraus ergibt sich ein Zirkel. Von ihm sagt Paul Tillich: „Es ist keineswegs ein circulus vitiosus, denn jedes Verständnis geistiger Dinge ist zirkulär."[300] Da jedoch ein Buch nicht „zirkulär" geschrieben werden kann, muß als Notbehelf eine Reihenfolge gewählt werden.
Es gilt aber zunächst noch weiteren möglichen Einwänden zu begegnen. Man könnte mir beides vorwerfen, daß ich im ersten Teil zu viel oder auch zu wenig zitiert hätte. Das viele Zitieren schien mir unerläßlich, weil die für Jung-Anhänger unbequemen oder sogar ärgerlichen Ergebnisse genau belegt und abgeleitet sein müssen, sonst wird ein pauschaler, affektiv gefärbter Widerspruch zu leicht gemacht.
Wenn der gebotene Raum es gestattet hätte, wäre es nicht nur gut gewesen, noch ausführlicher zu zitieren, sondern auch einige weitere Stichworte aufzunehmen, etwa das der „psychischen Energie". Gerade dieses Stichwort bietet sich nun aber an zur Diskussion der Grundprobleme der sogenannten Tiefenpsychologie, die schon bei der Erläuterung dieses Begriffs bei Jung einsetzt und nicht davon abtrennbar ist.
Das ist, wenn man so will, unsystematisch und zirkelhaft, und es gab schon im ersten Teil Vorgriffe auf theologische Fragen und wird natürlich im zweiten Teil Rückgriffe geben. Die Wirklichkeit des Menschen, die damit beschrieben werden soll, verläuft sowieso nicht seriell, im Nacheinander, sondern gleichzeitig, verdichtet.
So gesehen meldet sich die Frage, ob nicht der Traum dieser Wirklichkeit am nächsten ist, denn er verteilt weder Theologie, Psychologie, Philosophie, Biologie und andere Bereiche in verschiedene Kompartimente, noch ist er in seiner ursprünglichen Form zeitlich und räumlich eindeutig aufteilbar in ein Vorher und Nachher und in ein Hier und Dort. Zeigt er wirklich den großen Überblick? Geht er in die „Tiefe", nicht aber in die Länge und die Brei-

[300] Tillich, Systematische Theologie I,16.

te? Erleben wir im Traum holistisch – ganzheitlich? Dann wäre der Traum nicht nur ein eminent theologisches, sondern genau so ein eminent psychologisches und philosophisches Thema, das dadurch, daß es endlich im christlichen Glauben nicht mehr vernachlässigt würde, ein umfassendes Umdenken herbeiführen könnte. Die Chance zu einem solchen neuen Aufbruch wäre aber vertan, wenn nicht zuerst geprüft würde, was denn der Traum wirklich ist und was insbesondere an Jungs Psychologie, die ja vom Traum ausgeht, haltbar ist und was nicht. Tut man das nicht, dann baut man zwar mit angeblichen „wissenschaftlichen Ergebnissen" der „Tiefenpsychologie" einen in vielem neuartig anmutenden christlichen Glauben auf, aber man muß ständig befürchten, daß einige dazu verwendete „Steine" gar keine Steine, sondern nur Atrappen gewesen sind und das Bauwerk plötzlich zusammenstürzen könnte.

Aufgabe dieses zweiten Teiles kann es nicht sein, kritische Äußerungen über Jung und seine Psychologie zu sammeln. Sie würden mehrere Bände füllen, aber kein einheitliches Bild ergeben. Vieles kann man nachlesen bei Heinrich Balmer oder auch in meinem Buch über die Ergebnisse der Psychologie Jungs. Hier versuche ich, „zur Sache selbst" zu kommen[301], nämlich zu den schwerwiegenden Problemen, die die Psychologie Jungs aufwirft, und zu der Notwendigkeit einer unterscheidenden Stellungnahme vom christlichen Glauben her. Auch ein vorgeschalteter Bericht über die philosophischen und religionsgeschichtlichen Einflüsse, die „das Weltbild" Jungs mitgestaltet haben, und die davon ausgehenden Wirkungen[302] würden den Blick von der „Sache selbst" nur ablenken.

Auf die „Sache selbst" muß jede theologische Disziplin bezogen sein. Von ihr ausdrücklich handelt aber die christliche Dogmatik und die „Fundamentaltheologie", und die „Sache selbst" überwachen die Instanzen für die kirchliche Lehre. Über die Dogmatik sagt Gerhard Ebeling, daß sie „in hohem Maße ein interdisziplinäres Geschäft" ist und darum guter Grund bestünde zu „extensiver

[301] Vgl. Ebeling, Dogmatik II,4.
[302] Damit haben sich u.a. Dieter Spies, Heinrich Balmer und andere befaßt.

Materialdarbietung".[303] Um eine solche Materialdarbietung bemüht sich Wolfhart Pannenberg noch mehr als Ebeling. Neben sehr vielen anderen Werken kann man aber auch hinweisen auf die 37-bändige Enzyklopädie: Christlicher Glaube in moderner Gesellschaft. Leider entsteht der Eindruck bei solchen Werken, daß sie umso weniger gelesen werden, je mehr sie sich um Genauigkeit und intellektuelle Redlichkeit bemühen.

Noch schwieriger als auf dem Gebiet der Dogmatik ist aber die Situation im Bereich der sogenannten „Lehrzucht". Die kirchlichen Instanzen und Gerichte aller Konfessionen, mit Ausnahme der fundamentalistischer und biblizistisch orientierter Gruppen, sehen sich vor fast unlösbare Aufgaben gestellt. Lehrzucht ist in einer Volkskirche genau so problematisch geworden wie Kirchenzucht, wenn sie auch etwas leichter praktizierbar ist. Es gibt aber fast keine Beispiele mehr für kirchliche Urteile, die nicht sofort in der Öffentlichkeit heftig angegriffen werden. Ist darum sogar die katholische Kirche in der Gefahr, zu einer „Kirche ohne Auftrag"[304] zu werden, einer Kirche, die für die „Sache selbst" weniger eintritt und darin weniger konsequent ist, als in vielen anderen Bereichen? Gegen diese Aushöhlung gibt es erfreuliche Gegenströmungen. Das aber führt dazu, daß man sich ernsthaft fragen muß – so wie dies in den USA auch offen geschieht –, ob man in Zukunft in Dingen des Christentums einen „Janus-Blick" braucht, wie dies der Jungianer Rolf Kaufmann ausdrücklich fordert.[305] Man müßte dann in der Kirchenpolitik grundsätzlich andere Maßstäbe anlegen als in der Glaubenslehre. In Amerika hörte ich diese Meinung sehr offen, aber auch erschreckend naiv. Hieß es dort zur Zeit der Pilgerväter, neben der Bibel brauche man kein anderes Gesetzbuch, so heißt es jetzt, im genauen Gegenteil dazu, mit der Bibel könne man nicht einmal eine Kirche leiten. Und ein „Clinical Chaplain", gefragt nach seiner kirchlichen Zugehörigkeit, meinte, seine Denomination seien vor längerer Zeit die Baptisten gewesen. Jetzt heiße seine Religion „Psychology"! Aber diese

303 Ebeling, Dogmatik, I,6.
304 Vgl. das Buch mit diesem Titel von Peter Berger.
305 Kaufmann, Die Krise des Tüchtigen, 19 u.ö.

Psychologie bestand bei ihm nur aus zufällig und ziemlich wahllos Aufgelesenem. Immerhin, der Spannung, unter der ernsthaft suchende und ringende Glaubende leiden, geht man auf diese Weise wieder aus dem Weg. Der „Janusblick“ Jungs, der sein Streben nach Ganzheit stört, weicht dann doch wieder einer Ganzheit, aber einer Ganzheit an der Oberfläche und sicher nicht in der Tiefe. Wenn es um Scheidung und Unterscheidung in Dingen des Glaubens geht, dann geht es immer um den ganzen Ernst und die ganze Tiefe unseres Lebens! Nur so läßt sich auch die Freude und das Ja zum Leben finden.

Darin sind sich alle Konfessionen einig. So stellt Thomas von Aquin fest: „Es ist löblich, in den Dingen des Glaubens zu streiten.“ Das ist dann löblich, so kommentiert Volkmar Herntrich, „wenn es nicht um den irdisch-geschichtlichen Vordergrund geht, sondern um die Tiefe der Wahrheit“[305a]. Und Martin Luthers Mahnung hört sich an, als hätte er schon die Gefahren eines bestimmten Mißverständnisses von Ökumene aus unserem Jahrhundert gekannt: „Nein, lieber Mann, nur nicht den Frieden und die Einigkeit, bei der man Gottes Wort verliert! Denn damit wäre schon das ewige Leben und alles verloren. Das Wort und die Lehre sollen christliche Einigkeit machen; wo nicht, so bleibt doch keine Einigkeit.“

Aber genau hier beginnt auch das zentrale Problem. Was ist „das Wort“? Und wollen viele Menschen unserer Zeit es nicht mehr aufnehmen, oder können sie es nicht, weil sie als deformierte Persönlichkeiten in einer deformierten Zeit leben?[305b]

1. *Unterscheidung*

Von den Maßstäben, nach denen unterschieden werden muß, war schon im Vorwort die Rede. Maßgebend ist die „Tiefe“, aus der heraus wir leben, und das ist auch die Wahrheit, von der wir leben.

[305a] In: G. Jacob u. a. (Hg.), Die Evangelische Christenheit in Deutschland, 155.
[305b] Schon 1955 stellte H.-D. Wendland diese Frage als zentrale Herausforderung an die christliche Verkündigung. Sie wurde fast vollkommen ignoriert.

Das ist ein sehr allgemeines Kriterium, das für jede Fachrichtung und auch jede Konfession gilt, die sich mit dem Menschen beschäftigt. Dieselbe allgemeine Gültigkeit beanspruchen auch die folgenden Konkretisierungen der notwendigen Unterscheidung, auch wenn sie sich an Martin Luther anlehnen. Leider weckt bis in die Gegenwart hinein auch dieser Name, so wie der Name C. G. Jung – wenn auch auf anderer Ebene – häufig emotional gefärbte, unsachliche Reaktionen. Wenn aber hier die schwierigere Aufgabe unternommen werden soll, Jung vom christlichen Glauben her möglichst vorurteilsfrei zu beurteilen, dann kann die leichtere Aufgabe, Martin Luther – etwa als katholischer Christ – so zu begegnen, hierfür eine gute Vorschule sein.

In der kleinen Schrift von Eberhard Jüngel: „Zur Freiheit eines Christenmenschen. Eine Erinnerung an Luthers Schrift", finden sich die folgenden grundlegenden Ausführungen, über die kurz referiert werden soll.

Nach Luther weist sich der Theologe aus durch die Kunst „recht zu unterscheiden". Das aber gilt, wie wir gleich sehen werden, genau so auch vom Philosophen und vom Psychologen. Dagegen gehört „zu den auffallendsten Eigentümlichkeiten der Theologie unserer Tage . . . ihre eigene Orientierungslosigkeit . . . Sie nimmt zu allem und jedem das Wort. Doch sie hat, indem sie zu allem und jedem redet, immer weniger spezifisch Theologisches zu sagen."[306] Sie hat ihren ureigensten Gegenstand, an dem sich ihre Wahrheit bewährt, aus den Augen verloren. Hätte sie ihn noch vor Augen, dann könnte von da her „alles theologisch relevant werden.

[306] Würde man etwa statistisch genau untersuchen, welche Sätze in der „Anthropologie in theoloischer Perspektive" von Wolthart Pannenberg im engeren Sinne theologische Aussagen machen und welche eigentlich Anleihen aus Philosophie, Psychologie, Biologie, Physik, Medizin und andere Gebieten sind, dann wäre das Ergebnis eindrucksvoll, aber durchaus repräsentativ auch für andere theologische Werke. Ich möchte das nur feststellen. Offensichtlich können theologische Bücher in unserer Zeit nicht mehr anders geschrieben werden. Damit bekommt die Frage aber auch weitaus größeres Gewicht als in früheren Zeiten, ob die Theologen über andere Forschungsgebiete wirklich informiert sind, oder ob sie damit laienhaft umgehen, allein schon deshalb, weil sie überfordert sind – wie man dies z. B. Eugen Drewermann nachgewiesen hat (vgl. etwa den Sammelband von Görres und Kasper).

Gilt der Satz des Thomas von Aquin: ‚Alle Dinge werden in der heiligen Lehre unter dem Gesichtspunkt ihrer Beziehung zu Gott behandelt‘[307], dann wird auch umgekehrt zu gelten haben, daß alles aufgrund seiner Beziehung zu Gott zum Thema der Theologie werden kann“, also auch die Tiefenpsychologie. „Weil Theologie ... als Rede von Gott notwendig aufs Ganze geht, deshalb und insofern hat Theologie es in der Tat auch mit ‚allem und jedem‘ zu tun. Aber nur deshalb und insofern.“[308]
Man kann nun aber diese Begründung nicht umkehren, obwohl das nach Jüngel „zur Zeit nicht unüblich ist“. Theologie kann nicht deshalb, „weil sie zu allem und jedem das Wort nimmt“, behaupten, sie gehe aufs Ganze. Diese Behauptung wäre „das unbewußte Eingeständnis der eigenen Unernsthaftigkeit“.
Gilt das auch für die Psychologie? Auch sie kann nicht aus vielen Einzelbeobachtungen und -daten summativ „den Menschen“ als Ganzes zusammensetzen. Das wäre eine „synthetische Anthropologie“, die sich aber doch auch an der Frage orientieren müßte, was für den Menschen wesentlich ist, was ihn erst zum Menschen macht, was für ihn verbindlich ist, was ihn unbedingt angeht.[309]
Selbst derjenige, der empirisch forscht und Einzeldaten sammelt in einer scheinbar rein beobachtenden Haltung einem Menschen gegenüber, tut dies im Rahmen einer „rudimentären Begegnung“, denn auch da sind wir, selbst wenn wir es verleugnen, vom anderen „als einem Menschen angesprochen“.[310]
Ist nicht das Menschsein, das „Humanum“, der Kristallisationspunkt für alle zusammengetragenen Beobachtungen, dann bleiben diese leere, vergebliche Worte, die uns nur vortäuschen, wir hätten den Weg zum Menschen und zu echter Menschlichkeit gefunden.[311] Und „vor lauter Gelehrsamkeit kommt es nicht mehr zu einer verbindlichen Aussage“[312]. Genau das ist das ungewollte

[307] Thomas von Aquin, Summa theologiae I,q. 1a.7 crp.
[308] Jüngel, Zur Freiheit eines Christenmenschen, 20f. Auch die folgenden Zitate sind dieser Schrift entnommen.
[309] Vgl. Keller, Dasein und Freiheit, 211f.
[310] Ebd., 226.
[311] Vgl. Epheser, 5,6.
[312] Jüngel, Zur Freiheit eines Christenmenschen.

Ergebnis der Psychologie Jungs, vor dessen Eingeständnis er aber durch einen ungeheueren Sammeleifer von vermeintlich wissenschaftlichen „Fakten“ aus Träumen, Märchen, Mythologie, Astrologie, Physik, Theologie, Religionspsychologie, Archäologie, Magie, Mystik, Okkultismus, Zahlensymbolik, esoterischen Geheimlehren, usw., ständig zu fliehen versucht.

Bei Martin Luther ist das ganz anders. Er spricht mit einer eigentümlichen Prägnanz – nicht vage und nicht beliebig. Darin ist er dem Neuen Testament ganz nahe. Und auch darin, daß er immer wieder als Grundregel allen Denkens einschärft, recht zu unterscheiden. Bei ihm herrscht nicht das „Entweder-und-Oder“ Jungs. Er orientiert sich an den elementaren Differenzen unseres Lebens. Man kann es als ein Gebot der „intellektuellen Hygiene“ bezeichnen, zu unterscheiden „zwischen Person und Werk, zwischen Glaube und Liebe, zwischen Gesetz und Evangelium, zwischen Christperson und Weltperson, zwischen Leben und Lehre usw.“. Und wohl zurecht verbindet Jüngel mit dieser Beobachtung bei Luther die Vermutung: „Vielleicht leidet unsere gegenwärtige Theologie nicht zuletzt deshalb an so vielen schiefen Alternativen, weil sie die Kunst des rechten Unterscheidens erst wieder von Grund auf lernen muß.“[313]

Was nun C. G. Jung anbelangt und die an seine „Psychologie“ geknüpfte Erwartung, diese allein könne den „modernen Menschen“ wieder zurück zur Religion und zum Christentum führen, so sind daran ohne Zweifel eine Menge schiefe Alternativen beteiligt. Einige davon sollen in den folgenden Kapiteln zur Sprache kommen. Auf diese Weise muß viel Wildwuchs schon im Vorfeld der Theologie ausgeforstet werden, so daß die Zahl der echten Probleme schrumpfen wird.

Jüngel sagt zurecht: „Die meisten der elementaren Differenzen ... lassen sich auch unabhängig von aller Theologie wahrnehmen. Wer wüßte nicht zu unterscheiden zwischen sich selbst und dem, was er tut? Zwischen ‚Fleisch‘ und Geist? Zwischen äußerem und innerem Menschen? Zwischen Freiheit und Dienst

[313] Ebd., 22.

usw.? Doch dergleichen elementare Differenzen rücken in einen sie selbst verändernden neuen Rang ein, wenn sie von der eigentlichen Differenz erreicht werden, um die es in der christlichen Theologie geht. Das ist die Unterscheidung von Gott und Mensch ... Zwar meint der Mensch, zumindest sich selbst zu kennen und insofern dann auch zu wissen, was Gott nicht ist, ... doch genau das ist nach Luthers Verständnis eine einzige Selbsttäuschung des Menschen." Durch solche Täuschung, die erst im Gebet durchbrochen würde[314], machen wir Menschen aus uns „unselige und stolze Götter, die durch Jesu Christi Menschlichkeit allererst zu wahren Menschen gemacht werden"[315].

2. *Die Sprache*

Es gibt in der Theologie eine Auseinandersetzung, die zu den nötigen Streitigkeiten gehört. Viele theologische Meinungsverschiedenheiten waren nämlich keinesfalls nur Theologengezänk. Ohne sie wären uns fruchtbare Einsichten verborgen geblieben.

Die eine Position in Beziehung auf die Sprache vertrat Thorleif Boman in seinem Buch: „Das hebräische Denken im Vergleich mit dem Griechischen". Er ist davon überzeugt, daß die Sprache das Denken stark beeinflußt. Sein Gegner, James Barr, bestreitet das in oft überscharfen Formulierungen. Jung wäre hier als Parteigänger Barrs einzuordnen. Für ihn sind die „Tatsachen" eindeutig, die Worte dagegen austauschbare „nomina".

Bedeutende Theologen und Philosophen stehen Boman viel näher als Barr. Von seinen Folgerungen, die er in erster Linie aus Sprachbeobachtungen ableitet – aber auch aus dem Inhalt des Gesagten, der von der Sprache nicht streng abtrennbar ist –, seien nur einige erwähnt. „Die Worte tragen denselben Charakter wie ihr Urheber." „Die Griechen sind Logiker, die Israeliten Psychologen." Das

314 Dafür verweist Luther auf Psalm 5,3.
315 Jüngel, Zur Freiheit eines Christenmenschen.

hebräische Denken ist „dynamisch", das griechische vor allem (mit Ausnahmen) „statisch".[316]

Boman liegt es freilich fern zu behaupten, die Hebräer seien deshalb religiösere Menschen als die Griechen und dem Christentum näher als diese, weil ihre Sprache dynamisch ist wie die christliche Botschaft. Zunächst unterscheidet er nur diese zwei charakteristischen Denkweisen und weist sich damit im Sinne Luthers als Theologe aus, bzw. als gewissenhafter Forscher überhaupt. Jung hätte sich selbst einen großen Dienst getan, wenn er diese Unterscheidung überhaupt gesehen hätte. Im Grunde genommen ist sein Leben und Denken durchzogen von der oft verzweifelten Suche nach einem Fixpunkt, nach einem zeitlosen „unus mundus", nach einer keinen geschichtlichen Veränderungen mehr unterworfenen letzten Ganzheit und Einheit. Zugleich aber behauptet er – im Grunde genommen gut „hebräisch" – das Unbewußte sei ständig in Bewegung und nie in absoluter Ruhe, und das Seelenleben sei dynamisch, allerdings auf ein Gleichgewicht zustrebend. Zugleich will er aber noch etwas: Er will das sich selbst überschätzende Ich des Menschen demütigen, indem er ihm „nachweist", daß es doch nur machen muß, was das Unbewußte will. Entspringt aber echte Demut nicht vielmehr der Erkenntnis, daß nur Gott in der Zeit und auch über der Zeit ist, und daß „meine Zeit" nur in seinen „Händen steht"? (Ps 31,16) Aber was heißt hier „Zeit"? Besser würde man übersetzen „Geschick", „Schicksal", denn die Hebräer kennen nur erfüllte Zeit, die nach ihrem Inhalt, nicht nach ihrer Ausdehnung gemessen wird. Und was heißt in diesem Zusammenhang „stehen"? Die Jerusalemer Bibel übersetzt: „Meine Zeiten ruhen in deiner Hand". Sie ruhen darin, indem sie vor aller Zeit darin verborgen und geborgen sind und in der Vollendung aller Zeit darin zu jener Ruhe kommen werden, von der der Hebräerbrief spricht, die doch alles andere ist als „statischer", lebloser Stillstand. Und was ist unter der „Hand Gottes" zu verstehen? Das ist natürlich eine vermenschlichende (anthropomorphe) Metapher, vor der biblische Autoren

[316] Boman, Das hebräische Denken, 47, 157, 18.

und auch moderne Dichter keine Angst haben, weil sie wissen, daß man anders von Gott gar nicht reden kann, daß man damit aber eben doch Gott selbst meint. Jung dagegen erspart sich viel Arbeit an diesem wichtigen Punkt, dem Problem der Sprache, und vergeudet viel Kraft für weniger Wichtiges. Die Folge davon ist, daß er krampfhaft darauf besteht, er rede immer nur vom in der Seele vorfindbaren „Gottesbild", nie von Gott selbst. So gesehen wäre höchstens die Aussage möglich: Das zu mir selbst gehörende und von meiner Seele erzeugte, oder meinetwegen archetypisch geprägte Gottesbild umfängt in bildlicher Weise mein Leben wie eine schützende Hand. Ist das derselbe Trost, wie er aus dem Psalm zu uns kommt, und dasselbe demütige Vertrauen? Wohl kaum!

Theologen und Philosophen, aber auch Psychologen haben sich intensiv mit der Sprache beschäftigt. Bei Jung rächt sich von Anfang bis Ende, daß er das nicht getan hat, obwohl für ihn „der psychologische Gebrauch der Sprache" der eigentliche und allein mögliche ist. Karl Jaspers bemerkt: „Jungs Darstellungen sind ermüdend, ärgerlich durch so viele undialektische Widersprüche."[317] H. Krieger meint, sie führen „hinunter ins Dunkel"[318], und Ernst Bloch sagt über Jungs Begriffe, insbesondere den des Unbewußten, sie seien „so neblig und allgemein gefaßt, daß sämtliche Irratio von ehedem, ganz gleich, was sie sagt, vertauschbaren Platz findet. Hier ist wirklich die Nacht, in der alle Kühe schwarz sind, die Nacht jener maßlos geweiteten, zum Naturbauch kollektivierten Libido, die nun auch Weltseele heißt."[319]

[317] Jaspers, Psychopathologie, 278; vgl. bei Jung: GW XI,661; XIV,2, 232 und noch sehr oft.

[318] Krieger in: Die Zeit, 9.2.1973.

[319] Bloch, Hoffnung, 68. – G. Bartning hat in seinem Buch: „Das Neue und das Uralte" versucht, die Polemik Blochs gegen Jung zu entschärfen. Vermutlich fehlt dem Pfarrer Dr. Bartning genügende psychotherapeutische Erfahrung, um zu erkennen, an welchen Punkten Jung, den Bartning in Schutz nimmt, nun eben doch Schwachstellen zeigt, die Bloch erkannt hat. Der Hohn, mit dem Bloch Jung überschütten kann, scheint einen Nachhall gefunden zu haben in Friedrich Dürrenmatts Drama „Achterloo IV", in dem Jung als verrückter Dentist auftritt, der, wie auch Freud (wahnsinniger Damenschneider), in dem Glauben an die Machbarkeit der Geschichte den Menschen aus dem Blick verloren hat.

Dabei prangert Jung bei anderen genau das an, was auch seine eigene Schwäche ist. Von Hegel meint er, seine Sprache sei „philosophisch eine Anmaßung". Psychologisch bedeute sie so viel wie „den Einbruch des Unbewußten". Sie erinnere „bereits an die schizophrene ‚Machtsprache', welche sich kräftiger Bannwörter bedient, um Transzendentes einer subjektiven Form gefügig zu machen oder dem Banalen den Charme der Neuheit zu verschaffen und das Unbedeutende als grüblerische Wahrheit erscheinen zu lassen. Eine derartig geschraubte Sprache ist ein Symptom der Schwäche, des Unvermögens und des Mangels an Substanz."[320] Nicht weniger gut schneidet Martin Heidegger bei Jung ab. Er beschäftige sich mit Scheinproblemen.[321] Nun gibt es aber gerade zwischen Jung und Heidegger einen interessanten Berührungspunkt. Heidegger war, wie Paul Assal gelegentlich bemerkt hat[322], gerade deshalb anfällig für den Nationalsozialismus, weil er seine private Sprache mit der Weltsprache verwechselte. Jung hat, nicht viel anders, sein privates Denken mit dem Denken der „Allgemeinheit" gleichgesetzt und sich sogar durch ein feierliches Gelübde verpflichtet, bis zu seinem Tode „der Allgemeinheit" zu gehören.[323] Seine Anfälligkeit für nazistisches Denken ist darum im Zentrum seiner Psychologie verankert und nicht etwa nur als eine vorübergehende Verirrung zu deuten.[323a] Sie hängt zusammen mit seinem „Ausverkauf der Subjektivität", wie ich mich an

320 GW VIII,199. – Nach von Franz kann aber ein „poetisch-rhetorisch gehobener Stil" mit „logisch gelockerten Zusammenhängen" auf ein numinoses Erlebnis mit starker Erregung hinweisen (Jung, GW XIV,3, 132), ein Zustand wie der, in dem Jung sein schizophren anmutendes „Rotes Buch" geschrieben hat, das lange unter Verschluß gehalten wurde und erst 1985 von Aniela Jaffé publiziert wurde, (in: Parapsychologie, usw.).

321 Vgl. das Register der Briefbände.

322 Im Südwestfunk, 9.12.90.

323 Jaffé, Phasen, 107.

323a Die im Auftrag der Deutschen Gesellschaft für Analytische Psychologie von von der Tann und Erlenmeyer zusammengestellte Sammlung von Texten und Daten zum Thema: „C. G. Jung und der Nationalsozialismus" (März 1991) läßt darüber nicht mehr den geringsten Zweifel zu. Auffallend ist freilich eine gewisse Parallele zu Jungs Umgang mit seinen eigenen Träumen. Wie den Träumen gegenüber, so hat er auch der Politik gegenüber seine grundsätzlichen Überzeugungen nicht konsequent angewendet. Seine Meinungen sind nicht einmal „tiefen"psychologisch, geschweige denn tief, sondern oft erschreckend zufällig und ober-

anderer Stelle ausgedrückt habe, den er freilich nur bei Hitler geisselt, nicht bei sich selbst.[324]

Und das alles geht aus und mündet ein in die Art und Weise, wie die Sprache gebraucht oder mißbraucht wird. Jung meint, die gesamte Psychologie in die ethisch neutrale „physikalistische Ding-Sprache" zwängen zu können.[325] Tatsächlich behauptet Jung, mit seinen Begriffen von „psychischen ‚entia'" (Gegebenheiten) zu sprechen, „die sich dem Bewußtsein aufdrängen", allerdings, wie er dann einschränkt, nur „sub specie imaginationis" (unter dem Spiegel der Einbildungskraft)![326] Zurecht wird Karl Jaspers in diesem Zusammenhang unschlüssig und fragt zu solchen Begriffen: „Finde ich in ihnen Wahrheit oder habe ich sie aufzulösen und zu durchleuchten als Schein?"[327]

Wenigstens an zwei Stellen soll aufgezeigt werden, wie, über das Medium der Sprache, gerade nicht die Psychologie Jungs das Christentum retten, sondern das biblische Denken neues Leben in die Psychologie Jungs bringen könnte.

Das erste Beispiel betrifft die Unterscheidung von Transzendenz und Immanenz. Jung und seine Anhänger unterstellen den Christen, für sie gebe es einen transzendenten Bereich, der wie ein

flächlich. Erschrecken ist überhaupt seiner, von seinem treuen Schüler Erich Neumann dann ausführlich dargelegten „neuen Ethik" gegenüber angebracht, wobei besonders erstaunlich ist, daß solches Denken bei Jung (und bei Heidegger!), bzw. bei Neumann „während des zweiten Weltkrieges und unter seinem Druck" (vgl. Nannen, 395) entwickelt wurde. Erschreckend ist aber auch die billige Art, wie von der Tann und Erlenmeyer sich selbst beruhigen. Sie schreiben: „Wir sind anhand des Materials zunächst mit Jungs in diesem Zusammenhang immer wieder genannten ‚Schatten' konfrontiert. ‚Auch das Dunkel gehört zu meiner Ganzheit', sagt Jung, ‚und indem ich mir meines Schattens bewußt werde, erlange ich auch die Erinnerung wieder, daß ich ein Mensch bin wie alle anderen' (GW 16, 64.134)".

324 Hitlers „Heruntersetzung der Mitmenschen" (die andererseits Freud Jung vorgeworfen hat, die aber auch Freud selbst reichlich praktiziert hat – Beispiele in meinem Buch über Jung, 326f. –) und „Blindheit für den eigenen Charakter" (GW X,229) hängt nach Jung damit zusammen, daß Hitler sich nicht nur mit 78 Millionen Menschen identifizierte, sondern tatsächlich mit ihnen identisch sei. (So in einem Interview des Journalisten H.R. Knickerbrocker mit Jung aus dem Jahr 1939, abgedruckt bei Balmer, Archetypenlehre, 150f.

325 Vgl. Apel, Wittgenstein und Heidegger, 381.

326 Erinnerungen 120, 338f. und öfter.

327 Jaspers, Psychopathologie, 281.

Stockwerk über der Immanenz, d.h. über der erfahrbaren Welt aufgebaut sei. Jung wehrt sich zurecht gegen dieses Weltbild in Stockwerken, ohne zu merken, daß eine ähnliche Vorstellung sich in sein Modell vom Seelenleben einschleicht. „Transzendieren" wird für ihn zum Übergang vom eingeengten zum erweiterten Bewußtsein durch Synthese zwischen dem Bewußten und dem Unbewußten. Er nennt das die „transzendente Funktion". Was dagegen in Philosophie und Theologie als „Transzendenz" bezeichnet wird, nennt er in der Regel „Metaphysik" und erklärt, das Reden über einen in diesem Sinne transzendenten Gott sei „Geschwätz".[328] Anderseits ist für ihn aber das kollektive Unbewußte „das Jenseits"[329]. Die „Mächte des Unbewußten" sind „immanent-transzendent", weil sie „numinos" sind, aber „empirisch-erfahrbar". Zu Unrecht habe ihn Martin Buber in diesem Zusammenhang des Gnostizismus bezeichtigt.[330]
Die Begriffe Immanenz (Diesseitigkeit) und Transzendenz (Jenseitigkeit) deuten ja auf eine irgendwie vorzustellende Grenze hin. Verwischt nun Jung alle Grenzen, indem er das Unbewußte als „immanent-transzendent" bezeichnet? Oder richtet er dann wieder eine eindeutige Grenze auf, indem er den Archetypus doch als „metaphysisch" und als „bewußtseinsunfähig" bezeichnet?[331] Seine Ablehnung gegen alles „Metaphysische" und „Absolute" kann er damit begründen, daß dadurch das „psychologische Gleichgewicht" gestört würde, denn es würde dann „aller Wert dort hinüber abströmen"[332].
Ist dann aber nicht uneingestanden „das psychologische Gleichgewicht" zur absoluten Größe, der sich alles andere unterzuordnen hat, gemacht worden? Zu Recht wirft auch Viktor von Gebsattel, ermüdet von so viel Unklarheit der Begriffe, die Frage auf: „Muß denn, um diese Dinge zu erklären ... ein neuer Mythos der See-

328 Briefe III,111 und 163, vgl. GW XI,658 u.ö.
329 Zahlreiche Belegstellen dafür gibt H. v. Beit unter dem Stichwort „kollektives Unbewußtes".
330 GW XI,659f.
331 Jung, Geleitwort zu E. Harding, Frauen-Mysterien, S.IX, zitiert bei Jaffé, Mythos, 27, Anm. 35; GW VIII,244.
332 GW VII,258.

lenvergottung entwickelt werden?"[333] Dieselbe Frage, etwas anders formuliert, lautet: Ist denn etwas damit gewonnen, daß man philosophische und theologische Probleme von ihrem Ursprung gewaltsam abtrennt und erklärt, es handle sich in Wirklichkeit um psychologische Probleme, die Psychologie aber sei komplex, und in ihr gelte der Satz vom Widerspruch nicht und somit auch nicht die Forderung nach einer eindeutigen, prägnanten Sprache? Es soll ja nicht geleugnet werden, daß Theologen manchmal geschwätzig werden, aber wie steht es bei Jung selbst damit?
Ein einziger Ausdruck, der der Transzendenz, kann einen Rattenschwanz von Mißverständnissen hinter sich ziehen. Nach Boman ist dieser Begriff dem biblischen Denken fremd. Er ist am Raum orientiert „und also vom griechischen Geist gebildet. Hebräisch ausgedrückt heißen dieselben Begriffe: Gottes Ewigkeit und Zeitlichkeit, d. h. Gott ist allen zeitlichen Bedingungen enthoben, er ist vor und nach und unabhängig von allem Geschehen, aller ‚Zeit' (Psalm 90,1-4), und gleichzeitig ist er in allem, was geschieht, wirksam (Amos 3,6)". Um dies auszudrücken, sollte man lieber von der „Transparenz" Gottes reden, denn Gott wird „durch die Welt als der wirklich Seiende geahnt" und „offenbart sich als solcher". Damit meint Boman nicht, daß die beiden anderen Begriffe, die für Jung anstößig sind und zu so viel Konfusion führen, unbrauchbar wären. Sie eignen sich für eine prägnante Kurzfassung der Trinitätslehre: „Wie die erste Person in Gott der Transzendenz und die dritte Person der Immanenz entsprechen, so entspricht die zweite Person in Gott der Transparenz Gottes."[334]
Die dritte Person ist der Heilige Geist. Jung verbaut sich den Zugang zu ihm wie auch zu allem Geistigen und somit Nicht-Psychischen, indem für ihn der Geist (wie übrigens auch das Ich) „bloß ein Komplex unter anderen (autonomen psychischen) Komplexen" ist.[334a] Jung kann deshalb weder die früher häufig beklagte „Geistvergessenheit" der Theologie, noch den angeblichen Materialismus Freuds überwinden und noch viel weniger die christ-

333 Von Gebsattel, Imago, 270.
334 Boman, Das hebräische Denken, 204 und 167 f.
334a GW VIII,380; VI,471.

lich e Lehre von der Trinität Gottes in ihrem Wesen erfassen, um sie dann evtl. neu zu formulieren.

Damit sind wir nicht mehr direkt bei Fragen der Sprache und der Terminologie, sondern hier geht es um Denkformen und um den Inhalt bestimmter Vorstellungen. Und doch käme man aus aller Konfusion nur heraus durch einen sauberen Gebrauch der Sprache. Das sei an einem weiteren Beispiel verdeutlicht: Zeit und Raum.

Boman unterscheidet „die physikalische Zeit“ von der „psychologischen Zeit“. Er schreibt: „Der Raum ist für uns wie ein großer Behälter, der alle Dinge aufbewahrt, ordnet und zusammenhält. Der Raum ist auch der Ort, an welchem wir leben, atmen und uns frei entfalten können. Eine ähnliche Rolle spielt für die Hebräer die Zeit. Ihr Bewußtsein ist wie ein Behälter, in dem ihr ganzes Leben von der frühesten Kindheit an und die Tatsachen, die sie erlebt oder von welchen sie gehört haben, aufbewahrt sind. Weil jede Person mit sich selbst identisch ist und bleibt, haftet allen seelischen Inhalten jeder Person eine zusammenbindende Einheit an, die man so ausdrücken kann: Alles dieses ist meine Welt, mein Dasein. Ein Mensch, der von den seelischen Eindrücken, die die Außenwelt auf ihn macht, lebt, hat eine Welt in seinem Bewußtsein; er lebt in der Zeit; aber eben weil er in der Zeit wirklich lebt, spielen Zeitpunkte und Zeitabstände eine sehr untergeordnete Rolle“ – ähnlich wie im Traum, möchte man hier Boman ergänzen, was aber gerade nicht erlaubt, den Traum als zeitlos zu bezeichnen! „Zeitlos“ ist er nur, wenn man ihn ausschließlich an der „physikalischen Zeit“ oder an der Uhrenzeit mißt, nicht aber an der „psychologischen Zeit“ oder der „gelebten Zeit“.[335] „Es ist dasselbe

[335] O.F. Bollnow erwähnt den Begriff des„gelebten Raumes“, den er bei Minkowski findet (Bollnow, Mensch und Raum, 18). In Entsprechung dazu kann man von der „gelebten Zeit“ reden. Sie ist für die Hebräer die eigentliche Zeit, an der alle andere Zeit gemessen wird. Ist das nicht auch die eigentliche Zeit im Traum? Und ob es wohl nicht mehr als nur ein Zufall ist, daß die jüdische Literaturwissenschaftlerin Elisabeth Lenk ihr Buch über „Die unbewußte Gesellschaft“, das eigentlich ein Traumbuch ist, mit dem Satz schließt: „Die Zeit geht aufrecht unter ihrer Last“? Im Traum und im Judentum wird der Raum verzeitlicht. Das versuchte z.B. auch Picasso (vgl. dazu Gebser, Ursprung und Gegenwart II, Abb. 14 und 16–18 und S. 330ff.).

Ich", fährt Boman fort, „das einmal als Kind spielte, als Junge in die Schule ging, als Mann sich ins feindliche Leben hineinwagte." Sein Äußeres hat sich verändert, aber „von innen gesehen bilden seine Erlebnisse eine Einheit, eine Welt. In dieser Welt bewegt er sich leicht und frei . . . Eben weil der Hebräer in der Zeit lebt, bereiten die Zeitabstände ihm kaum Schwierigkeiten. Besonders im göttlichen Bewußtsein verschwindet alle Zeitmessung (Ps 90,4), weil Jahwe mit sich selbst identisch bleibt (Ex 3,14; Jes 41,4; 44,6; 48,12). Das Bewußtsein umfaßt ein ganzes Leben wie eine Einheit und kann nicht wie der Raum geteilt werden."[336]

Ich muß hier abbrechen. Vielleicht konnte ich wenigstens eine Ahnung davon vermitteln, wie überaus fruchtbar es wäre, sich mit dem Erleben von Zeit und Raum im hebräischen Denken, im griechischen Denken, in der klassischen Physik, in der Physik nach Albert Einstein, in unserer modernen Zivilisation und im Traum zu befassen. Sollte es so sein, daß der Traum die Einheit immer wieder neu stiftet, die in der von Terminen zerhackten und gehetzten Zeit und dem ebenso zerstückelten Raum, in dem wir am Tag leben, verlorengeht, dann würde dies ein entscheidender Faktor sein für seine heilsame Wirkung, und viele Spekulationen über Ganzheit, Synchronizität, Ichauflösung, Tao usw. bekämen einen anderen Stellenwert als bei Jung.

Damit sind freilich noch weitergehende Differenzierungen von Raum und Zeit, wie sie sich etwa bei Edmund Husserl und seiner Schülerin Hedwig Conrad-Martius finden, noch gar nicht erwähnt. Sie könnten die Terminologie liefern, also die sprachlichen Ausdrücke, die z.B. zur Erforschung der Zeitlichkeit und der Räumlichkeit der Träume aber auch der sogenannten okkulten, übersinnlichen Phänomene nötig wären, schon allein um die dabei auftauchenden Fragen präziser zu formulieren, als dies Jung tat, und dann auch, um Lösungen näher zu kommen. Professor Hans Bender, der sich lebenslang damit befaßte, sagte mir gesprächsweise, er habe für die oben genannten Untersuchungen (auch für Thorleif Boman) nie die Zeit gefunden, obwohl er sich

[336] Boman, Das hebräische Denken, 118.

damit befassen wollte. Ist das nicht im Grunde genommen unverzeihlich? So etwa, wie wenn jemand auf einem eingeschlagenen Weg nicht mehr weiter kommt, sich aber hartnäckig weigert, einen anderen Weg zu suchen, der vielleicht näher ans Ziel führt? Zum Weg, den ein Forscher geht, gehört schon die Sprache, nicht erst die „Fakten", die es ja ohne sprachliche Formulierung gar nicht gibt!

Die Sprache kann neue Möglichkeiten öffnen oder auch verbauen. So beginnt z.B. ein neuer Abschnitt in der Psychologie von dem Augenblick an, da nicht mehr nur bestimmten seelischen Erlebnissen die Qualität zugeschrieben wird, daß sie unbewußt ablaufen, sondern von „dem Umbewußten" gesprochen wird. Diesen höchst bedeutsamen und damals völlig neuartigen Übergang von „unbewußt" als Adjektiv oder Adverb zu „dem Unbewußten" als Substantiv hat nach A. C. MacIntyre Sigmund Freud vollzogen. Jung übernahm das Substantiv „das Unbewußte", als gebe es selbstverständlich so etwas. Vor Freud war das nicht selbstverständlich und konnte, wenn MacIntyre recht hat, noch gar nicht ausgedrückt werden.[337]

Fast noch spannender wird die Sprachanalyse an einer anderen, ebenfalls ganz zentralen Stelle. Bei Jung wird man bekanntlich in der Art eines Wechselbades belehrt, das Ich habe das Unbewußte zu steuern, es habe aber ebenso dem Unbewußten zu gehorchen, denn es sei nur ein Epiphänomen (eine Begleiterscheinung) des Unbewußten. Einmal ist bei Jung das Unbewußte aktiv und das Ich passiv, dann aber scheint es wieder genau umgekehrt zu sein. Daß hier eine wechselseitige Dialektik vorherrschen könnte, bekommt Jung kaum in Sicht, weil ihm die Denk- und Sprachform der Dialektik fehlt. Das Griechische des Neuen Testaments aber kann diese Dialektik in einer einzigen Verbalform zusammenfassen, dem Imperativ passiv, den es im Deutschen nicht gibt. Wir müssen uns darum mit Umschreibungen behelfen, z.B. in Apostelgeschichte 2,40: „Laßt euch herausretten." Laßt also an euch etwas geschehen, was ihr nicht selbst machen könnt, aber es hängt

[337] MacIntyre, Das Unbewußte, 75.

doch von euch ab, ob es geschieht. In der Philosophie Wilhelm Kellers ist etwas Ähnliches gemeint mit dem Ausdruck: „akthafter Selbstvollzug": Ich vollziehe (nach) – ich ratifiziere sozusagen – was eigentlich schon (im Unbewußten?) Tatsache ist. Es gibt also nicht nur im Glauben diese eigenartige Verschränkung von aktiver Entscheidung, etwas passiv an sich geschehen zu lassen. In der Bibel aber ist der Imperativ passiv „eine besonders bezeichnende Form der neutestamentlichen Verkündigung (vgl. z.B. noch 2 Kor 5,20; 1 Petr 2,5; 5,6; Röm 12,2; 13,14; Eph 4,23f; Gal 6,7); er bedeutet Aufruf und Zusage zugleich: Gott will an euch handeln – laßt ihn an euch handeln!"[338] Der Sache nach geht es darum z.B. auch in Phil 2,12-13. Hier wird das Ich des Menschen nicht zum „Popanz" oder „Clown" gemacht, der doch nur tun muß, was das Unbewußte will – wie Jung das sagen kann. Das Ich wird aber auch nicht aufgebläht zur „Ich-Inflation", die für Jung „Gottähnlichkeit" oder „Ich-Superstition" bedeutet.[339] Hier bleibt Gott Gott und der Mensch Mensch. Wenn beide aber schon rein terminologisch nicht voneinander unterschieden sind, sondern von Gott nur als innerem Bild oder als stärkstem energetischem Komplex geredet wird, dann können sie auch nicht in der Form von Aufruf und Zusage aufeinander bezogen werden. Damit aber geht etwas sehr Wichtiges und zutiefst Menschliches verloren, denn auch Eltern und Kinder, auch Liebende, ja alle Menschen, die einander menschlich begegnen, sind in der Form des Aufrufs und der Zusage aufeinander bezogen, und es kann liebevolles Miteinander nur stören, wenn der „Aktive" vom „Passiven" in undialektischer Weise als der Mächtigere unterschieden wird. In Wahrheit aber ist Geben Nehmen und Nehmen ist Geben. Ob nicht ein Versuch, die Dialektik zwischen „dem Unbewußten" und „dem Ichbewußtsein" nach diesem Modell – dem trinitarischen Modell! – zu verstehen, aus vielen Ungereimtheiten der „Tiefenpsychologie" herausführen könnte? Und Geben und Nehmen könnte dann auch zwischen Theologie, Philosophie und Psychologie zu einem Miteinander führen, das geprägt wäre von gegenseitigem Aufruf und

[338] Stählin, Die Apostelgeschichte, 55.
[339] GW VI,64; Briefwechsel, 466 und 442, u.ö.

Zusage, nicht aber von Grenzstreitigkeiten und Usurpationsgelüsten, als gäbe es nur die beiden Alternativen, daß die Theologie sich an den „Fakten" der Psychologie orientieren müßte oder umgekehrt.

3. *Die Methode*

Wir sahen schon, daß Jung versessen ist auf „Wissen" statt Glauben, auf „Wissenschaftlichkeit" nach dem Modell dessen, was seiner Meinung nach Naturwissenschaft ist, und auf direkte Erfahrung, obwohl er sagen kann: Die „eigentlich unbewußten Vorgänge" sind dem Bewußtsein „nur durch ihre Resultate zugänglich"[340]. Es gibt also nur indirekt Erschließbares. Davon redet die moderne Psychologie in Form von sogenannten Konstrukten. Mit Konstrukten darf man aber nicht umgehen, als wären sie dem direkten Zugriff erreichbare „Tatsachen". Wer mit Konstrukten, deren hypothetische Annahme nötig erscheint, um eine Lücke in einer Theorie zu schließen – was übrigens auch Jung von der „Hypothese des Unbewußten" sagen kann, freilich, um sich dann doch nicht daran zu halten! – so umgeht, als seien es konkrete Dinge, der erliegt dem „Trugschluß der unangebrachten Konkretisierung"[341]. Anders gesagt: Er macht sich der unzulässigen Hypostasierung schuldig; er verwechselt Abstraktes mit Konkretem. Genau dagegen verwehrt sich Jung immer wieder, weil er diesen Fehler nur bei seinen Gegnern, „den Theologen" sehen will, die sich des „peccatum originale", der „ärgsten Sünde", der „Unbewußtheit" (über die Herkunft ihrer Begriffe) schuldig machen.[342] So landet er bei Behauptungen, die immer wieder nur zu verstehen sind, wenn man sich klar macht, daß er Gott und Mensch nicht unterscheidet und dementsprechend auch bei fast allen anderen notwendigen Unterscheidungen Schwierigkeiten bekommt.

[340] GW VIII,150; X,448 und 263.
[341] Whitehead, Wissenschaft, 66 und 58; vgl. dort S. XV (Einleitung von Deuel).
[342] GW X,388; IV,365; XI,493; Briefe II,126; GW XI,96; vgl. auch in den Briefbänden die gesamte Korrespondenz mit Bovet, Buri, Frischknecht, Hostie und anderen.

So sagt er etwa über den Heiligen Geist, er sei zwar „ein Resultat menschlicher Überlegung“ (also ein Konstrukt?), diese Überlegung brauche aber „keinesfalls ein Bewußtseinsakt gewesen zu sein, sondern er (der Heilige Geist) kann ebensogut sein Dasein einer ‚Offenbarung‘, d. h. einer unbewußten Reflexion verdanken, also einer autonomen Leistung des Unbewußten, genauer gesagt des Selbst, von dem wir gesagt haben, daß seine Symbole von Gottesbildern nicht unterschieden werden können.“ Etwas später sagt dann Jung über den Heiligen Geist, seine Hypostasierung entspreche „der Notwendigkeit des primitiven Denkens, eine annähernd abstrakte Vorstellung dadurch zu erzeugen, daß der abzusondernden Eigenschaft“ (hier: der Eigenschaft Gottes, auch Geist sein zu müssen nach der Regel des notwendigen „tertium“, des Dritten, ohne das die Zwei unvollständig ist) „konkrete Sonderexistenz zugedacht wird.“[343]

Jung würde sich mit dem für ihn üblichen Argument verteidigen, er rede stets nur von „Gottesbildern“, nie von Gott selbst, und dementsprechend auch nur von der „Offenbarung“ solcher Bilder, nie von der Offenbarung Gottes selbst. Erst spät mußte er Erich Neumann gegenüber zugeben, daß diese Unterscheidung nicht haltbar ist.[344] Weder er, noch irgendeiner seiner Anhänger hat aber die „Ergebnisse“ seiner Psychologie nun daraufhin, daß sie eben doch an sehr vielen Stellen Pseudotheologie sind – Theologie unter Vermeidung einer wirklichen Begegnung mit dem „lebendigen“ Gott – grundlegend revidiert. Wenn man aber mit Falschgeld umgeht als sei es echt, indem man Konkretes für Abstraktes setzt, oder, mit Heidegger, das Sein selbst oder den Grund des Seins behandelt wie Seiendes, oder mit der Bibel: den Schöpfer unter die Geschöpfe einreiht, dann macht man sich schuldig. Man wird dadurch sogar seelisch krank. Das ist, man höre und staune, die Meinung von keinem anderen als von C. G. Jung. Er lehrt: „Es

343 GW XI,174f., vgl. Erinnerungen, 336.

344 Briefe II,241. Jung beunruhigt die Notwendigkeit seines Eingeständnisses, auf weite Strecken nicht „exakte“ Wissenschaft, sondern Theologie betrieben zu haben, so ähnlich wie einen anderen Menschen der Verlust seines Glaubens berühren würde.

ist eine psychologische Regel, daß ein Archetypus, der seine metaphysische Hypostase verloren hat, mit dem individuellen Bewußtsein identisch wird und dieses in seinem Sinne beeinflußt und umgestaltet." Das Ergebnis davon bezeichne Goethe zurecht als „Übermenschen". „Dieser Typus erstreckt sich in neuester Zeit über Nietzsche weit in die politische Psychologie hinein ... mit all den Folgen, die man von einer derartigen Machtergreifung erwarten kann." Diese „infektiöse Inflation" habe „eine bemerkenswerte moralische und weltanschauliche Unsicherheit erzeugt."[345] Zeigt Jung einen Weg auf zur Überwindung dieser Unsicherheit oder ist er selbst ein Kind dieser Unsicherheit? Die Überwindung verlangt wohl nach Jung die strenge Beachtung des „essentiellen Unterschieds" zwischen Bewußtsein und Unbewußtem.[346] Das klingt gut theologisch und gut philosophisch, denn da ist Unterscheidung die Voraussetzung für eine zu verantwortende Methode. Nun hat aber Freud sich viel intensiver befaßt mit diesem essentiellen Unterschied als Jung. Jung verwischt ihn schon in seiner Methode.

Für ihn ist zwar das Unbewußte irrational, aber, da er glaubt, Gleiches könne nur von Gleichem erkannt werden, verlangt er auch methodischen Irrationalismus, z.B. durch die Forderung, daß jede psychologische Aussage auch umkehrbar sein müsse, also die Forderung der Widerspruchsfreiheit nicht gelte. Jung gelangt auf diese Weise vom „thematischen Irrationalismus" zum „methodischen Irrationalismus". Das Irrationale ist auf jeden Fall eines der wichtigen Themen der Psychologie, denn „Psychisches ist eben die je eigentümliche Verquickung rationaler und irrationaler Faktoren".[347] Man kann aber „sehr wohl das Irrationale mit rationalen Mitteln angehen und sozusagen einkreisen". Auf eine rationale Methode kann aber keine Wissenschaft verzichten.[348]

345 GW XI, §472.

346 GW X, §83. Dort stellt Jung allerdings seine sonst meistens vertretene Auffassung auf den Kopf, indem er plötzlich behauptet: „Kein autonomes Psychisches ist unpersönlich oder sachlich. Das ist eine Kategorie des Bewußtseins." – Vgl. auch V,82; XII, Briefe II,443; Keintzel, C.G. Jung, 287f. Vgl. noch GW XVII,204f.

347 Müller, Irrationalität, 106.

348 Vgl. Wellek, Charakter, 368.

Derselbe Bannkreis oder Irrkreis, in den Jung gerät, indem er behauptet, Irrationales könne nur irrational erfaßt werden – bzw. das Unbewußte, das irrational sei, könne nicht mit Methoden des Bewußtseins verstanden werden –, ist schon vorprogrammiert in seiner Behauptung, bei der Psychologie sei Gegenstand und Methode identisch, es werde nämlich Psychisches durch Psychisches gedeutet. Dieser Zirkel ist nur dann kein circulus vitiosus, also kein Irrkreis, wenn „Psychisches" aufgegliedert wird in voneinander unterschiedene Strukturen, also z. B. „Bewußtsein" und „Unbewußtes" oder erkennendes Subjekt und zu erkennendes Objekt, die dann freilich ihrem Wesen nach beide „psychisch" sein können.[349] Auch Geistiges, Seelisches und Leibliches müßten grundsätzlich voneinander unterschieden werden, damit die Gefahr des Psychologismus gebannt bleibt, der Jung oft und nicht immer zu Unrecht, vorgeworfen wurde. Dem Psychologismus verfällt Jung, indem er behauptet, es gebe keine ausdrücklich nicht-psychische Wirklichkeit, denn auch das „Psychoide", bzw. der „unus mundus" sei zumindest teilweise psychisch, jedenfalls aber Urgrund für alles, was es gibt, und dieser Urgrund sei „reine Natur" und reguliere sich selbst nach derselben Art, wie auch der Körper funktioniere. Sogar auf den Bereich des Religiösen kann Jung die Gesetze der Verdauung anwenden.[350] Im Hinblick auf solche Behauptungen hat wohl Bloch mit seinem beißenden Spott Recht, daß sich hier ein „Naturbauch kollektivierter Libido" auftue, die „nun auch Weltseele heißt".[351] Die Wissenschaftlichkeit der Psychologie geht unter, wenn man ihre grundlegenden Begriffe wie Seele, Psyche, Unbewußtes, Archetypus, Ganzheit, Kompensation usw. ins Unbestimmte und Grenzenlose hinein ausweitet.

Genau das aber ist in der Gegenwart hoch im Kurs. Es drängt sich darum die Vermutung auf, daß das Suchen nach einer Einheitsformel, die alle Wirklichkeit umfaßt, in dem Augenblick geradezu

[349] Vgl. Guitar-Amsterdamer, „Zur Erkenntnispsychologie psychologischer Erkenntnis".

[350] GW VII,257 f; VIII,281; XII,214; u. ö.

[351] Bloch, Hoffnung, 68. G. Bartning ist es wohl kaum gelungen, solche Kritik zu entschärfen.

zur Sucht entartet, wenn der eine Schöpfer, der allem Geschaffenen gegenübersteht und es umschließt, aus dem Blick gerät. Dann drängen sich die „Ismen" vor, wozu neben dem Psychologismus bei Jung auch der Monismus gehört. Er kann auftreten in der Form des Naturalismus: Alles ist letztlich „Natur". Es hat darin Ursprung und Ziel. Dabei ist anzumerken, daß unter der Vokabel „Natur" sehr Verschiedenes verstanden wurde und wird. Der Monismus tritt aber auch als Pan-Energetismus oder Pan-Dynamismus auf: An die Stelle von Freuds Libido-Begriff, der Jung noch zu eng ist, setzt er den Begriff einer allgemeinen seelischen Energie und meint, sogar Gott oder das Gebet energetisch erklären zu können! Wissenschaft ist das nicht mehr, sondern geradezu süchtige Abwehr des bedrohlichen Zerfalls in einzelne Bruchstücke.
Dies scheint auch bei Jean Gebser ein ihm selbst nicht bewußtes Hauptmotiv zu sein.[351a] Für ihn ist, insofern ganz im Gefolge Jungs, die Menschlichkeit bedroht durch rationale und deshalb willkürliche Grenzziehungen. Sie werden überwunden durch „aperspektivisches Denken", das nicht standortunabhängig, aber standortübergreifend sein soll. Gebser ist in gewissem Sinne ein Bindeglied zwischen C. G. Jung und der New-Age-Bewegung, obwohl er vieles bei Jung mißverständlich findet. Methodisch gibt es eine aufschlußreiche Parallele. Jung macht nicht nur das Irrationale und das Mythische zu seinem Hauptthema, sondern auch zur Grundlage seiner Methode. Gebser macht nicht nur das „Aperspektivische", „Diaphane" (das „Durchscheinende, das den Blick auf die Ganzheit freigibt und so die letztgültige Integration alles Getrennten leistet) zu seinem Hauptthema, sondern er verlangt auch methodische Aperspektivität. Beide Male mündet eine sol-

[351a] Es ist wohl nicht nur ein Zufall, daß Gebser, wie auch Freud und Jung, durch exzessives Rauchen ihre Gesundheit untergraben haben. Bei Freud rätselten die Biographen über sein Suchtverhalten. Insoweit als es mit Autoaggression zu tun hat, kann es bei allen drei selbsternannten „Psychologen" damit zusammenhängen, daß sie sich Ziele gesetzt haben, an denen sie scheitern mußten. Da ihnen aber klare ethische Maßstäbe fehlten, fehlte damit auch die Voraussetzung, um mit dem eigenen Scheitern irgendwie fertigzuwerden. Freuds letzter Trost war ein zu seiner Lehre nicht passender Glaube an den Sieg der Vernunft; Jungs Trost der Zen-Buddhismus, der aber nicht sein Leben geprägt und mit sich versöhnt hatte; Gebsers Hoffnung eine utopische „Aperspektivität".

che Methode in einen circulus vitiosus, der zu einer Selbsttäuschung führt und die wissenschaftlich unerläßliche Selbstkritik aufhebt. Das macht Willy Hochkeppel in seiner Kritik an Gebser sehr deutlich. Sie sei hier ausführlich zitiert, weil sie sich mit kleinen Abänderungen auch auf Jung anwenden läßt.

„Es soll nicht bestritten werden, daß Jean Gebser namentlich mit seiner Konzeption der Zeit, die als dynamisierendes, raumüberwindendes und dadurch integrierendes Moment in unserer Gegenwart gewiß ... noch nicht voll bewußt geworden ist, etwas höchst Bedeutsames ... hervorgehoben hat. Die Kritik richtet sich mehr gegen das Verfahren, durch welches Gebser auf Biegen und Brechen Beweise für seine Idee herbeibringen will, ein Verfahren, das sich zu unbekümmert in Analogien gewagtester Art, in Symbolismen, Parallelismen, Anspielungen und prekären Äquivokationen ergeht. Alles soll sich Gebsers Hypothese fügen – und alles fügt sich am Ende auch. Gebser ist solcher Kritik mit dem ärgerlichsten aller Argumente begegnet, das früher ähnlich Psychoanalytiker für ihre Gegner stets zur Hand hatten: Diese Kritik, so argumentiert Gebser, sei eben einem noch im dreidimensionalen, perspektivischen Denken befangenen Bewußtsein entsprungen; denn wer Definitionen verlange, verrate sich schon, denn Definieren heiße ... Zerteilen, Begrenzen, also statisch-rational, perspektivisch denken. Wer also ... noch nicht aperspektivisch denkt, der kann Gebser nicht verstehen und auch nicht widerlegen; wer indes schon aperspektivisch denken gelernt hat – dank Gebser –, der freilich hat keinen Grund, ihn zu widerlegen. Durch solche Kniffe hat Gebsers Theorie, wie so manche andere, die Zeit überdauert. Doch der banalste Einwand gegen solch unwiderlegliche Theorien ist immer noch der treffendste: Bislang hat noch kein Sterblicher, ... – Gebser auch nicht – zeitfrei, aperspektivisch zu denken vermocht. Die neue Bewußtseins-Mutation steht noch aus."[352]

Es bleibt also bei der Notwendigkeit einer rationalen und gerade deshalb auch standpunktabhängigen, „perspektivischen" Metho-

[352] Hochkeppel, Modelle, 165.

de. Nicht haltbar ist ferner die Forderung der Vorurteilslosigkeit, denn kein Forscher kann gleichsam am Nullpunkt einsetzen. Voraussetzungen werden immer gemacht. Sie bestehen in einem – oft naiven – Vorverständnis von dem zu untersuchenden Gegenstand, das dann erst im Laufe der Untersuchung „gereinigt" und bewährt oder verworfen werden kann.

Für Wilhelm Keller ist – um ihn als Beispiel zu nennen – das Vorverständnis, das es zu bewähren gilt, die „Selbsthaftigkeit" des Menschen: „daß der Mensch bei aller seiner Bestimmtheit durch naturhafte Bedingungen in ihm selbst und außer ihm und durch Welt und Mitwelt, sein so bestimmtes Dasein dennoch je selber ‚ist' und zu sein hat. Das kennzeichnet das menschliche Sein im ganzen, aber auch jedes einzelne menschliche Erleben und Verhalten. Denn dieses hat stets ... den Charakter des Eigenvollzugs, wenn auch in unterschiedlichem ... Grade." Das ist „die Voraussetzung, ohne die nichts Menschliches in seiner wahren Realität verstanden werden kann ..."[353] Das ist keine Folgerung aus Einzelbeobachtungen, sondern die Voraussetzung für alle sinnvollen Einzelbeobachtungen. Wenn man so will, dann ist es eine Hypothese. Ohne Hypothesen kommt eine Wissenschaft nicht aus. Diejenige Hypothese ist die beste, die die größte Reichweite hat, die also möglichst viele psychologische Phänomene plausibel erklärt oder deutet, so daß die Deutungen nicht in Widerspruch zueinander treten.[354] Diese Forderung gilt im übrigen auch für die Theologie!

Da ohne jede Grundhypothese, sei sie auch noch so vage, keine Forschung in Gang kommt, muß man mit Albert Wellek sagen: „Wissenschaftliche Methode besteht gerade darin, daß sie die Voraussetzungen angibt, die sie macht, und zugleich voraussetzt, daß jede weitere Voraussetzung entfällt oder irrelevant ist ... Das ist

[353] Keller, Dasein und Freiheit, 230.

[354] Scheibe, Gibt es Erklärungen von Theorien? Vortrag, Zürich 1973. – Scheibe spielt z. Zt. eine wichtige Rolle in der Diskussion des „Karlsruher Gesprächskreises" von Naturwissenschaftlern und Theologen zur Frage einer „Theologie der Natur". Vgl. dazu Müller / Pannenberg, Erwägungen zu einer Theologie der Natur.

die ‚Voraussetzungslosigkeit'. Wenn eine Methode überhaupt Methode sein soll, muß diese Voraussetzung erfüllt sein."[355]
Sie ist es bei Jung nicht. Teilweise gibt er zwar seine Voraussetzungen an, z.B. daß er nicht „glauben", sondern „wissen" will; daß „Ewiges" grundsätzlich nicht wißbar sei, weil unser Verstand nicht ewig sei; daß er sich auf „empirische Tatsachen" beschränke; daß sein Gegenstand „die Seele" sei, usw. Andere Voraussetzungen leugnet er, z.B. daß er ständig Anleihen bei Philosophie und Theologie macht. Die Voraussetzungen, die er angibt, entzieht er aber weithin einer kritischen Prüfung. Außerdem sind sie auch widersprüchlich, z.B. daß Seelisches mit den Methoden der Naturwissenschaft erforscht werden muß, aber geisteswissenschaftlich gedeutet werden muß. Man kann darum als Ergebnis nicht leugnen: Jung ist noch weniger Wissenschaftler als die meisten von ihm angeprangerten Theologen. Und dabei strebt er sogar nach mathematischer Präzision![355a]
Wichtig für eine Wissenschaft ist aber auch die Reichweite ihrer Theorien. Behauptet man z.B., daß jedes Ding mit jedem anderen Ding zusammenhängt, und daß auch jeder Raum jeden anderen Raum und jeder Zeitabschnitt alle zeitliche Dauer „in sich spiegelt", wie das A. N. Whitehead sieht[356], der auch nach universalen Deutungen sucht, und zwar zugegebenerweise spekulativ, aber in der Form von philosophisch durchdachten, rational überprüften Spekulationen – behauptet man dies, dann muß man sich von Gerhard Funke sagen lassen, daß das einfach nicht stimmt.[357] Zumindest müßte man angeben, welcher Art dieser Zusammenhang sein soll. Die Theologie kennt allerdings einen universalen Zusammenhang. Sie begründet ihn damit, daß es nichts gebe, was nicht von Gott geschaffen sei. Nur Gott selbst ist nicht geschaffen, sondern der „Grund des Seins", wie etwa Paul Tillich sagt. Solche Sätze gehören dann zu den Voraussetzungen der Theologie, die sich im einzelnen erst bewähren müssen.

[355] Wellek, Charakter, 103.
[355a] GW VIII, § 440.
[356] Whitehead, Wissenschaft, 92.
[357] Funke, Grenzen, 149f.

„Geschaffenes" ist nun allerdings ein Begriff von größerer Reichweite als etwa „Psychisches". Das beachtet Jung nicht. Er gibt seinen Theorien eine universale Reichweite und überschätzt zugleich ihren Erklärungswert. Damit macht er teilweise Brauchbares wieder unbrauchbar. Wenn z.B. der Organismus selbsttätig ein gestörtes Gleichgewicht wieder herstellt, heißt das noch nicht, daß die Seele das in derselben Weise tut, und noch weniger, daß „Gleichgewicht" auch der höchste moralische Wert ist, und erst recht nicht, daß es auch das kosmische Grundprinzip ist.
Für die Psychologie wurden Theorien mit „mittlerer Reichweite" vorgeschlagen. Nur sie würden den „raum- und zeitbezogenen Wechselfällen" menschlichen Erlebens gerecht.[358] Solche Theorien verlangen aber nach einer Einbettung in Theorien von größerer Reichweite.
Machen wir uns das an einem konkreten Beispiel deutlich. Beobachtung: Der Mensch träumt. Theorie: Der Mensch ist ein Wesen, das träumen und aus Träumen erwachen kann. Weiterführende Frage: Was macht den Menschen sonst noch zum Menschen, außer der Fähigkeit, sich an Träume erinnern zu können, diese als Träume und nicht als Produkte des Wachbewußtseins zu erkennen und sie in Worte zu fassen? Diese Frage verhindert, daß die Traumpsychologie zur Grundlage aller Psychologie gemacht wird, daß also sämtliche Psychologie zur Tiefenpsychologie erklärt wird und die Tiefenpsychologie dann sogar zur letzten, generellen Erklärungsmethode erhoben wird, so daß auch philosophische und theologische Fragen ihre Eigenständigkeit einbüßen – wie das ja bei Jung geschieht.
Das folgende Bekenntnis, das Jung mit siebenundsiebzig Jahren Erich Neumann anvertraut, verrät, daß er auch methodisch gescheitert ist. Die von ihm behauptete Einheit von Leben und Denken in seinem Werk, die Empirie als Richtschnur aller Psychologie und die empirisch begründete und erlebte Ganzheit und Einheit alles Seienden zerbrechen ihm auf grausame Weise. Die Kluft zwischen Denken und Fühlen, unter der er als psychotisch Ge-

[358] Ackerman, Familientherapie, 560; vgl. Keintzel, C.G. Jung, 30f.

fährdeter lebenslang litt, tut sich wieder vor ihm auf. Auch seine erotischen und sexuellen Erlebnisse, die er wegen seiner Gespaltenheit offensichtlich brauchte, konnten ihm nicht helfen, das Ziel der Individuation zu erreichen und von da her über Individuation gültige Aussagen zu machen. Jung bekennt: „Ich treibe keine Religionsphilosophie, sondern ich bin ergriffen, beinah erschlagen, und wehre mich nach Kräften. Nichts von der Gnosis und den Midraschim gehört hinein, denn nichts davon ist drin. Mit purushaatman und mit dem Tao hat bloß meine Erkenntnis zu tun, aber nicht meine lebendige Ergriffenheit. Sie ist lokal, barbarisch, infantil und abgründig unwissenschaftlich."[359]

Nun hilft aber gerade diese Unwissenschaftlichkeit dem Lebenswerk Jungs zum Überleben. Nur dann, wenn man ihn mit wissenschaftlicher Strenge jeweils beim Wort nimmt, stürzt sein ganzes Thesengebäude in sich zusammen. Nimmt man aber sein Lebenswerk als Rohmaterial für noch ausstehende Deutungen und Nachprüfungen, dann wird man auf vieles doch nicht verzichten wollen.

Trotzdem hätte Jung es seinen Nachfahren leichter machen können, wenn er auf den Anspruch, empirisch erwiesene Tatsachen zu liefern, verzichtet hätte, und statt dessen Aphorismen eines ruhelos Suchenden und aufgewühlt Träumenden angeboten hätte.

Von so verschiedener Seite wie von Hegel und von Oetinger hätte er sich warnen lassen müssen. Hegel war davon überzeugt, „daß die Anwendung eines Werkzeugs auf eine (bestimmte) Sache sie nicht läßt, wie sie für sich ist, sondern eine Formierung und Veränderung mit ihr vornimmt."[360] Wendet man diese Einsicht auf die Psychologie an – aber genau so auch auf die Theologie! –, dann ergibt sich, daß beide ohne „Werkzeug" gar nicht auskommen. Ihr wichtigstes Werkzeug ist die Sprache – und welche Entscheidungen bereits hier fallen, versuchte ich im vorigen Kapitel anzudeuten.

Es gibt auch eine bestimmte Logik, die implizit in jeder Sprache mit enthalten ist. Freud wollte, wohl um den Traum davon freizu-

[359] Briefe II,241.
[360] Hegel, Phänomenologie, 63.

halten, vermeiden, daß seine Patienten Träume aufschrieben. Sie sollten sie möglichst spontan und nicht etwa druckreif ausformuliert erzählen. Und doch läßt sich auch auf diese Weise der Einfluß der Sprache nicht ausschalten. Besonders eindrucksvoll sind in dieser Beziehung Träume von Menschen, die zweisprachig aufgewachsen sind oder im Begriff sind, ihre Alltagssprache zu wechseln. Bei ihnen kommen oft ganz bestimmte Themen oder Vorstellungen in der einen, andere dagegen in der anderen Sprache vor.

Bei Jung, in seinen Träumen und seinem Denken, ist ein solcher Unterschied zwar nicht ausgeprägt, aber diese Beobachtung wird sofort zu einer zentralen Entdeckung für das Verständnis seiner „Psychologie", wenn man sich deutlich macht, daß der Unterschied zwischen dem träumenden und dem wachen Wahrnehmen und Denken vergleichbar ist dem Unterschied zwischen zwei verschiedenen Sprachen mit ihren je verschiedenen Möglichkeiten und Grenzen. Bei Freud entspricht dem seine Unterscheidung zwischen dem „Primärvorgang" und dem „Sekundärvorgang". Im Primärvorgang sind die einzelnen Elemente in oft unlogisch anmutender Weise verknüpft durch Emotionen, bzw. durch das „Lustprinzip", im Sekundärvorgang dagegen durch die uns geläufigen logischen Schlußfolgerungen und durch das „Realitätsprinzip". An der „Logik" des Primärvorgangs gemessen, muß der Sekundärvorgang unlogisch erscheinen.

Ich wage nun die These aufzustellen, daß bei Jung vieles schlagartig verständlich wird, wenn man davon ausgeht, daß sein Denken am Primärvorgang orientiert war, fälschlicherweise aber dem Sekundärvorgang – und zwar in seiner extremen Ausformung in Mathematik und Physik – gleichgesetzt wurde.

Und da kommt nun der andere tiefsinnige Beobachter der Tücken unseres Denkens und Träumens ins Spiel, Friedrich Christoph Oetinger. Er kam in Auseinandersetzung mit dem auch von Jung öfters zitierten „Geisterseher" Emmanuel Swedenborg zu dem Schluß, daß „das Korn der himmlischen Offenbarung immer auf dem Halm der menschlichen Vorstellung" wächst.[361] Daran än-

[361] Zitiert nach Benz, Swedenborg, 306. Vgl. dazu Keintzel, C.G. Jung, 335, Anm. 19.

dert sich auch dann grundsätzlich nichts, wenn man anstelle von „himmlischer Offenbarung" „Offenbarung aus dem Unbewußten" setzt. Jung konnte ja ausdrücklich feststellen, daß seine Begriffe „sub specie imaginationis" entstanden sind (vgl. Anm. 328). Seine Psychologie ist darum eine „imaginative Psychologie". Sie ist, genau besehen, weder „Tiefenpsychologie" noch „Komplexpsychologie" oder „Analytische Psychologie", es sei denn, man wolle behaupten, daß Tiefe, Komplexität und Analyse nur auf dem Wege der Imagination erreichbar wären. Sie ist aber auch nicht Psychologie der Imagination, denn sie macht die Imagination nicht zu ihrem Gegenstand, sondern zu ihrer Methode.

B Theologische Kritik

Vorbemerkung

Es mag überraschen, daß wichtige Themen wie: das Unbewußte, die Menschlichkeit des Menschen, Dialektik, Gewissen, Gott, Mythologie und anderes mehr, erst hier erscheinen, obwohl sie auch etwa in die philosophische Anthropologie gehören. Das geschieht nicht nur aus Raumgründen. Es ist ja vieles in der Psychologie und der Philosophie genauer besehen Theologie. Es ist, mit Karl Rahner gesprochen, „anonymes Christentum" – ein Begriff, der freilich mißverständlich ist. Man kann hier auch an Viktor E. Frankls „unbewußten Gott" denken, obwohl auch Frankl gegenüber Fragen angebracht sind. Er beruft sich auf Paul Tillich, wenn er sagt: „Religiös zu sein heißt, leidenschaftlich die Frage nach dem Sinn unserer Existenz zu stellen."[362] Tillich fügt an der zitierten Stelle noch hinzu, daß dazu auch gehört: das Offensein für Antworten, „auch wenn sie uns tief erschüttern". Das sei „Religion als Tiefendimension".

[362] Tillich, Gesammelte Werke V,44.

So gesehen war Jung areligiös. So gesehen wird aber unsere ganze westliche Zivilisation religions-unfähig, sofern etwa die Deutung von L. Chr. Lash richtig sein sollte, daß sie eine „Culture of Narcissism" ist[363] – eine Kultur der Ichbezogenheit und Ichverliebtheit. Andere Zeitkritiker sprechen vom Untergang der Subjektivität in der modernen Gesellschaft und von der Zunahme schizoider Kontaktstörungen.[364] Das leidenschaftliche Fragen und das Offensein für Antworten, auch wenn sie uns tief erschüttern, ist in einer Kultur der narzißtischen Fixierung auf „Selbsterfahrung", „Selbstwerdung", „Selbstverwirklichung" kaum mehr möglich. Als Index dafür mag auch die Definition von „Gesundheit" als „Zustand vollkommenen körperlichen, geistigen und sozialen Wohlergehens" durch die Welt-Gesundheits-Organisation (WHO) angeführt werden. Wer sich auf diese Weise „gesund" fühlt, der wird keine leidenschaftlichen Fragen mehr stellen. Aber auch der Schizoide und der Schizophrene werden das nicht tun. Jedenfalls tut es Jung nicht, selbst dort, wo er in höchster Erregung sein Buch über eine der leidenschaftlichsten Dichtungen der Weltliteratur schreibt, über das Hiob-Buch des Alten Testaments. Leidenschaft und Ergriffenheit wehrt er gerade dort ab durch uferlose Spekulationen mit einem unverhohlen zynischen Unterton. Darüber gleich noch mehr. Zurecht bemerkt der wirklich betroffene, leidenschaftlich aufgewühlte Walter Nigg in seiner Deutung des Hiob-Buches: „Von C. G. Jungs Idee der Quaternität, wonach die Trinitätslehre eine Ausformung einer vierten Macht des Bösen erfordert, ist" (im Hiob-Buch) „keine Spur vorhanden; sie ist auch nur einem geistreichen, spielerischen Einfall gleichzusetzen. Jedenfalls ahnen solche unernste Vorschläge nichts vom Schrecken des Satanischen."[365] Gerade wenn man Religion „undogmatisch" und sehr allgemein definiert als leidenschaftliches Ergriffensein von der Frage nach dem Sinn, dann wird deutlich, daß Jung sich

363 Lash, The Culture of Narcissism.
364 Vgl. Lacombe, Déclin de l'individualisme. Vgl. auch die Untersuchungen von R.D. Laing, J. Habermas, A. Lorenzer, H. Jonas und sehr vielen anderen Autoren, insbesondere der Frankfurter Schule.
365 Nigg, Drei große Zeichen, 117.

genau gegen diese Ergriffenheit geschützt hat durch Intellektualisierung, Psychologisierung und einen fast zum Lebensinhalt gewordenen Kampf gegen Theologen und andere angeblich Unbelehrbare. Erschreckend ist z.B. sein Rat zum Selbstmord an den jüdischen Rechtsanwalt Wladimir Rosenbaum, nachdem dieser gesellschaftlich in der Schweiz geächtet war. 1937 verabschiedete er ihn am Gartentor seines Hauses in Bolligen (wohin er sich u.a. mit Toni Wolff zurückzuziehen pflegte) mit den Worten: „Auch das verwundete Tier verkriecht sich, um zu verenden."[366] Hier ist auch von jener Religiosität, die, wenn schon nichts anderes, dann doch noch „Ehrfurcht vor dem Leben" ist, nichts, aber auch gar nichts mehr zu spüren.

Wer aber ist dann wirklich religiös? Leidenschaftliches Fragen und Offensein auch für unerwartete und unbequeme Antworten, die das Leben bis in seine Tiefe ergreifen und verändern – das setzt eine außerordentlich gute Gesundheit voraus, ja es kann geradezu als Kennzeichen von Gesundheit gelten. Ist aber Religion nur eine Sache der „Gesunden"? Jesus rief gerade (auch) die „Mühseligen und Beladenen" (Mt 11,28) zu sich, die, die des Arztes bedürfen (Lk 5,31), wobei freilich alle zu diesen Bedürftigen gehören, aber viele wollen es nicht wissen; sie „verdrängen" es, psychoanalytisch ausgedrückt. Sie halten die „Weisheit der Welt" für gewichtiger als die „göttliche Weisheit", die sie unterdrücken, indem sie die Weltweisheit obenauf setzen (vgl. 1 Kor 1). Dasselbe tun sie mit der Zeichensucht der Juden (modern gesprochen: der Vergötzung der „Empirie"). Und eben dies, dieses falsche Gewichten und dadurch Verdrängen des eigentlich Gewichtigeren, anders gesagt: das Vertauschen von Bedingtem und uns unbedingt Angehendem, von Relativem und „Absolutem", eben dies entspricht der Vorstellung der Verdrängung, die bei Freud ursprünglich als „Gegenbesetzung" definiert wird.

Nur muß sofort auch erläutert werden, daß Jesus eigentlich doch nicht die Menschen einteilt in „Gesunde" und „Kranke", „Starke" und „Schwache", „Gerechte" und „Sünder", Bedürftige und Nicht-

[366] So berichtet von Peter Kamber, Geschichte zweier Leben.

Bedürftige, „geistlich Arme“ und geistlich Reiche (vgl. Mt 5,3) usw. Vielmehr sind alle Menschen ausnahmslos bedürftig vor Gott, aber viele wissen es nicht – oder wollen es nicht wissen (?). Sie könnten es aber wissen. Eben darum redet Jesus davon und schweigt sich nicht aus.

Was also ist Religion? Gott nötig haben, das ist Religion – so könnte man im Anschluß an Augustinus formulieren. Das aber ist eine Religion, die ihr Zentrum nicht im „Numinosen“ hat, auch wenn sie Numinoses mit einschließt. Ihr Zentrum aber hat sie in der Begegnung mit Gott, im Leben vor Gott, das nicht ohne weiteres und nicht ohne schwerwiegende Konsequenzen umformuliert werden kann zu einem Leben vor dem „Unbewußten“.[367]

Christliche bzw. biblische Religion wird darum auch ein „Unbewußtes“ „entdecken“, dessen bestimmendes Merkmal nicht das Numinose ist, sondern Furcht, die schon im Augenblick ihres Erlebens umfangen ist von Geborgenheit, und das heißt auch, Gnade, die der Schuld zuvorkommt.[368]

Aber kann so etwas auch der „kranke“ Mensch entdecken und nachvollziehen? Und wenn nicht, wie können wir ihm helfen, „Unbewußtes“ bewußt zu machen und so das Evangelium zu entdecken?

[367] Briefe II,75.

[368] Wenn Gerhard Ebeling seiner ersten großen Arbeit den Titel gab: „Evangelische Evangelienauslegung“, dann bedeutete das, daß die Evangelien durchaus auch nicht-evangelisch ausgelegt werden können, was dann aber unsachgemäß wäre. Um zu zeigen, was sachgemäß ist, brauchte Ebeling 1942 539 Buchseiten –und nachher ein Lebenswerk. Ich fürchte, es wäre ein ebenso großer Einsatz nötig für ein Projekt, das man nennen könnte: „Evangelische Traumauslegung“. Es müßte dann an sehr vielen Beispielen aufgezeigt werden, daß Träume, mehr oder weniger direkt und oft sehr indirekt, in die Tiefe der Menschlichkeit deuten und daß der Mensch ein, bewußt oder meistens unbewußt, sich nach dem Evangelium sehnendes und von ihm lebendes Wesen ist. Es müßte behutsam und so sachlich wie möglich aufgezeigt werden, daß Traumdeutungen, die nicht offen bleiben auf diese Tiefe hin, weniger befriedigend und vom Traumtext her weniger plausibel sind, dann, wenn man nicht, wie das z.B. G.M. Martin tut (Traumdeutung, 119) „subjektnahe“ und „objektiv“ theologische Deutung gegeneinander ausspielt. Mein Aufsatz über biblische Motive in Träumen war nur ein erster Anfang. Seither sind mir noch eine Fülle von Beispielen für verdeckte evangelische Motive in Träumen begegnet. Sie scheinen zu bestätigen, daß Karl Rahner sehr sensibel war für ein höchst aktuelles Thema, als er seine These vom „anonymen Christen-

Das ist, zumindest für mich, der Stachel im „Fleisch" der Theologen, den wir Jung – und noch deutlicher Freud – verdanken und gegen den „auszuschlagen" (vgl. Apg 9,5) schwer fällt, und zwar nicht nur wegen der gebotenen intellektuellen Redlichkeit, sondern auch deshalb, weil sonst Nächstenliebe zur Phrase wird. Man braucht schon ein sehr hohes Maß an Nächstenliebe und Geduld, um nun seinerseits auch solche, man möchte schon sagen an Supergesunde und Superkluge gerichtete, Interpretationen des christlichen Glaubens zu lieben, wie sie etwa Friedemann Greiner in seiner Nachzeichnung der transzendentalen Grundlegung der Theologie bei Karl Rahner gibt mit dem falsche Hoffnungen erweckenden Titel: „Die Menschlichkeit der Offenbarung".

Jung liebte gerade Bücher solcher Art nicht, er haßte sie und meinte, alle Theologie sei kopflastig und reine „Bewußtseinstheologie" – was bei näherem Hinsehen freilich auch auf Rahner nur bedingt zutrifft. Sollen wir nun Jung seinerseits deshalb hassen oder ihm für seinen Haß sogar dankbar sein?

Will man Jung Mangel an Takt und Güte vorwerfen, wie dies unter anderen Sandor Ferenczi Freud vorwarf, dann findet man dafür eine erdrückend große Zahl an Belegen, gerade auch in seinem autobiographischen Buch. Interessanterweise ist einmal Max Horkheimer diesem Argument entgegengetreten. Auf diese Weise,

tum" formulierte, nur könnte man von der noch zu entwerfenden Traumtheologie her besser sagen: „chiffriertes" und „symbolisiertes" Christentum. Vielleicht können viele Zeitgenossen mit ihrem „unbewußten" Glauben genau so wenig umgehen, wie jeder von uns in der Regel mit seinen eigenen Träumen umgehen kann. Er braucht für die Träume – und warum nicht auch für den Glauben – einen anderen. – Einer „evangelischen Traumauslegung" wird derselbe kalte Wind und der Vorwurf der Arroganz entgegenwehen, dem sich Karl Rahner ausgesetzt hat. Zur Versachlichung der Diskussion wäre es dann nötig aufzuzeigen, daß jede – ausnahmslos jede – Traumauslegung auf dem Hintergrund eines schon vorher vorhandenen Menschenbildes geschieht und niemals davon völlig abzulösen ist. Und es wäre dann aufzuzeigen, daß das evangelische Menschenbild Tiefen des Menschseins berührt, die sonst so kaum berührt werden. Dabei ist der Name „evangelisch" dann auch wieder völlig unwichtig. Wichtig ist die Sache: das „Humanum", das, was den Menschen zum Menschen, zu dem auf Vergebung und „Ewigkeit" hin und davon her lebenden Wesen macht. Damit, mit dieser „zuvorkommenden Gnade", kommt in sein Leben auch ein dialektisches Moment, das einen Schlüssel bietet zu all jenen Paradoxien in Träumen und im „Unbewußten", an denen Jung gescheitert ist.

meinte er, gehe der vom Haß geschärfte Blick auf das Bestehende verloren. Man solle auch nicht mit zu vielen Leuten auf gutem Fuß stehen wollen.[369]

Nun schärft aber Haß nicht nur den kritischen Blick auf das Bestehende, sondern er bestimmt das Ergebnis der Analysen auch inhaltlich. Zu den zahlreichen Zeugen, die erkannt haben, daß auch dem scheinbar objektivsten Erkennen und Diagnostizieren von Symptomen oder Phänomenen eine ganz bestimmte Interaktion bzw. eine spezifische Begegnungssituation (als „Entdeckungshorizont") vorangeht, zählt auch Ronald D. Laing. „Symptome . . . sehen, ist kein neutrales Sehen", sagt er.[370] Dieses Sehen verlangt nach einem „Verstehen der existentiellen Position des Patienten"[371] – eben das, was Jung von seinem naturwissenschaftlich-empirizistischen Ansatz her weithin verschlossen blieb. Für dieses existentielle Verstehen könnte man aber nach Laing auch „Liebe sagen".[372]

Da nun aber das sogenannte Unbewußte seine „Entdeckung" in seiner „tiefenpsychologischen" Dimension dem Arzt-Patient-Verhältnis verdankt – und zwar dem von vermeintlicher Objektivität geprägten Gegenüber des Forschers und Helfers und des „Laien" und Hilfsbedürftigen – einem Verhältnis, in dessen Rahmen „Symptome" beobachtet und dann auf die verborgene Existenz eines sogenannten Unbewußten hin gedeutet werden, müßte eine grundsätzlich andere Art von Begegnung, die der Gemeinschaft der Betenden, Glaubenden und Liebenden, eine andere Art von Unbewußtem „entdecken".

Daraus ergibt sich die Aufgabe einer Theologie des Unbewußten, die, so weit ich sehe, noch nirgends bewußt in Angriff genommen wurde. Sie wäre Voraussetzung für eine Wertung von C. G. Jung, die noch weiter führt, als es dieser Arbeit möglich ist.

[369] Nach Wiggershaus, Die Frankfurter Schule, 298.
[370] Laing, Das geteilte Selbst, 37.
[371] Ebd., 41.
[372] Ebd.

Gerhard Ebeling fragt: „Wie kann in einer Zeit, die religiöser Sprache und religiöser Lebenserfahrung weithin entfremdet ist, das dennoch stets präsente, wiewohl verdrängte oder entstellte Gottesverhältnis wieder Sprache gewinnen? Wie kann sich die Wirklichkeit des Gottesverhältnisses an der Lebenserfahrung bewahrheiten?"[373]

Wie ist dieses Gottesverhältnis „dennoch stets präsent"? Ist es latent präsent? Vorbewußt? Unbewußt? Bedeutet dann „bewahrheiten" bewußt machen? Eine solche Gleichsetzung würde voraussetzen, daß hier das, was unbewußt ist oder geworden ist, eben das Gottesverhältnis, der Wahrheit und der Tiefe der menschlichen Existenz entspricht, nie aber unwahr ist. Hier ist nun entscheidend zu beachten, daß das Gottesverhältnis nicht identisch ist mit „dem Unbewußten", sondern daß dieses Gottesverhältnis allenfalls unbewußt sein kann (eine Möglichkeit, mit der nicht erst Viktor E. Frankl oder Karl Rahner rechneten, sondern auch Martin Luther mit seiner kühnen Behauptung, daß manche Menschen den rechten Glauben haben, es aber nicht wissen), daß es aber nicht der einzige „Inhalt" eines irgendwie gefäßmäßig vorgestellten „Unbewußten" ist. Hätte Jung diese Unterscheidung streng beachtet, hätte er schon sprachlich sauber unterschieden zwischen „unbewußt" als Eigenschaft und „dem Unbewußten" als Gegenstand, dann hätte die bei ihm mit zunehmender Distanz von Freud sich allmählich einschleichende Theologisierung und Deifizierung „des Unbewußten" vermieden werden können.

Das Programm Ebelings lautet also: die moderne Lebenserfahrung (und damit auch die gesamte Psychologie) nicht verleugnen und gerade so das scheinbar unmoderne Gottesverhältnis wiedergewinnen. Damit verwandt scheint das Programm Wilhelm Kellers zu sein: „Auf dem Rückweg zum Bewußtsein"[374]. Er will „die Ergebnisse der Tiefenpsychologie" nicht preisgeben. „Aber ihre theoretische Fruchtbarkeit vermögen sie erst zu entfalten, wenn

[373] In: Zeitschr. f. Theologie und Kirche, 1976, 258.
[374] Keller, Dasein und Freiheit, 247-274.

es gelingt, die dogmatischen Theorien zu sprengen und die Einsichten umzusetzen in eine konkrete Psychologie, in der das menschliche Leben in seiner Realität als selbsthaftes Dasein der Persönlichkeit gefaßt wird."[375]
Nun ist allerdings genau diese Selbsthaftigkeit in unserer Zeit akut gefährdet, wenn nicht gar dem Untergang geweiht, wie Soziologen und Philosophen verschiedenster Richtungen, aber auch Psychiater wie Laing, meinen nachweisen zu können. Gegen diese Gefahr gibt es aber nach Laing kein anderes Mittel, als eben diese Selbsthaftigkeit wieder zu finden und zu schützen. Sie lebt von der Begegnung zweier gesunder Menschen, die ganz einfach dies bedeutet: „Ich erkenne den anderen als die Person, für die er sich selbst hält. Er erkennt mich als die Person, für die ich mich halte."[376]
Die Furcht der Schizophrenen dem gegenüber ist nicht nur ihre Furcht, sondern die Urangst des „modernen" Menschen. Es ist „die Furcht vor der Möglichkeit, sich zu verwandeln oder verwandelt zu werden von einer lebenden Person in ein totes Ding, in einen Stein, in einen Roboter, einen Automaten ohne personale Autonomie der Aktion, in ein Es ohne Subjektivität ... Der Akt, jemanden zu einem Ding zu machen, ist für diesen tatsächlich versteinernd. Sich als ein ‚Es' behandelt zu sehen, läßt seine eigene Subjektivität von ihm abfließen wie Blut vom Gesicht." Man kann dann nur noch eine nicht selbst gewählte Rolle spielen „innerhalb einer großen Maschine"[377].
Hat denn Jung diese Furcht überhaupt nicht gekannt? Wieso kann er denn ohne einen Aufschrei der Betroffenheit das Ich zu einem Popanz erklären, einem Clown, der nur machen kann, was „das Unbewußte" ihm vorschreibt? Nach allem, was wir wissen, kannte er diese Furcht sogar in einem so unerträglichen Maße, daß er sich nur retten konnte durch „Identifikation mit dem Aggressor" – wie die Psychoanalyse sagt –, oder, indem er aus der Not eine Tugend machte, wie es die Alltagssprache sagt. Und auf ähnliche

[375] Ebd., 69.
[376] Laing, Das geteilte Selbst, 43.
[377] Ebd., 56f.

Weise muß man wohl auch seine offensichtliche Identifikation mit dem Bösen durch „Integration" des Bösen verstehen.
Unterläßt man hier das Unterscheiden, das, wie wir gesehen haben, nicht nur die unerläßliche Bedingung für jede zu verantwortende Theologie, sondern auch für jede Psychologie und Philosophie ist, dann hat man von Anfang an verspielt. Wähle ich als „intentionalen Ausgangsakt" den Menschen als einen Organismus, dann bekomme ich biochemische und physiologische oder genetische Prozesse zu Gesicht, nicht aber die Wünsche, Ängste, Hoffnungen und Verzweiflungen eines bestimmten, unverwechselbaren Menschen.[378] Aber nur sie führen in die wirkliche „Tiefe" der menschlichen Existenz. Daß in eindrucksvoller Weise Martin Luther[379], aber längst nicht nur er, und natürlich auch alle biblischen Zeugen, hier und nicht bei irgendeinem eshaften „Unbewußten" „Tiefe" suchten und fanden, mag als theologisches Vorurteil von manchen „Tiefenpsychologen" abgetan werden. Daß aber auch Psychologen wie Albert Wellek „Tiefe" suchen im Bereich des „Gemüts" und des „Gewissens" und daß auch Lersch und Pfänder Tiefe und Echtheit in enge Beziehung zueinander setzten, muß auch den Antitheologen zu denken geben.[380]
Diese Tiefe wird man freilich gar nicht entdecken können, wenn man als Ausgangspunkt den Menschen als Organismus wählt, der „empirisch-naturwissenschaftlich" zu erforschen ist. Von einem solchen Ausgangspunkt zum Wesenskern der menschlichen Existenz zu gelangen, ist nach Laing so widersinnig und hoffnungslos, wie „mit kochendem Wasser Eis herzustellen."[381]
Menschen, die „sich selbst als Automaten, als Roboter, als Maschinenteile oder ... als Tiere erfahren ... werden mit Recht als verrückt angesehen. Warum aber betrachten wir nicht eine Theorie, die Personen in Automaten oder Tiere zu transmutieren sucht, als ebenso verrückt?"[382]

[378] Ebd., 25f.
[379] Vgl. Joest, Ontologie der Person bei Luther – ein Buch, das überreich an Anregungen ist für eine „Theologie des Unbewußten".
[380] Wellek, Polarität, 90f., u.ö.
[381] Laing, Das geteilte Selbst, 28.
[382] Ebd., 27.

Jungs Psychologie – eine verrückte Theorie? Sein „kollektives Unbewußtes" – so sehr vom wirklichen Menschen und der Tiefe seines Lebens und Erlebens geschieden wie kochendes Wasser von Eis? Das klingt erschreckend hart. Aber eine „Theologie des Unbewußten" muß zweifellos durch dieses „Nadelöhr" der Erkenntnis hindurchgegangen sein, um dann vielleicht doch eine Synthese zu finden.[383] Als erster Schritt wäre darum möglichst deutlich herauszuarbeiten, wie ein „Unbewußtes", das sich dem medizinisch-diagnostischen Beobachten des Arztes und der organmedizinisch geprägten Vorstellung von „gesund" und „krank" verdankt, sich unterscheidet von einem „Unbewußten", das erlebbar und wißbar wird innerhalb des Schutzraums, Spielraums und Wirkraums[384] des fürbittenden und der Vergebung Raum schaffenden christlichen Miteinander. Und davon noch einmal zu unterscheiden wäre das, was „coram deo" – vor Gott und nur vor ihm – aufleuchtet. Ich schlage vor, es das Verborgene zu nennen, um es nicht mit dem Unbewußten zu verwechseln und irrigerweise zu glauben, es sei mit rein psychologischen Mitteln erschließbar.

Was ich mit „dem Verborgenen" meine, das nur vor Gott und von Gott her offenbar werden kann, ist nicht identisch mit dem „Überbewußten" oder dem „geistigen Unbewußten" von Catalan und vielen anderen Autoren.[385] Noch viel weniger ist jenes „Überbewußtsein" gemeint, das Ryborz, Satprem und die große Schar der Bewußtseinserweiterer, Esoteriker und modernen Gurus propagieren und finanziell ausbeuten. Die Annahme eines Überbewußten ist meines Erachtens unvermeidlich, allein schon,

[383] Theologen machen es sich oft zu einfach, wenn sie Natur und Geist, oder Leib und Seele, oder Prozeß und Akt, oder wie auch immer man die Gegensätze benennt, als „Geschaffenes" zu einer Einheit zusammenfassen. Es wäre da schon nötig, sich einzulassen auf die komplexen Zusammenhänge, wie sie etwa der Philosoph Heiner Hastedt analysiert. Davon aber scheint die gegenwärtige Theologie noch weit entfernt zu sein. Ohne solche Vorarbeit ist jedoch jede „Integration" „tiefenpsychologischer Ergebnisse" in die Theologie leichtfertig.

[384] Das sind theologisch sehr fruchtbare Begriffe, die Ernst Steinbach verwendet.

[385] Für weitere Angaben verweise ich auf meinen Beitrag in: Die Psychologie des 20. Jahrhunderts, Bd. 15, 146–157.

um der tiefenpsychologischen Verzerrung zu begegnen, die in der „Hypertrophie der niederen Geistesformen im Menschen auf Kosten der höheren“ gegeben ist – wie es Hans Sedlmayr ausdrückt.[386] Das „Höhere“ ist aber kein spezifisch christlich-theologischer Ausdruck, während ich das „Verborgene“ als einen solchen Ausdruck verstehe.

Was ist nun aber das „Unbewußte“ in seinem ursprünglichen Sinn? Was muß man auf jeden Fall beachten, wenn man einen solchen Begriff verstehen will, und was kann dann noch evtl. hinzukommen? Welches ist der unerläßliche Ermöglichungsgrund von allen nur möglichen Begriffen von Unbewußtem? Davon spricht Richard Hönigswald deutlicher als viele andere Autoren. Er stellt fest: „Nicht ‚ich‘ vermag von einem zu meiner Erlebnissphäre gehörigen Gebilde zu sagen, es sei unbewußt – oder ich vermag es doch nur, sofern ‚ich‘ ‚mir selbst‘ als psychologischer Beurteiler gegenübertrete ... Das Unbewußte verweist mithin auf sein notwendiges Korrelat, auf den ‚anderen‘. Es ist also methodologisch genommen eine Art, ‚meinen‘ Erlebnissen auf dem Umweg über den ‚andern‘ Eindeutigkeit zu sichern.‘ Die ‚okkulte‘ Qualität des Unbewußten, wonach dieses „ein unbestimmtes substantielles ‚Etwas‘ sei, das da an einem unangebbaren Ort ‚ist‘ und auf unangebbare Weise ‚wirkt‘“, muß aufgegeben werden zugunsten der „relationstheoretischen Einsicht, daß das Unbewußte eine methodologisch wohlcharakterisierte Form psychologischer Feststellung bedeute. Es verliert den mystischen Zauber, der es umgibt, um dagegen den höheren Zauber einer analytisch klar gestellten Aufgabe einzutauschen.“[387]

Unschwer ist daraus abzuleiten, daß für die Erforschung von Unbewußtem Begegnungsphilosophie, Soziologie und Ethik (in der Form der Frage, wie weit ich dem anderen vertrauen kann und er wie ich die Wahrheit sucht), aber auch Diakonie, Seelsorge, Beichte, theologische Anthropologie und gelebter Glaube wichtiger sind als Mythenforschung und vieles andere, womit Jung allzuviel Zeit vertan hat.

[386] Sedlmayr, Verlust der Mitte, 128.
[387] Hönigswald, Denkpsychologie, 160ff.

In diesem Rahmen begegnet dann allerdings doch auch so etwas wie ein Unbewußtes als eine Struktur mit einer vom Bewußtsein abgehobenen eigenen Prägung und einer ebensolchen eigenen Dynamik, so daß man, mit aller Vorsicht und im Wissen, daß man damit nur eine Metapher (eine Bildrede) gebraucht, von seiner „Energetik" reden kann. Sie ist aber nicht in sich selbst eindeutig. Sie ist das nicht einmal insofern, als man behaupten könnte, das Unbewußte sei „jenseits von Gut und Böse". Eine solche Behauptung würde es in unzulässiger Weise objektivieren. Sie würde es abtrennen von seinem Nährboden, der Begegnung von Ich und Du, die auch dann stattfindet, wenn ich zu mir selbst „Du" sage. Daß ich das kann, daß ich mich mir selbst bewußt machen kann, das ist das Kernproblem auch der Tiefenpsychologie, und darum könnten sich etwa bei Edmund Husserl, der sich mit diesem Kernproblem befaßt hat, mehr präzise Anregungen für die von Husserl so genannte ursprüngliche „Vergesellschaftung" des Ich und damit auch für die „Tiefenpsychologie" und das Unbewußte finden, als in den ermüdenden und weitschweifigen Spekulationen und Kontaminationen Jungs mit ihren Grenzüberschreitungen, gegen die er sich zu unrecht verwehrt.

Wer bin ich? Der, der am Tag handelt und sich seiner selbst und seines Lebens bewußt ist bis zurück zu seinem Geburtsdatum? Oder der, der träumt und träumend Distanz von der Welt des Tages bekommt, die im Wachen zu aufdringlich ist und ihn darum durch ihre Nähe blind macht? Oder bin ich noch einmal ein anderer? Der, den Gott allein kennt bis in die tiefste Tiefe? „Wer bin ich?" – so fragt auch Dietrich Bonhoeffer in einem berühmt gewordenen Gedicht, und er kommt zum Schluß: „Einsames Fragen treibt mit mir Spott. Wer ich auch bin, du kennst mich, dein bin ich, o Gott!"

Das ist kein Ersatz für Tiefenpsychologie, und es schließt eigenständige psychologische Forschung auch nicht aus – wie das leider Bonhoeffer und seine Anhänger denken –, aber es ist notwendiger Rahmen, Grenze und Hintergrund aller Tiefenpsychologie. Würde jemand einwenden, das Bekenntnis Bonhoeffers, daß die unruhige Frage, wer ich bin, nur vor Gott zur Ruhe kommt, weil mein Leben „mit Christus verborgen ist in Gott" (Kol 3,3), sei ein „lediglich" subjektives und darum nicht wissenschaftlich-psychologisch gültiges Bekenntnis, dann ist mit Laing die auf den ersten Blick verblüffende Frage zu stellen, warum denn so gut wie nie etwas als „lediglich" objektiv bezeichnet wird, obwohl die aus der (früheren) Naturwissenschaft entliehene „Objektivität" die menschliche Existenz lediglich in verkürzter und verzerrter Form erfassen kann.[388] Und es müßte endlich einmal auch deutlich gesagt werden, daß es ein hartnäckiges Vorurteil ist zu glauben, ein gebildeter Mensch könne sich nur einen unpersönlichen, nicht aber einen persönlichen Gott vorstellen. Dieses Vorurteil ist das Spiegelbild des anderen Vorurteils, daß „Tatsachen" nicht „Meinungen" (wozu dann mehr oder weniger die ganze Ethik gezählt wird) über das Schicksal der Welt entscheiden. Je schrecklicher allerdings die Folgen dieses Aberglaubens in der Form von unmenschlichen Kriegen und Zerstörungen sind, umso verbissener scheinen die Menschen sich doch wieder an diesen Aberglauben zu klammern. Und genau so verläuft es mit dem Aberglauben der „wissenschaftlichen" und damit „überkonfessionellen", das heißt aber auch wertneutralen „Tiefenpsychologie" mit ihrem Unbewußten, das „reine Natur" sein soll. Es ist nur folgerichtig, daß im Rahmen dieses Denkens für Jung dann auch der ganze Nationalsozialismus nur „ein unverständlicher, menschlichen Sinnes entbehrender lusus naturae, ‚a frolic of nature' von kosmischem Ausmaß" war, ein Betriebsunfall des Unbewußten, ein sinnloser Scherz jener „reinen Natur", die von sich aus „nichts will".[389] Für solche Äußerungen hat Jung die scharfe Kritik von Ernst Bloch verdient, er sei ein „psychoanalytischer Faschist", „Gegenwart fliehend, Zukunft hassend, Urzeit suchend" und regredierend in die „Tiefen" eines „unmenschlichen Unbewußten".[390] Jung mag sich später korrigiert haben, aber die tieferen Ursachen für seine politi-

[388] Laing, Das geteilte Selbst, 29. Auch Albert Wellek belegt immer wieder seine Grundüberzeugung, daß das naturwissenschaftliche Vorgehen „psychologisch ungeheuer wirklichkeitsfremd ist" (Polarität, 109).
[389] Vgl. GW X,470.
[390] Bloch, Hoffnung, 61, 67 und 66.

sche Kurzsichtigkeit[391], die in der Einseitigkeit seiner Spekulationen über das Unbewußte liegen, hat er nicht gesehen und nicht beseitigt.

Natürlich wäre an dieser Stelle auch eine detaillierte Theologie der Natur und eine Neufassung der Kritik der „natürlichen Theologie“, die neben der biblischen „Offenbarung“ auch „natürliche“ Quellen des Glaubens kennt, notwendig. Bemühungen darum sind sehr zahlreich. Als vermutlich typisches Beispiel greife ich heraus die „Erwägungen zu einer Theologie der Natur“ von A. M. Klaus Müller und Wolfhart Pannenberg. Sie sind in einem Punkt ähnlich unbefriedigend wie die Spekulationen Jungs. Sie sind ebenfalls nicht frei von der „wissenschaftlichen“ und philosophischen Blickrichtung auf „objektive“ Gegebenheiten, zentriert um die Vorstellung des „kontingenten“ (kausal nicht ableitbaren) Eingreifens Gottes in das Weltgeschehen. Aber im Geiste des Alten und des Neuen Testaments (vgl. z.B. die Untersuchungen von Boman!) läßt sich darüber von Anfang an nicht wertneutral und distanziert und nicht ohne existentielle Ergriffenheit reden. So ist etwa bei Paulus (Röm 8,18ff) die Schicksalsgemeinschaft und die existentielle und emotionale Teilnahme an allem Geschaffenen, ähnlich wie im Alten Testament – und ähnlich wie in Träumen! – das A und das O aller Naturtheologie. Und es ist ein erregender Gedanke, das Miteinander und Ineinander von Bewußtsein und Unbewußtem nach diesem Modell ebenfalls als eine Schicksalsgemeinschaft zu deuten, aber nicht als eine Gemeinschaft oder gar als eine „unio mystica“ zwischen Mensch und Gott, sondern als eine Gemeinschaft des Schicksals und der Fürsorge zwischen Mensch und Natur, bzw. Kreatur.[391a]

[391] Vgl. dazu auch die Belege bei Balmer, Archetypenlehre, 134–151.

[391a] Die subtilen exegetischen Untersuchungen von Karl Eberlein unter dem Titel: „Gott der Schöpfer – Israels Gott“ weisen solche Zusammenhänge nach. Eine „Theologie der Natur“ forderte schon die Vollversammlung des Ökumenischen Rates der Kirchen in Neu-Delhi im Jahre 1961. Bis heute besteht jedoch die Angst, dabei in den „Würgegriff“ des sogenannten „methodischen Atheismus“ der Naturwissenschaften wie auch der Psychologie zu geraten (nach H.-H. Jenssen, ThLZ 1991, 94). Bleibt man bei diesem Bild, dann muß man feststellen, daß diejenigen Theologen, die das Überleben des Christentums von C.G. Jungs

Eine solche Schicksalsgemeinschaft gibt es auch zwischen mir und meinem Leib. Frauen erleben sie zweifellos noch ganz anders und viel intensiver als Männer, ganz besonders dann, wenn in ihnen sich eine Schicksalsgemeinschaft mit ihrem Kind anbahnt. So ist es vielleicht kein Zufall, daß Bücher, die eine unerläßliche Ergänzung und Korrektur zur patriarchalischen Psychologie Freuds und Jungs geben, von Frauen geschrieben wurden. Ich meine Birgit Frostholms „Leib und Unbewußtes" und Christiane Oliviers „Jokastes Kinder".

Hier, an diesen Nahtstellen zwischen Leib und Geist und zwischen Unbewußtem und Bewußtsein ist auch der Ort, an dem „Geschehnis und Erlebnis" ineinander verschränkt sind.[392] Verschränkt und doch geschieden, so daß sich für diese Dialektik der biblische Imperativ passiv anbietet. Der Unterschied wird deutlich, wenn man mit Medard Boss unterscheidet zwischen der Aussage: „Mir hat (es) geträumt" und „Ich habe geträumt". Beim „Ich habe" nehme ich das für einen Augenblick es-haft erscheinende Widerfahrnis des nicht von mir gemachten (aber ja doch von meinem rätselhaften traumerzeugenden Ich gemachten) Traumes in meine Verantwortung auf. Ich nehme dann dieses träumende, traumerzeugende Ich, die „Tiefenperson", oder wie auch immer man sie nennen will, liebevoll in meine Obhut, so wie ein hilfreiches Haustier, obwohl zwischen ihm und mir immer eine Grenze und ein Geheimnis bleiben wird. Das ist etwas grundsätzlich anderes als das Bewußtmachen von Unbewußtem, womit ja das Unbewußte nicht mehr angenommen wird wie ein trotz allem eigenständig bleibendes Haustier, sondern wie ein in Besitz genommener und meinem Machtbereich „einverleibter", eben bewußt und

Tiefenpsychologie erhoffen, diesem Würgegriff (und zwar von hinten!) bereits erlegen sind. Aber die moderne Naturwissenschaft und Psychologie befindet sich selbst schon seit geraumer Zeit nicht mehr im Würgegriff eines „methodischen Atheismus", auch wenn die Diskussion darüber noch in vollem Gange ist (vgl. u. a. die Untersuchung von Heinrich Lange). Und Angst ist sowieso kein guter theologischer Wegweiser. Sie verleitet im Extremfall dazu, in C. G. Jung den Antichrist zu sehen. Autoren wie Els Nannen und Horst-Klaus Hofmann sind dafür Beispiele.

[392] Vgl. das Buch von Erwin Straus mit diesem Titel.

damit manipulierbar gemachter Computer. Der scheue, andächtige, dankbare und liebevolle Umgang mit Träumen und mit allem Unbewußten ist dann dahin – und er ist bei Jung tatsächlich weithin verloren gegangen, denn für ihn ist die „Erforschung" „des Unbewußten" doch nie, wie er und seine Anhänger meinten, zur echten Alternative des (angeblich blinden) Glaubens geworden, auch nicht zur wirklichen Religionspsychologie, die um ihren Gegenstand weiß, sondern zum zuletzt untauglichen Religionssurrogat.[393]

Dabei könnten Religion und Psychologie sich gegenseitig in einer Weise befruchten, die vielleicht sogar noch aufregender und ergiebiger ist als der vordergründige Optimismus von Jungianern, die sich zur Rettung des Christentums berufen fühlen. Beiden Bereichen gemeinsam, ja lebensnotwendig ist nämlich die Frage, ob es noch eine andere Existenzweise, noch eine andere Bedeutung der Aussage: „Es ist ..." oder „Es gibt ..." gibt, als die der klassischen Naturwissenschaften und der daran gemessenen „Wissenschaftlichkeit" und „Objektivität". Wie, auf welche Weise gibt es denn so etwas wie „das Unbewußte"?

Ricœur findet eine vorsichtige Analogie im Leib-Sein und einen Leib Haben und Erleben. Er führt aus: „Der Phänomenologe sagt nicht, daß das ... Unbewußte Körper ist; er sagt lediglich, daß die Seinsweise des Körpers, insofern er weder Vorstellung in mir, noch Ding außer mir ist, das ontische" (seinsmäßige) „Modell für jedes denkbare Unbewußte ist. Nicht die vitale Determination des Körpers" (und des Unbewußten, wie auch Jung es sieht!) „ist exemplarisch, sondern die Ambiguität seiner Seinsweise."[394]

Auch Merleau-Ponty will das Unbewußte verstehen „auf der Grundlage der Leiblichkeit, ... die selbst auf der Suche nach der Äußerlichkeit in der Innerlichkeit und nach der Innerlichkeit in der Äußerlichkeit gegangen und so zu einem allumfassenden Vermögen der Verkörperung geworden ist." „Die Philosophie des Leibes (chair) ist (darum) das gerade Gegenteil aller Theorie, die das Unbewußte mit Begriffen der ‚unbewußten Vorstellungen' deu-

393 Vgl. oben Anm. 359.
394 P. Ricoeur, Die Interpretation, 391; vgl. Frostholm, 70.

tet ... Das Unbewußte ist das Empfinden selbst, da dieses keine gedankliche Habe dessen ist, was empfunden wird, sondern vielmehr eine Enteignung unserer selbst zu dessen Gunsten darstellt, also eine Öffnung auf das, was, um erkannt zu werden, nicht gedacht zu werden braucht."[395]

Gilt diese letzte Aussage nicht nur für den Leib und das Unbewußte, sondern auch für bestimmte Wahrheiten des Glaubens, z. B. für die christliche Gemeinde als „Leib" Jesu und für seine Gegenwart in den Sakramenten? Das heißt natürlich nicht, daß Jesus so „da ist", wie das Unbewußte „da ist", denn auch dessen „Leiblichkeit" ist „lediglich" eine Metapher – wobei man freilich auch hier sich fragen muß, ob dieses „lediglich" nicht ähnlich fehl am Platze ist wie bei der Wendung: „lediglich subjektiv".[396]

Hier müßte eine Theologie des Unbewußten weiter vertieft werden. Im Rahmen dieses Buches ist das leider nicht möglich. Ich kann darum auch nur andeuten, daß bei Jung die Frage, wann Metaphern (Bildreden), die er gebraucht (etwa von der seelischen „Verdauung"), berechtigt sind und einen Erkenntnisgewinn bringen und wann sie in die Irre führen. Es gibt Bereiche, in denen die metaphorische und gleichnishafte Ausdrucksweise keine indirekte, sondern die angemessene und damit direkteste Rede ist, die möglich ist. Das muß dann aber zugegeben und durchdacht werden. Dies geschieht im Bereich der theologischen und philosophischen Hermeneutik, ein Bereich, um den sich auch die Psychoanalyse Freuds intensiv bemüht, während Jung sich darin benimmt wie ein Analphabet. Solange hier nicht auch von Jungianern weitergearbeitet wird, wird es wohl dauernd Mißverständnisse und Enttäuschungen geben im Gespräch mit ihnen.

Trotzdem sei abschließend auf einen Punkt verwiesen, in dem Jung, ohne das zu beabsichtigen, einer Theologie des Unbewußten näher steht als Freud. Er beobachtet sehr viel mehr positive Impulse, die vom Unbewußten und von Träumen ausgehen, als Freud.

[395] Merleau-Ponty, Vorlesungen I, 127f.
[396] Vgl. oben Anm. 388.

Das Unbewußte ist nicht ganz loszulösen von dem Schichtenmodell, das insbesondere Erich Rothacker vorgestellt hat in seinem Buch: „Die Schichten der Persönlichkeit“. Dieses quasi-architektonische Modell verrät sich noch deutlicher in den von Jung nur gelegentlich gebrauchten Ausdrücken: Unter- und Überbewußtes. Aber schon die Leib-Seele-Problematik verführt dazu, den Leib oder die Vitalsphäre als den Unterbau und die Seele, insbesondere die „Geistseele“[397], als den Oberbau zu verstehen.
Beim Menschen läßt sich nun aber niemals die „Oberschicht“ so abheben, daß eine noch intakte „Unterschicht“ übrig bleibt. Mag er auch das „vitale Unbewußte“[398] mit den Tieren gemeinsam haben, so wird doch niemals aus einem Menschen wieder ein richtiges Tier, wenn man den humanen „Überbau“ abträgt, bzw. wenn er durch Krankheit oder Unfall verlorengegangen zu sein scheint. Der Mensch ist eben eine Ganzheit, aber die Instanz, die ihn ganz werden läßt, sitzt weder unten – wie die „Tiefenpsychologie“ meint – noch oben – wie die „Bewußtseinspsychologie“ zu meinen scheint. Wo dann?
Wilhelm Keller stellt fest, es gebe in der menschlichen Entwicklung keine Stufen und entsprechend auch keine Schichten, „von denen nicht die eine schon in den andern vorgebildet und angelegt wäre.“ Das Konstruktionsprinzip oder, wie er sagt, das „Leitprinzip, auf das alles im weiten Sinn Seelische hingeordnet ist“, ist das „akthafte Sein“. Es ist das „entscheidende Prinzip des Seelisch-Geistigen“, auch wenn deshalb nicht alles Seelische nur Akt und nichts als Akt ist.[399]
Aber was ist ein Akt? Er ist nicht einfach Tätigkeit, denn es gibt auch passive und pathische (leidende) Akte.[400] Keller, der von der Theologie zur Philosophie gewechselt war, scheut sich, hier den passiven Akt schlechthin zu nennen – wenigstens nach christ-

397 Vgl. Pongratz, Problemgeschichte, 20f.
398 Vgl. dazu ebd., 204f.
399 Keller, Dasein und Freiheit, 114f.
400 Ebd., 253f.

lichem Verständnis – der doch in seinem Leiden zum Ursprungsort weltweiter Aktivität wurde: die Passion Jesu Christi. Hier mag aber das Urmuster für Kellers Deutung des akthaften Seins als „Eigenvollzug" zu finden sein. Er selbst bleibt jedoch stehen bei folgender Erklärung: Akthafter Eigenvollzug „meint nur den durchgängigen Sachverhalt, daß es sich allenthalben um Erlebnisse und Zustände menschlichen Daseins im Sinn eines menschlichen Subjektes handelt, und daß dies nicht ein anonymes, sachartiges Geschehen sei, sondern daß es sich handle um Phänomene, in denen, ja als die dieses Dasein sich selbst zeitigt. Es sind meine Erlebnisse oder Verhaltensweisen, die ich habe, die ich bin; oder deine, die du hast, die du bist."[401]

Wirklich? Gibt es das? Keller muß an anderer Stelle zugeben, daß auch die Ichhaftigkeit oder Ich-Nähe, bzw. die Subjekthaftigkeit und Akthaftigkeit in höherem oder niedrigerem Grade ausgeprägt sein kann. Wo aber bin ich ganz dabei, ganz angesprochen, ganz gemeint, unbedingt und unentrinnbar? Die Bibel sagt, dort, wo Gott mich „beim Namen ruft". Aber was ist das für ein Rufen? Ein inneres oder ein äußeres? Oder ist die Frage falsch, weil „Rufen" hier metaphorisch gemeint ist? Oder ist umgekehrt alles menschliche Rufen in dem Sinne metaphorisch zu verstehen, als es nur ein Abbild und Nachklang des Ur-Rufes ist, der von Gott aus ergeht? Entwicklungspsychologisch gesehen ruft mich ja doch zuerst ein Mensch – die Mutter, der Vater – beim Namen, und wenn ich nie gelernt habe, daß der Ruf mir gilt, bleibt mir auch Gottes „Ruf" unbewußt, weil ungehört – oder besser, er bleibt mir verborgen. Von welcher Art von Wirklichkeit spricht dann aber konkret das folgende inhaltsreiche Lied, wenn es schon, wie wir zugeben müssen, nicht immer nur tatsächlichen akthaften Eigenvollzug meinen kann, der psychologisch verifizierbar sein müßte?

„Es ist ein Wort ergangen, das geht nun fort und fort,
das stillt der Welt Verlangen wie sonst kein ander Wort.
Das Wort hat Gott gesprochen hinein in diese Zeit.
Es ist hervorgebrochen im Wort der Ewigkeit.

[401] Ebd., 254.

Du Wort ob allen Worten, du Wort aus Gottes Mund,
lauf, und an allen Orten mach Gottes Namen kund!

Künd auf der ganzen Erde, daß Gott ihr Herre sei,
daß sie auch Gottes werde, und andrer Herren frei.

Triff Freunde und triff Feinde, zwing, was dir widerstrebt,
und ruf uns zur Gemeinde, die aus dem Worte lebt!"

Dieses Wort war für Arno Pötzsch 1938, als er dieses Lied dichtete, eine Wirklichkeit, wenn auch keine „empirische", so daß es sich etwa auf Tonband hätte speichern lassen können.

Es ist eine der großen und fruchtbaren Anregungen der Traumforschung und auch der Tiefenpsychologie Jungscher Prägung, daß sie uns zwingt, ganz neu darüber nachzudenken, daß es verschiedene Seins- und Existenzweisen gibt, ja daß wir ständig Wanderer zwischen mindestens zwei Welten sind, die aber doch aufeinander bezogen sind: der des Wachens und der des Träumens. Das ist kein Beweis dafür, daß es dann jenseits davon auch noch das „Reich Gottes" gibt – oder auch nur „gibt" als „Konstrukt", zu dem man durch Rückschlüsse und Deutungen gerät. Es ist aber eine wichtige Bereicherung unserer Möglichkeiten, in Bildreden und Gleichnissen von Gott und seinem Reich zu reden, und eine direkte Rede davon kann es nicht geben und wird es vielleicht auch in der Vollendung nicht geben, denn auch dort werden wir nicht Gott sein – wie das Jung suggeriert mit seiner Deutung des Selbst als „Gottesbild" – sondern nur Gott sehen „von Angesicht zu Angesicht". Das Grundmuster der Begegnung bleibt also auch in der Vollendung. Nur so behält ja auch die Gewißheit, daß „Glaube, Hoffnung und Liebe" bleiben und nicht vergehen (1 Kor 13,13), einen Sinn.

Das sehr fruchtbare Modell, auf das die Traumforschung stößt, wenn sie nicht voreilig die fremdartige Raum- und Zeitordnung der Träume als Zeitlosigkeit und Allgegenwart deutet, wie Jung das in seiner Archetypenlehre tut, dieses fruchtbare Modell besteht in der Notwendigkeit, verschiedene Modalitäten und Qualitäten von Raum und Zeit anzunehmen. Tatsächlich scheint nicht allzu selten in Träumen etwas schon geschehen zu sein, was dann

hinterher bewußt wird und so zum akthaften Eigenvollzug gemacht wird. Und das wiederum kann eine Analogie sein – aber nur eine Analogie! – für das „Schon jetzt" und „Noch nicht", das für den Glauben eine so wichtige Rolle spielt. Das Reich Gottes ist angebrochen, das Licht leuchtet in der Finsternis, auch wenn die Finsternis es nicht ergriffen hat (Joh 1,5). Das ist weder irrationaler und insofern „blinder" Glaube gegen allen rationalen Augenschein, noch Besserwisserei, sondern eine Deutung der „Finsternis" im Lichte des „Lichts", und damit im Lichte von Glauben, Hoffnung und Liebe, die ihrer Zeit immer schon voraus sind, ähnlich wie prospektive (nicht prophetische!) Träume.
Von da aus kann man sich dann auch herantasten an eine Antwort auf die bedrängende Frage, wie man denn das Evangelium heute verkündigen kann an Menschen, die kaum mehr hören, das Gehörte in sich bewegen und es schließlich in ihrem Leben nachvollziehen können, so wie das etwa Maria, die Mutter Jesu, wohl beispielhaft getan hat. Sie können es nicht mehr, weil sie nicht mehr ganz, sondern fragmentiert, nicht mehr innen-, sondern außengeleitet sind und nicht mehr leben, sondern glauben, gelebt zu werden. Aber das ist nicht einmal erst in der Gegenwart so. Die Selbstentfremdung geht weit zurück.
Zurecht nennt Dorothee Sölle den folgenden Ausruf, den sie bei Lessing findet, „erstaunlich": „Gott, der du allein den Menschen nicht nach seinen Taten brauchst zu richten, die so selten seine Taten sind, o Gott!"[402]. Dieser Ausruf bleibt erstaunlich, auch im Zeitalter der Tiefenpsychologie, die leider zu schnell sich das Staunen darüber abgewöhnt, daß wir alle leben von der Fürbitte Jesu: „Vater, vergib ihnen, denn sie wissen nicht, was sie tun" (Lk 23,34). Diese Fürbitte wird nur dann nicht mißbraucht als sanftes Ruhekissen oder Preis der Ignoranz oder als „Bestätigung" der „Existenz" des Unbewußten, um dann zur Tagesordnung (der „Empirie") überzugehen, wenn man sie als Gebet um Vergebung aufnimmt und Gebet sein läßt, aber Gebet, von dem der Mensch mehr lebt als von Tiefenpsychologie und Traumdeutung. Besser

[402] Lessing, Nathan der Weise, V,4; zitiert nach Sölle, Stellvertretung, 34.

gesagt: Tiefenpsychologie und Traumdeutung werden dann transparent auf die Vergebung hin. Und daß unser bewußtes Ich (die „Kortikalperson") oft nicht weiß, was die „Tiefenperson" tut[403], schafft ein Problem, das Gott allein, wie Lessing bekennt, lösen kann. Genau dieses Problem zeigt noch deutlicher als die Annahme, der Mensch sei in seiner Persönlichkeit einheitlich, bzw. „individuiert", oder jedenfalls fähig zu einer „Individuation" (was Jungs Ziel war, von dem er selbst aber, ohne es zu merken, immer weiter abkam!), daß der Mensch das Wesen ist, das von jener Rechtfertigung lebt, die es sich nicht selbst geben kann. Luther stellt fest: „Paulus gibt eine gedrängte Definition des Menschen, indem er sagt, der Mensch werde durch den Glauben gerechtfertigt."[404] Und er ist auch nur von da her als Ganzer erfahrbar,[405] denn es gibt keinen ganzeren Menschen als den, der Gott, und das heißt seine Gnade, nötig hat. „Vorher" gibt es Mißdeutungen und „nachher" Staunen (vgl. Mt 25,31-46).

Paul Tillich glaubt, daß „die Psychotherapie" zu solchen biblischen Erkenntnissen zurückgeführt hat.[406] Durch solche Behauptungen wurde Tillich zu einem Kronzeugen der Jungianer für ihre Sache. Begünstigt wurde diese vermeintliche Übereinstimmung durch die Tatsache, daß zweifellos sich auch bei Tillich ein Überhang des Unpersönlichen findet. Emil Brunner fragt zurecht: „Muß nicht die abstrakt neutrische Auffassung Gottes als das Sein den Personalismus des biblischen Gottesgedankens verdunkeln und verdrängen?"[407] Joachim Track faßt seine Kritik in Sätze, die mit nur geringer Abwandlung auch auf Jung angewendet werden können. Track sagt: „Bei genauer Prüfung reduzieren sich die Aussagen Tillichs über Gott ... auf die Aussage, daß Gott die unsere

[403] Vgl. Pongratz, Problemgeschichte, 240f.
[404] Luther, Disputatio de homine. Weimarer Ausgabe 39/I, 176, 1536.
[405] Jüngel, Der Gott entsprechende Mensch, 345.
[406] Vgl. Tillich, Gesammelte Werke VIII,325ff.; vgl. aber auch Joest, Ontologie der Person bei Luther, 221, Anm. 74. Joest, der auch weitere Literatur dazu angibt, meint: „Die Relevanz dieser" (tiefenpsychologischen) „Erkenntnisse... für die theologische Anthropologie wäre einer eingehenden Untersuchung wert.".
[407] Brunner, Dogmatik III,252; vgl. Track, Der theologische Ansatz Paul Tillichs, 377.

Wirklichkeit bestimmende und gründende Macht ist. Über das konkrete Wie dieser Bestimmung und das Ziel seiner Schöpfung ist damit aber noch nichts ausgemacht." Und auch ein anderer Satz, der Tillich meint, gilt genauso für Jung (und damit auch für den Anspruch der Jungianer, Jung rette das Christentum): Das, „was Tillich ... anstrebt, die Frage nach Gott als denknotwendig und lebensnotwendig zu erweisen, leistet" seine „,Systematische Theologie' nicht".[408]

Leider ist es eine durchgängige Unart von Jung und seinen Anhängern, nur die Äußerungen von Theologen zu zitieren, die die eigene Position zu stärken scheinen, und auch Kritik an der jeweiligen theologischen Position nicht zur Kenntnis zu nehmen. Detaillier-

[408] Track, 377, 393, 408, 421. – Wolfhart Pannenberg setzt sich ein ähnliches Ziel wie Tillich. Voll zustimmen möchte ich ihm, wenn er sagt: „Es geht im Wettstreit der Religionen darum, ob von einem bestimmten Verständnis der letzten, meist als göttlich gedachten Wirklichkeit her die Realität der Welt und des Menschen angemessener und differenzierter erfaßt werden kann als von konkurrierenden Ansatzpunkten her." (Syt. Theol. II,10) Umso bedauerlicher ist es, daß doch auch Pannenberg die Herausforderung durch die sogenannte Tiefenpsychologie übergeht. Dabei gibt es bei ihm Stellen, an denen es unverzeihlich wird, die Augen vor dieser Problematik zu verschließen. Dafür nur zwei Beispiele: Pannenberg zitiert Ebeling: „... im Gewissen geht es um das Ganze, weil um die Frage nach dem Letztgültigen. Darum ist die Frage nach der Welt als dem Wirklichkeitsganzen eine das Gewissen angehende Frage, wie auch die Frage nach dem Menschen selbst eine das Gewissen treffende Frage ist. Dieses beides ist aber wiederum nicht trennbar davon, daß Gott als die Frage im radikalen Sinn, die Frage nach dem Ganzen, dem Ersten und Letzten erscheint. Nur wo Gott als Gewissensfrage begegnet, wird der Mensch und die Welt als Gewissensfrage vernommen." (Ebeling, Wort u. Glaube I,434 / Pannenberg, Syst. Theol. I,124). Freud hat noch klarer als Jung gesehen, daß Störungen im Bereich des Gewissens der Ursprung für fast alle Neurosen und Psychosen sind und daß solche Störungen die moderne Zivilisation selbst krank gemacht haben. Muß dann aber nicht geradezu zwangsnotwendig der Begriff der „Ganzheit" mißverstanden und mißbraucht werden – wie bei C. G. Jung!?

An einer anderen Stelle spricht Pannenberg im Anschluß an Rahner vom „unthematischen Wissen von Gott" (a. a. O., 129). Dies ließe sich anhand von Träumen so überzeugend wie wohl durch keine anderen Beispiele nachweisen. Es sollte aber unterteilt werden in ein primäres unthematisches Wissen von Gott, dem die Worte noch fehlen, und ein sekundäres, dem die Worte wieder verlorengegangen sind, das aber zurückfinden kann zu seinem Thema. Dazu ein Beispiel. Ein Flüchtling aus einem kommunistischen Staat, als Junge zum Priester bestimmt, dann nach einer sehr schweren Enttäuschung mit seiner Kirche zum Kommunisten erzogen und schließlich am Kommunismus irre geworden, hatte aus seiner

tere Beschäftigung mit Theologen würde, wie befürchtet wird, bereits in „dogmatische“ und konfessionelle Enge führen. Damit aber handelt sich Jung zurecht einen Vorwurf ein, der jetzt auch Drewermann gegenüber erhoben werden muß, teilweise aber auch auf Tillichs theologisch-philosophisches System anzuwenden ist. Karl Jaspers trifft mit der folgenden Bemerkung einen zentralen Punkt: Die Analogien zwischen den Motiven verschiedener Mythen, religiöser Traditionen, Märchen, Träumen und Phantasien „erweisen sich bei näherer Vergegenwärtigung als äußerlich. Sie beschränken sich auf allgemeine Kategorien. Gerade ihr wirksamer Inhalt ist damit nicht getroffen. Die Analogie“ (etwa zwischen Christus, Osiris, Dionysos usw.) „erleuchtet das Unwesentliche“.[409] Man bekommt heute freilich den Eindruck, als habe Jung mit seinen manchmal bis an die Grenze des Psychotischen gehenden Analogien, Parallelismen, universalen Archetypen, kausalen und akausalen Verknüpfungen, Synthesen usw. eine Schleuse (neu) geöffnet, die dem breiten Strom der New-Age-Spekulationen, die „à la Capra alles mit allem auf sehr vage Weise in Zusammenhang bringen“[410], unkontrollierten Durchbruch verschafft und ihn zu einer aus Amerika nun auch nach Europa gekommenen Modeerscheinung gemacht haben.

Dem gegenüber gilt es zu scheiden und zu unterscheiden, aber so, daß man damit der Wirklichkeit des Lebens so weit wie irgend möglich gerecht wird.

Hier nun hat Paul Tillich in einem im einzelnen zwar bereits veralterten, im Grundanliegen aber noch höchst aktuellen Aufsatz einen Satz ausgesprochen, der sehr genau bedacht sein will. Tillich sagt, die Überwindung des Denkens in Schichten durch ein Den-

religiösen Vergangenheit nur noch auf der Brust einen Umhänger mit einer kleinen Ikone mit Gott Vater, Sohn und Heiligem Geist. In einem Traum wird Gott Vater lebendig, streckt seine Hand aus und reicht dem Träumer das nackte Jesuskind hin mit den Worten: „Nimm und schütz es.“ Der Träumer hüllt seinen Mantel um das Kind und trägt es in sein Bett. – Nach einem solchen Traum kann es aufschlußreich sein, frühere Träume daraufhin anzusehen, ob sich „unthematisch“ das Wieder-Lebendigwerden eines „hautnahen“ Glaubens bereits vorbereitet hat.

409 Jaspers, Psychopathologie, 282.

410 Vgl. oben Anm. 8.

ken in Dimensionen sei „eine der notwendigsten Einsichten, die die Theologie zu enwickeln hat". So ist denn für Tillich auch der Mensch nicht eine „vielschichtige" Einheit (von Unbewußtem, Bewußtem und Überbewußtem oder Leib, Seele und Geist in einer hierarchischen Ordnung), sondern er ist eine „vieldimensionale Einheit".[411] Gott steht dann auch nicht an der Spitze einer Hierarchie als „höchstes Seiendes". „Es gibt keine Schicht des Göttlichen. Gott ist symbolisch gesprochen die Dimension des Unbedingten in Sein und Sinn, gegenwärtig in allem, was ist, und entfernt von allem, was ist."[412]
Wir können diese Überlegungen hier nicht weiter verfolgen, aber sie können jetzt das leisten, wofür sie in diesem Zusammenhang erwähnt wurden. Die bedrängende Frage lautete nicht wie bei Tillich: Wie kann ich aufzeigen, daß Gott denk- und lebensnotwendig ist, sondern, wie kann ich dies kranken oder allenfalls halbgesunden Menschen und wie mir selbst als einem solchen Menschen unserer Zeit aufzeigen! Ich möchte antworten: Indem ich auch Krankheit und Gesundheit, auch Wachen und Träumen, Tod und Leben, Gegenwärtiges und Zukünftiges und alles Geschaffene transparent mache auf die Liebe Gottes hin, die in Jesus Christus ist. (Vgl. Röm 8,38 f)
Als eine direkte Nutzanwendung davon kann man die Vorentscheidung Gaetano Benedettis verstehen, die entscheidende medizinische Konsequenzen hat. Benedetti sagt: „Die Psychotherapie wurzelt im Glauben des Arztes an die Möglichkeit, eine verschüttete und immer irgendwie verkannte Existenzweise des Kranken zu vertreten, zu verteidigen, zu pflegen, zum Leben zu rufen und am Leben zu erhalten. Dieser unbeirrbare Glaube an ein nie ausgelöschtes Menschliches ist in der hoffnungslosen und öden Welt der psychischen Krankheit das Moment, das zwei Menschen, den Arzt und seinen Kranken, wirklich verbinden kann. Alles psychologische Wissen bewegt sich auf dieser Grundlage, oder es ist unnütz und nichtig." Alle Therapie erfordert darum nach Benedetti

[411] Tillich, „Dimensionen, Schichten und die Einheit des Seins", in: GW IV,118-132; dort: 126 und 128.
[412] Ebd., 126.

„ein Verweilen beim Kranken in der aussichtsreichen Unsicherheit“ dessen, der den „sicheren Boden“ der „wissenschaftlichen“ Daten und Fakten und der statistisch „nachgewiesenen“ ungünstigen Prognose verläßt durch die „Tat seines gläubigen Herzens“. Diese Tat „ist schon am Werk, bevor sie zur heilenden Tat wird“. Sie ist die Vorwegnahme der Heilung, die als solche schon wirksam wird, weil sie jenes „neue Menschenbild“ beim Therapeuten durchscheinen läßt, über dessen Fehlen in der heutigen Psychiatrie bewegte Klage geführt wird, sogar bei C. G. Jung.[413]

Jungs Ausgangspunkt ist ein ganz anderer. So vermißt denn auch seine Schülerin Tina Keller – und längst nicht nur sie – bei ihm echte Menschlichkeit.[414] Er bleibt – wenn man hier einmal das Schema des „Enneagramms“ von Richard Rohr anwenden darf[415] – der „unerlöste“ Vertreter seiner eigenen Tiefenpsychologie. Oder, mit Tillich gesprochen: „Aktuell“ führt seine Psychologie nicht dorthin, wohin sie „potentiell“ hindeutet. Jung ahnt das Scheitern seines Lebenswerks, aber er verleugnet diese Ahnung sogleich und verpaßt so die Chance eines echten Fortschritts.

Um dies besser zu verstehen, sei auf Wilhelm Kellers Analyse von Erkenntniskrisen zurückgegriffen. Sie zeigen sich nach Keller in akuter Form so, daß das Gegebene sich einer weiteren Analyse mit den bisherigen Mitteln entzieht. „Man kommt mit ihnen nicht mehr weiter. Aber der Punkt, in dem die Unzulänglichkeit ... der bisherigen Begriffs- und Vorstellungsweisen ... spürbar wird, wurde ... mit eben diesen Mitteln erreicht. Das ist das Paradox. Die eigentliche Wirklichkeit des Gegebenen zeigt sich durch die Vermittlung der bisherigen Mittel, aber gerade nur in deren Versagen ... Sie läßt damit aber durchscheinen, daß sie eben durch eine andersartige Bestimmtheitsweise determiniert ist, als wie es in den bisherigen Mitteln vorausgesetzt war.“[416]

413 Benedetti, Klinische Psychotherapie, 16, 25; vgl. Tillich, Syst. Theol. III,279; Klee, Psychiatrie-Report, 16. u. ö.

414 Vgl. die Hinweise in meinem Buch. C. G. Jung – Ergebnisse, 198 f.

415 Vgl. Rohr und Ebert, Das Enneagramm. Dabei ist freilich zu bemerken, daß diese Autoren Jung gegenüber unkritisch sind.

416 Keller, Dasein und Freiheit, 131 f. – Wiederum wären Traumserien ein geradezu ideales Anschauungsmaterial für ein immer deutlicheres „Durchscheinen“ der eigentlichen Wirklichkeit – z. B. im oben in der Anm. 408 erwähnten Traum.

Jung ist an dieser Grenze umgekehrt. Er wagte den Versuch nicht, mit wirklich andersartigen Mitteln, nämlich denen der Theologie, weiterzukommen.

Hier muß man freilich mit dem Zwischenruf rechnen, er habe es doch gerade gewagt, insbesondere in seinem Buch: „Antwort auf Hiob". Wenden wir uns darum noch kurz diesem Buch zu, das als (nicht bestandene) Bewährungsprobe der „Religionspsychologie" Jungs in den Rahmen seines Lebenswerks eingefügt werden kann. Es ist gerade typisch und nicht etwa untypisch für sein Denken.

Mehr nur als Anhang sei vorher noch auf folgendes hingewiesen: Karl Heim hat ausführlichen Gebrauch gemacht vom Begriff der Dimension und der „dimensionalen Grenze". Tillich, der hier, wie so oft, im Programmatischen stehenbleibt und sich detaillierte Anwendungen erspart, erspart sich damit auch die Schwierigkeiten, in die Heim geraten ist. Vor allem müßte man sich aber bei einer Anwendung dieses Begriffs in der Theologie dem Gebrauch desselben Begriffs in der Relativitätstheorie stellen.

Dies letzte meint im übrigen auch Jung zu tun, aber er bleibt unpräzise. Für ihn ist der Begriff des „Aspekts" geläufiger als der der Dimension. Die Frage bleibt offen, ob der Gegenstand an sich, das Seelische, von sich aus aufgegliedert ist in Aspekte oder Dimensionen, oder ob es sich dabei um Ordnungsprinzipien handelt, die der Beobachter an den Gegenstand heranträgt, also um seine standortabhängige Perspektive, die nach Gebser „aperspektivisch" überwunden werden soll, was so ähnlich, aber nicht so deutlich auch Jung meint tun zu können. Das Ziel wäre dann die „Zentralschau" der Mystiker, während Heim und Tillich eher die Aufgliederung des Ganzen in Dimensionen für notwendig halten. Aber sind dann diese Dimensionen frei von jeder Hierarchie? Wohl kaum. Das Schema, wonach es „Höheres" und „Tieferes" gibt, wäre dann beibehalten – und muß es wohl auch werden –, nur die räumliche Vorstellung wäre durchbrochen.

Letztlich geht es auch hier um die Grundunterscheidung zwischen Gott und Mensch. In ursprünglich anderem Zusammenhang, dem des Lohngedankens, hat das schon Johann Tobias Beck erkannt. Es sei Hochmut, meint er, die menschliche Abhängigkeit von äußeren Dingen zu leugnen wie Essen und Trinken, Sehen und Hören (oben und unten) usw. und „alles im eigentlichen Selbst zusammenfassen und aus ihm entwickeln" zu wollen. (Man beachte diese erstaunliche Formulierung, die klingt, als habe sich Beck bereits gegen Jung wenden können!) „Als könnten wir sagen, wir seien wie Gott, der allein keines Dinges bedarf und das Leben in ihm selber hat. Dieser Denkweise stehen die Fundamente der christlichen Gesinnung entgegen, wo man sich arm im eigenen Geiste wissen muß, hungern und dürsten nach einem Reich Gottes und nach seiner Gerechtigkeit, in welchem allein für die menschlichen Bedürfnisse das bereitet ist, was den Menschen füllt mit göttlicher Lebensfülle" ... und was ihn ganz werden läßt, möchte man fortsetzen.[417]

Trotzdem ist der Vorschlag Tillichs anregend, und man könnte genau an dieser Stelle ihn anwenden und sagen, daß die „Tiefendimension" auch des „Hungers und Durstes" Jungs nach Ganzheit und nach dem immer besseren Verstehen psychologischer Zusammenhänge letztlich dieser Hunger und Durst nach dem Reich Gottes war, als verdecktes oder „anonymes" Christentum. Dieser letzte Begriff stammt ja von Karl Rahner, der damit eine ganz ähnliche Absicht verfolgte wie Tillich.

Es ergibt sich: Der Gebrauch verschiedener Begriffe für dasselbe Anliegen ist unvermeidlich, wenn es um Gott oder auch nur allgemein Religiöses geht, denn dann sind alle Begriffe (nur) Metaphern, nur Bildreden und Gleichnisse, die sich gegenseitig ergänzen, aber nie zur Einheitsformel werden dürfen.

Sie sind insofern „psychologische" Begriffe, als die Psychologie bei der Bildung ihrer Begriffe zwar nicht vor genau demselben, aber vor einem ähnlichen Problem steht wie die Theologie. Philipp Lersch sagt darüber, es wäre die Aufgabe einer noch nicht geschriebenen Logik der Psychologie[418], einen Weg aufzuzeigen, wie der

[417] Beck, Gedanken aus und nach der Schrift, 177, zitiert nach Günter Bornkamm, der Lohngedanke, 9.

[418] Als eine Logik der Theologie in Ansätzen kann das Buch von Henning Schröer über die Paradoxalität gelten. Hinzuzunehmen wären Untersuchungen

umfassende „Integrationszusammenhang“ bei allen psychologischen Aussagen stets in Rechnung zu stellen ist. Sie müßte herausarbeiten, daß die psychologische Begriffsbildung weitgehend nur akzentuierend, nicht determinierend verfährt. „Es soll damit zum Ausdruck gebracht werden, daß viele psychologische Begriffe gar nicht verstanden werden dürfen als Bestimmungen, die gewisse Sachverhalte gegen andere als außerhalb ihrer gelegen abgrenzen, sondern lediglich als die Heraushebung, Akzentuierung gewisser Züge eines komplexen Sachverhalts.“ Darin dürfe man aber nicht einen Mangel an Klarheit und Prägnanz sehen (oder einen solchen daraus machen, wie das Jung tut). Um prägnant zu sein, müsse ein Begriff nicht unbedingt eine Grenze haben, die ihn in den logischen Raum einbaut.[419]

Damit Begriffe nicht in dieser Weise mißverstanden werden, ist es sogar von Nutzen, daß es in der Psychologie und auch in der Theologie verschiedene „Schulen“ gibt, die denselben Sachverhalt mit verschiedenen Begriffen umschreiben. Nur so ist die Notwendigkeit gewahrt, „fließende“ und nicht „feststellende“ Begriffe zu gebrauchen und Theologie wie auch Psychologie vor der Hybris zu bewahren, sie könnte mehr sein als nur „Hinweis und Entwurf“[420], anderseits sie aber auch zu schützen vor dem Verdacht der Unwissenschaftlichkeit.

An zwei Beispielen sei das erläutert: „Fließend“ ist nach unserer Vorstellung die Zeit, nicht der Raum. Sie hat im biblischen Denken den Vorrang vor dem Raum und der Verräumlichung. Ein fließender Begriff, der das „Feststellende“ des Denkens in Schichten (des Bewußtseins) vermeidet, ist der des (alten und neuen) Äons. In der Übersetzung dieses griechischen Wortes als „Weltzeit“

von Wilfried Joest und anderen. Ich bedauere es ganz besonders, daß die Diskussion dieser Untersuchungen, die für die Tiefenpsychologie sehr fruchtbar sein könnte, hier unterbleiben muß. Sie würde zeigen, daß eine präzise dialektische Fassung der Grundgedanken Jungs diese erst brauchbar machen könnte. Seit Lersch gibt es allerdings auch Ansätze zu einer Logik (und Wissenschaftstheorie) der Psychologie, z.B. bei Sigmund Koch und bei zahlreichen Autoren, die sich mit der Psychoanalyse Freuds befassen.

[419] Lersch, Person, 39f.; vgl. Keintzel, C.G. Jung, 37 und 316; Keller, Dasein und Freiheit, 198f.

[420] Vgl. die Untersuchungen von B. Erdmann und von R. Röhricht.

schwingt beides mit: die Welt als Ort und Raum, aber doch sogleich auch als nur mit und in ihrer Zeit und ihrer Geschichte gegeben und faßbar, also nicht in sich ruhend, sondern auf ein Ziel hin geschaffen.
Das entscheidende Thema der Tiefenpsychologie und ihrer Bedeutung für die Theologie ist nicht die quasi-räumliche Schichtung des Bewußtseins, sondern die Verschiedenheit und doch Bezogenheit aufeinander von Zeit des Wachens und Traum-Zeit. Man kann sogar von verschiedenen Arten von Geschichtlichkeit reden.[421]
Als zweites Beispiel erwähne ich die von Jung zu unrecht so hartnäckig denunzierte Bewußtseinspsychologie mit ihren eindrucksvollen Ergebnissen, z. B. bei Edmund Husserl und seinen Schülern. Das Thema des Unbewußten ist hier als Dimension des Bewußtseins, wenn auch oft nicht als „das Unbewußte" bezeichnet, eigentlich immer vorhanden. Als Einstieg in die Problematik wird freilich nicht der Traum verwendet. Nur darin, nicht aber im Grundsätzlichen, liegt eine Einseitigkeit.[422]

6. *Hiob*

Ich versuche hier, die Punkte herauszugreifen, die in der zuweilen erregten Diskussion über Jungs Buch „Antwort auf Hiob" übersehen wurden, ohne die aber die ganze Diskussion unfruchtbar bleiben und versanden mußte. Ich beginne mit einigen Zitaten, die freilich beliebig vermehrt werden könnten. Der Einfachheit halber gebe ich direkt die Seitenzahlen nach der Erstauflage von 1952 an.
„Christus hätte seinen Gläubigen keinen Eindruck gemacht, wenn er nicht zugleich etwas, das in ihrem Unbewußten lebte und am

[421] Vgl. v. Uslar, Der Traum als Welt, 187, 230 u. ö.
[422] Eine Psychologie des Traumes ausgehend von Husserl versucht Dieter Wyss in seinem Buch: Traumbewußtsein? Der Versuch bleibt leider völlig unbefriedigend und sprachlich eine Zumutung. Ganz anders verhält es sich mit der Philosophie der Zeit von Hedwig Conrad-Martius, einer noch gar nicht entdeckten Fundgrube von Anregungen für die Traumforschung. Conrad-Martius kennt z. B. eine „äonische Zeit".

Werke war, ausgedrückt hätte." (126) Da möchte man zustimmen. Das ist ja auch der „Sitz im Leben" und im Glauben für die Entdeckung des Unbewußten, dessen Tiefendimension, wie wir jetzt sagen können, das Verborgene ist. Trotzdem melden sich auch Bedenken, und zwar sicher nicht aus Haarspalterei. Die Christenheit betete nämlich zu allen Zeiten und in allen Konfessionen: „Herr, bleibe bei uns", nicht aber: „Herr, laß uns nun nie mehr vergessen, was wir in uns selbst entdeckt haben." Es ist gerade nicht so wie in einer gelungenen Therapie, in der am Schluß der Therapeut nicht mehr gebraucht wird und jede „Übertragung" auf ihn, bzw. jede Abhängigkeit von ihm, aufgelöst wird. Christus wird weiter gebraucht. Das Ziel der Begegnung mit ihm heißt nicht Bewußtmachung, sondern Gemeinschaft.

„Die Schöpfung erweist sich nach wie vor als infiziert. Seltsamerweise sucht Jahwe die Ursache dafür immer bei den Menschen, die anscheinend nicht gehorchen wollen, nie aber bei seinem Sohn, dem Vater aller Trickster. Diese unrichtige Orientierung kann seine ohnehin schon reizbare Natur nur verschärfen, so daß die Gottesfurcht bei den Menschen allgemein zum Prinzip oder sogar als Anfang aller Weisheit betrachtet wird." Aus dieser „historischen Entwicklung" werde ersichtlich, „daß Jahwe seine pleromatische Koexistenz mit Sophia seit den Tagen der Schöpfung offensichtlich aus den Augen verloren hat. An ihre Stelle tritt der Bund mit dem auserwählten Volk, das dadurch in die weibliche Rolle gedrängt wird . . . Die Vollkommenheit ist ein männliches Desideratum, während die Frau von Natur aus zur Vollständigkeit neigt . . . Wie (aber) die Vollständigkeit stets unvollkommen ist, so ist die Vollkommenheit stets unvollständig und stellt darum einen Endzustand dar, der hoffnungslos steril ist." (54f)

„Mit dem Hiobdrama ändert sich die Situation aber von Grund auf. Hier stößt Jahwe auf den standhaften Menschen, der an seinem Recht festhält, bis er der brutalen Macht weichen muß. Er hat das Angesicht Gottes und dessen unbewußte Zwiespältigkeit gesehen." (57) „Jahwe hat keinen Eros, keine Beziehung zum Menschen, sondern nur zu einem Zwecke, zu dem ihm der Mensch helfen soll. Das alles hindert aber nicht, daß er eifersüchtig und mißtrauisch ist wie nur je ein Ehegatte, aber er meint sein Vorhaben und nicht den Menschen." (56) „Gott hat einen furchtbaren Doppelaspekt: ein Meer der Gnade stößt an einen glühenden Feuersee, und das Licht der Liebe überstrahlt eine dunkle Glut, von der es heißt: ardet, non lucet. Das ist das ewige Evangelium (im Gegensatz zum zeitlichen): man kann Gott lieben und muß ihn fürchten." (140)

Gott hat einen „,tort moral' erlitten, . . . eine Beleidigung, . . . und wäre eigentlich geneigt, sich dafür furchtbar zu rächen. Wir stolpern hier wiederum über das Mißverhältnis zwischen einem Weltschöpfer und seinen Geschöpfen, die sich zu seinem Ärger nie so benehmen, wie es seiner Erwartung entspräche. Es ist, wie wenn jemand eine Bakterienkultur anlegte, welche ihm mißrät. Er kann zwar deshalb fluchen, aber er wird doch nicht den Grund für das Fehlresultat bei den Bakterien suchen und diese dafür moralisch bestrafen wollen. Er wird vielmehr einen passenderen Nährboden auswählen. Das Verhalten Jahwes gegenüber seinen Geschöpfen widerspricht allen Anforderungen der sogenannten ,göttlichen' Vernunft, deren Besitz den Menschen vor dem Tier auszeichnen soll. Zudem kommt, daß ein Bakteriologe in der Wahl seines Nährbodens sich irren kann, denn er ist ein Mensch. Gott aber, vermöge seiner Allwissenheit, könnte sich nie irren, wenn er diese befragte." (87f).

Die Schlußvision (Offb 19) „hat die Bedeutung eines ,vereinigenden Symbols' und stellt darum Vollkommenheit und Ganzheit dar; daher die Quaternität, die sich in der Stadt als Quadratur, beim Paradies in den vier Strömen, bei Christus in den vier Evangelisten und bei Gott in den vier Lebewesen ausdrückt. Während der Kreis die Rundung des Himmels und das allumfassende Wesen der (pneumatischen) Gottheit bedeutet, bezieht sich das Quadrat auf die Erde. In China ist Himmel = rund und Erde = viereckig. Der Himmel ist männlich, die Erde aber weiblich." (135)

Genug der Kostproben. Man fragt sich: Ist dies nun der Weg heraus aus dem „blinden" Glauben in das „sehende" Wissen? Was sind denn das für Sätze, die sich geben wie Tatsachenfeststellungen? Welche Logik ist hier bestimmend? Die der Psycho-logie? Die der

Mytho-logie? Die der Kosmo-logie? Die der Theo-logie? Diese letzte wohl am wenigsten, denn von Betroffenheit und Anfechtung wie im Hiob-Buch und wie sie am Anfang aller Theologie steht, ist nichts mehr zu spüren. Vieles kann ja doch nur als neue Mythologie verstanden werden, aber es gibt sich fälschlicherweise wie eine neue Heilsgeschichte oder eher eine Unheilsgeschichte. Am ehesten hat wohl Murray Stein recht, wenn er sagt: Der „Geist der Unabhängigkeit" (Luzifers) „der auch bei Jungs ursprünglicher Loslösung vom Vater und vom Glauben seines Vaters die treibende Kraft gewesen war und der später zu seinem Bruch mit Freud führte, äußert sich in seinem Spätwerk ‚Antwort auf Hiob' erneut mit aller Kraft. In einem persönlichen Sinn betrachtet, war Jungs Argument, wonach Luzifer in die Gottheit mit einbezogen werden sollte, ein Versuch, sich selbst einen Platz innerhalb jener Tradition, der er sich oft so energisch widersetzte, einzuräumen. Der böse Sohn würde sich letzten Endes als der beste Sohn erweisen und der kranken väterlichen Tradition das Heilmittel zurückbringen. Hierin liegt die subtile Übertragungsdynamik, die sich unter der Oberfläche des Inhalts dieser Abhandlung verbirgt."[423]
Daß es zwei Welten sind, die Welt Hiobs und die Welt Jungs, zwischen denen ein Abgrund klafft, das wird jetzt deutlicher denn je. Es ist noch fast zu wenig, wenn man Jung vergleicht mit den besserwisserischen Freunden Hiobs, die dieser anfaucht: „Wahrhaftig ihr seid die Rechten, und mit euch wird die Weisheit sterben ... Ihr seid leidige Tröster allzumal! Sind nun zu Ende die windigen Worte?" (Hiob 12,2; 16,2–3) In den Sätzen, mit denen Walter Nigg die Freunde des Hiob und das Drama des Hiob charakterisiert, kann man unschwer auch das Drama des hoffnungslosen Mißverständnisses des Carl Gustav Jung erkennen.
„Was bei ihnen den Eindruck des Hochmuts erweckt, hat den Ursprung in ihrer theologischen Weisheit, die den Menschen zur Meinung verführt, auf alle Fragen eine wohlmeinende, vernünftige Antwort zu wissen. Sie sind kaum fähig, die existentielle Not demütig zuzugeben, wenn der Mensch an den äußersten Rand des

[423] Stein, Leiden an Gott Vater, 189f.

Abgrunds gedrängt wird. Ihre ... Reden tönen blechern, so daß einen innerlich fröstelt ... Sie sprechen von einer abstrakten Weltgerechtigkeit, die es in dieser Weise gar nicht gibt. Die drei Freunde fühlen sich im Besitz der Wahrheit und wußten nichts vom Tränenabgrund, in dem sich Hiob befand ... Trösten ist schwer, ist etwas vom allerschwersten ... Billiger Trost reizt den Menschen zum Widerspruch und gibt ihm das Gefühl des Nicht-verstanden-Werdens. Trösten gehört zu den Charismen der Seelsorge, doch darf man darunter nicht, wie viele Psychiater es tun, eine Bestätigung der vorgefaßten Meinungen der Patienten" (und über die Patienten) „verstehen ... Der Trost müßte von dem Bewußtsein getragen werden, daß der wahre Schmerz von Gott kommt und ihm angehört. Vor allem sollte er von einer Ehrfurcht vor dem Leiden ausgehen." Damit unvereinbar ist die „psychologische Redseligkeit" der Freunde Hiobs. „Das Letzte läßt sich nicht in Worte kleiden, da es unter- und oberhalb allen Redens liegt."[424]

Ich meine, Nigg steht Hiob ganz nahe, und die Einladung, bei ihm weiterzulesen, da ich hier mit den Zitaten abbrechen muß, hat mehr Gewicht und Tiefgang als die Lektüre der Spekulationen Jungs. Aber es gibt noch Aufregenderes über Hiob. Niggs Sätze machen nebenbei auch verständlich, warum viele Reaktionen auf Behauptungen Jungs nicht nur scharf, sondern auch leidenschaftlich, ja zutiefst verletzt und gekränkt klingen. René Girard macht es darüber hinaus aber wahrscheinlich, daß das Buch Hiob noch einen ganz anderen Schwerpunkt hat als den üblicherweise angenommenen bei der Frage nach der Theodizee, der Gerechtigkeit Gottes, und daß dieser zweite – oder erste – Schwerpunkt zugleich inhaltlich, nicht formal, einen Durchbruch durch alle Mythologie bedeutet.

„Hiob sagt ganz klar, worunter er leidet: unter der Ächtung und Verfolgung seiner Mitmenschen. Er hat nichts Böses getan, und trotzdem wenden sich alle von ihm ab, fallen über ihn her."[425] (Vgl. Hiob 19,13–19; 16,7–10; 30,1–12, u. ö.) Ähnlich wie in vie-

[424] Nigg, Drei große Zeichen, 124–128.

[425] Girard, Hiob, 12. – Zahlen hinter einem G. bedeuten im folgenden Text Seitenzahlen bei Girard.

len Bußpsalmen öffnet sich hier die Sicht auf das „von zahlreichen Feinden umgebene Opfer." (G. 16; vgl. Ps 31,12-14)
Hiob war das Idol des Volkes, aber dann fiel er plötzlich in Ungnade. Er stand völlig allein gegen die Meinung: „Ein von der Öffentlichkeit Verurteilter kann nicht unschuldig sein." (G. 19; – „Im Namen des Volkes" erfolgten ja die Gerichtsurteile in der Nazizeit und heute noch! Solche und ähnliche Bezüge zur Gegenwart von beklemmender Treffsicherheit erlauben dem Leser nicht, die Thesen Girards nur distanziert zur Kenntnis zu nehmen.)
Aber nicht Hiob hatte sich verändert, sondern seine Mitmenschen. Der von allen verabscheute Hiob kann sich nicht stark vom allseits verehrten Hiob unterscheiden." (G. 20) Das Hiob-Problem heißt: „Gunst und Ungunst des gleichen Publikums!" (G. 21) Hiob „scheint am Stimmungswechsel dieser Menge ebensowenig schuld zu sein wie Jesus an einem durchaus analogen Stimmungswechsel zwischen Palmsonntag und Karfreitag". Der Sündenbock, zu dem Hiob nun geworden ist, ist „ein zertrümmertes Idol. Aufstieg und Fall sind miteinander verbunden. Man fühlt, daß sich diese beiden Extreme berühren." (G. 23). Sich vom Hiob-Buch in dieses Drama der Masse, zu der wir selbst gehören, mitten hineinnehmen zu lassen und es dann in der Passion Jesu bis zum Ende zu verfolgen, öffnet den Zugang zu einer tieferen „Tiefenpsychologie", als alles was die verkrampften Erklärungsversuche Jungs anbieten.
Für Eliphas, einen der Freunde Hiobs, erscheint die „Volksjustiz ... keineswegs als eine sträfliche Verirrung, sondern als etwas durchaus Legitimes, Unfehlbares, ja buchstäblich Göttliches ... Er hat ein absolut gutes Gewissen." Er kommt gar nicht auf die Idee, sich seiner Schadenfreude zu schämen.[426] Kollektive Gewalt wird ausgegeben als „göttliche Rache" (G. 28). Dabei ist es gar nicht Gott, der sich da rächt, so daß alle Spekulationen Jungs, die

[426] Ziemlich unverhohlene Schadenfreude spricht auch aus vielen Passagen von Jungs „Antwort auf Hiob" wie auch aus mancher Kritik von Jungianern (etwa von Hanna Wolff) an dem angeblich ohne Jungs Hilfe todgeweihten Christentum. Und die erschreckende Selbstverständlichkeit, mit der Jung oder Erich Neumann die Kollektivnormen für bindend erklärt haben, zeigte sich etwa im Zusammenhang mit Jungs Ausführungen über den Schatten.

darauf aufbauen (und damit eigentlich sein ganzes Hiob-Buch) in sich zusammenfallen.

Auch hier wieder ist eine sich aufdrängende Aktualisierung beklemmend. Friedrich Gogarten hat zwar hinter die Titel seiner beiden katastrophalen Schriften ein Fragezeichen gesetzt, aber er hätte es vom Inhalt dieser Bücher her auch weglassen können: „Einheit von Volkstum und Evangelium?“ und „Ist Volksgesetz Gottesgesetz?“ Gogarten behauptet, „daß der nationalsozialistische Staat im Gegensatz zu dem des neunzehnten Jahrhunderts, der kein echtes Gesetz kannte, wieder im echten Sinne Staat ist, weil er nämlich echtes Gesetz kennt.“ Wir erfahren in diesem Staat „wieder eine unsere Existenz tragende und fordernde Herrschaft“.[427]

Auch die Freunde Hiobs meinten zu wissen, was ihre Existenz trägt, und das Volk, das schrie, Jesus müsse gekreuzigt werden, meinte das zu wissen, und die Mythen aller Zeiten meinen das – nach Girard – zu wissen: ein Prinzip der ausgleichenden Gerechtigkeit, das durch die Vernichtung eines zum Sündenbock Erwählten sofort wieder in sein Gleichgewicht gebracht werden muß, wenn es nach der Volksmeinung in Frage gestellt wurde. Und dieser Ausgleich, in dem es nicht um Menschen sondern um das Prinzip geht, geschieht dann im Namen Gottes.

„Direkt vor unseren Augen heiligen die drei Freunde die Gewalt. Beschimpfungen und gemeine Brutalitäten erweisen sich als großartiger Vollzug eines übernatürlichen Auftrags ... Da die Freunde am“ (seelischen) „Lynchmord teilnehmen, verstehen sie die ... Sündenbockrolle Hiobs nicht.“ (So wenig wie etwa auch Jung ein persönliches Verhältnis zur Passion und zum Kreuz Jesu findet.) „Wer mit der eigenen Gewalt Heiliges erzeugt, wird unfähig, die Wahrheit zu sehen.“ Das Ergebnis ist „eine barbarische Lyrik“ (G. 39f).

Es ist nicht möglich, auf alle Thesen Girards einzugehen, die zumindest hellhörig machen und im Zusammenhang mit Jung überprüft werden müßten. So sagt er etwa: „Jedes Denken in statischen

[427] Gogarten, Ist Volksgesetz Gottesgesetz?, 30f.

Klassifikationen" (also auch die Annahme von zeitlosen Archetypen?) „von Aristoteles bis zum Strukturalismus, ist ein später Abkömmling der rituellen Mentalität." (G. 127)
Wo aber findet sich ein Durchbruch? Bei Hiob in Ansätzen und bei Jesus dann endgültig. „Hat man die Ähnlichkeiten zwischen Jesu Erfahrungen und Hiobs Erfahrungen als Sündenbock einmal erfaßt, bleiben sie im Gedächtnis haften. Die Passionserzählungen fassen gleichsam in einem dichten Bündel alle Fäden einer Struktur zusammen, die im Buch Hiob irgendwie verzettelt sind ... Ob wir es wollen oder nicht, die Passion ist Teil unseres kulturellen Erbes. Sie stellt jenes ‚strukturale Modell', wie die Wissenschaftler sagen würden, zur Verfügung, auf dessen Hintergrund die Dialoge immer lesbarer werden." (G. 205)
Es könnte sein, daß auch manches (nicht alles!) bei Jung auf diesem Hintergrund lesbarer wird, aber in der Regel nicht in seinem manifesten Sinn, sondern im latenten, von Jung oft verleugneten Hinweischarakter. Nur ist es freilich sehr viel schwerer, unter dem Panzer einer Psychologie, die doch wohl von Anfang bis Ende der Abwehr der Angst vor einer Begegnung mit Gott (nicht mit dem „Gottesbild") dienen soll, diese ursprüngliche Erschütterung – etwa die eines Jesaja oder Petrus (Jes 6,5; Luk 5,8 f) – wieder zu entdecken, als von dieser Erschütterung ausgehend nach dem Menschen und der Tiefe seiner Seele zu fragen.

7. Träumen und Erwachen

Von Träumen ging Jung aus und damit soll auch diese Untersuchung geschlossen werden.
Freud sagt: „Der Traum ist nicht das Unbewußte. Er ist die Form, in welche ein aus dem Vorbewußten oder selbst aus dem Bewußtsein des Wachlebens erübrigter Gedanke dank den Begünstigungen des Schlafzustandes umgegossen werden konnte."[428] Der Traum eignet sich also nicht als Kriterium für die Grenzscheide

[428] Freud, GW XIII,203 f.

zwischen Bewußtem und Unbewußtem. Die Traumwelt ist nicht unbedingt die Welt des Unbewußten. Das hat Jung zu wenig beachtet. Es gibt fließende Übergänge. Es gibt Träume, die sind mehr Probedenken als Wunscherfüllung oder sogar absichtsloses Spiel. Unzweifelhaft gibt es aber beim Erwachen aus einem Traum ein „Kipp-Phänomen". Es ist, als würde die beim Träumen mir so sichere Traumwelt plötzlich dahinsterben. Hier entspringt der Zweifel an unserer allzusehr nur an der Wachwelt orientierten „Wirklichkeit". „Warum verliert der Träumer die Macht über seine Träume? ... Warum wird ihm die Traumwelt zur Wirklichkeit?"[429] Aber es melden sich noch radikalere Fragen. Descartes konnte behaupten, „daß niemals Wachen und Traum nach sicheren Kennzeichen unterschieden werden können"[430].
Was bleibt dann überhaupt? Was hat Bestand? Und wer bin ich? Der, der im Traum nicht Herr seines Handelns ist, oder der, der im Wachen meint, dies zu sein? Ist nicht vielleicht sogar mein Ich aus Wind gewoben, und das, worauf ich mich so sicher gründe, ein „Haschen nach Wind" (Koh 1,14)? Nicht nur das Gras, das morgens wächst, kann im heißen Glutwind bis abends schon verdorrt sein (Jes 40,6), sondern mit noch größerer Sicherheit sinkt jeder Tag dahin, um die Tür zu öffnen zur Welt der Nacht, und jeder Traum tritt wieder ab von dieser merkwürdigen Bühne, die unser Leben heißt, um der vielleicht gewaltig überschätzten Tageswelt Platz zu machen. Und das alles hat seine Zeit (Koh 3) und erinnert uns daran, daß wir nicht Herren unserer Zeit und unseres Lebens sind. Merkwürdig eigentlich, daß wir abends einschlafen und morgens als dieselben aufwachen! Kinder können noch darüber staunen. Erwachsene haben sich das abgewöhnt. Merkwürdig auch, daß wir doch immer wieder den fast tollkühnen Mut aufbringen, uns der nicht berechenbaren und nicht vorhersehbaren Traumwelt anzuvertrauen. Genügt dafür das „Urvertrauen" der Psychologen? Ist nicht dieses Urvertrauen in seiner „Tiefendimension" Gottvertrauen? Gott ist der einzige, der unsere Identität auch über den Tod hinaus bewahren kann. Und jedes Einschlafen ist ein Sterben im kleinen.

[429] Straus, Vom Sinn der Sinne, 292.
[430] Nach ebd., 289.

Wissen wir überhaupt, was Schlafen ist? Vor Gott ist auch der Tod wie ein leiser Schlaf, sagt Martin Luther, vor Menschen freilich nicht. Das alles kann melancholisch stimmen, aber diese Melancholie ist offenbar die Schwester der Freude. Der Tod, sagt Matthias Claudius, „streift den Dingen dieser Welt ihre Regenbogenhaut ab und schließt das Auge zu Tränen und das Herz zur Nüchternheit auf". Und jedes Einschlafen und Aufwachen ist eine Einübung dieses Sterbens. Und vielleicht auch ein Vorausblick auf die ewige Freude. Ich kenne neben hoch dramatischen Träumen auch solche von einem erquickenden Humor, und zwar gerade bei Menschen, die sich so etwas gar nicht zugetraut hätten. Und auch Kranke träumen keineswegs immer krank. Und manchmal träumen sie von Verstorbenen, die Gebrechen hatten, nun aber im Traum alle geheilt und gesund erscheinen. Das sind keine Beweise. Das alles ist nur Anlaß zum Staunen, und ohne die Bereitschaft, sich überraschen zu lassen und zu staunen, kann man sogar dann, wenn man meinte, zu glauben, den Zugang zum Glauben wieder verlieren.

Jung sieht das nicht alles so, aber seine Überzeugung, daß Träume für unser Leben eine entscheidende Bedeutung haben, gehört zu seinen wichtigsten Beiträgen.

Nachwort

In der Nähe von meinem jetzigen Wohnort liegt der Blindensee. Es ist ein Moorsee, an dessen Ufer ein kleiner „Wackelwald" steht. Stampft man auf den Boden, dann wackeln die Bäume. Das erinnert mich an Lissabon, einen früheren Wohnort, und an einen Vortrag, den Reinhold Schneider dort kurz vor seinem Tode hielt. Er sagte, er liebe Lissabon, weil es auf Erdbebengrund gebaut sei, so wie auch unser Leben auf unsicherem Boden gebaut ist. Und eben daran erinnert ja keinesfalls nur ein wirkliches Erdbeben, sondern bereits jeder Traum, der unsere uns so selbstverständlich erscheinende Selbstsicherheit zum Wackeln bringt.
Und dann gibt es noch eine Legende vom Blindensee. Dort soll ein Lehrer einmal versucht haben, die Tiefe des Sees zu messen. Die Schüler sollten wohl bei der Gelegenheit lernen, alles zu messen und zu vermessen. Da ertönte eine Stimme aus dem Grund: „Mißt du mich, so friß ich dich!" Die Messung gelang nicht.
Jung wollte zwar, fand aber doch keine echte Alternative zu einer alles messenden, vermessenden, quantifizierenden und damit vermessenen Psychologie und einer an solchen „wissenschaftlichen" Maßstäben gemessenen Theologie. Aber Jung kann dem, der sich mit ihm Mühe macht, nicht nur kalt, verständnislos und fern erscheinen, sondern plötzlich dann auch fast brüderlich nahe. Ob eine solche Art von überkonfessioneller Ökumene, die dabei aufleuchtet, auch die sich immer wieder „konfessionell" gebende Tiefenpsychologie Jungs mit einschließt? Was sind denn die Kriterien der Unterscheidung? Eine entscheidende Grenze verläuft sicher zwischen denen, die noch Betroffenheit kennen, und denen, die sie nicht mehr kennen. Aber vielleicht wissen die zweiten nur nicht, daß sie sie doch noch kennen. Ich denke da an einen Abend im Kreise von Jungianern, die nach einer besonderen, von ihnen entwickelten Methode biblische Texte auslegen wollen. Am Ende des Abends erwähnte ich die Sitte aus meiner Heimat Siebenbürgen, daß man sich dort nach jeder, auch noch so weltlichen Veran-

staltung zum Schluß im Kreis die Hand reichte und auch eventuelle ungewollte und unbewußte Kränkungen vergab, „damit wir nicht dereinst schamrot werden müssen, wenn wir miteinander vor Gottes Thron stehen". Die Reaktion war völlige Ablehnung. Eben so etwas könne man einem „modernen Menschen" nicht zumuten.

Hier war Ökumene mißlungen. In diesem Augenblick fühlte ein katholischer Priester, der teilgenommen hatte, sich meiner Frau und mir näher als jenen angeblich gut reformierten Christen. Und wäre Rabbi Josua ben Levi dabeigewesen, wir hätten ihn als Bruder begrüßt.

Zu Rabbi Josua ben Levi, so erzählt eine in Form und Inhalt meisterhafte jüdische Legende, kam ein Flüchtling und sprach: „Die Häscher ... sind hinter mir um einer Staatssache willen ... Verbirg du mich und errette mich!" In der folgenden Nacht schläft dann der Flüchtling erschöpft auf dem Lager des Rabbis, während dieser in der Mischna nach einer Vorschrift sucht, denn draußen drohten die Verfolger, den ganzen Ort zu vernichten, wenn ihnen nicht bis zum Morgen der Flüchtling übergeben würde. Der Rabbi „bebte, daß er nicht mit reinem Herzen die Frage entscheide, an der er selbst so nah beteiligt war." Endlich findet er eine Vorschrift: „Wenn das Leben vieler in Gefahr ist, so darf der Angeklagte ausgeliefert werden." Rabbi Josua „sah mit schlaflos brennenden Augen übergroß die Schrift der Mischna und erkannte nicht die Schrift im Angesicht des Menschen." Er rüttelt den Schlafenden wach, für den die Aufforderung, sich selbst auszuliefern, „größere Gewalt als Faust und Schlag" war. Der geht hinaus, „sein einziges Leben zu opfern".

In der nächsten Nacht findet der Rabbi keine Ruhe und forscht noch einmal nach, ob er richtig entschieden habe. Da regt es sich in der Stille draußen. Ein Mann tritt ein, groß und stark, mit langem Bart und rauhem Mantel. Es ist der Prophet Elia. Stumm sieht er um sich, und dann fragt er: „Wo ist der Flüchtling?" Rabbi Josua erklärt hastig, er habe nach bestem Gewissen in der Mischna geforscht und dann eine Vorschrift gefunden ... Der Prophet wiederholt nur seine Frage. Rabbi Josua bedeckt sein Gesicht mit den

Händen, denn er kann vor dem düster forschenden Blick des Propheten nicht bestehen. Da tritt der Prophet nahe heran an den Rabbi und sagt mit starker Stimme:
„Was warst du nicht eingedenk der Mischna der Frommen, die allein in den Herzen der Gerechten geschrieben steht? Bist du darum ein Gerechter ohne Fehl, daß du an den Buchstaben der Vorschrift dich klammerst? Siehe, in der bittersten Not helfen nicht die Meister der Lehre, weder die vorher waren, noch die nachher sein werden. Da bist du mit Gott allein und mußt vor ihm erleiden die menschliche Nichtigkeit bis auf den Grund. Wehe dir, daß du geflüchtet bist zu irdischer Hilfe und hast Gottes Angesicht nicht ertragen!"
„Und der Prophet wandte sich und ging hinaus ohne Gruß. Rabbi Josuas Kopf aber sank auf den Tisch nieder in bitterster Not, und er erkannte, daß er falsch gewählt hatte."[431]
Jede Psychologie, die das Wissen um solche Tiefen des Lebens verschüttet, ist verwerflich. Jede Psychologie, die dieses Wissen offen hält, ist hilfreich. Dabei sollte man diese Legende nicht so verstehen, als sei jeder zuletzt nur auf sich gestellt. Für die jüdische wie für die christliche Tradition ist ein Glaube ohne fürbittende Gemeinschaft nicht denkbar. Das Wir kommt vor dem Ich und dem Selbst. Auch dies wäre, wie vieles andere, bei Jung zurechtzurücken, damit er eine Fülle von Anregungen geben kann, ohne jedoch den christlichen Glauben in seinem Kern zu verändern.

[431] Schubert-Christaller, In deinen Toren Jerusalem, 86-91.

Nachtrag

Erst nach Drucklegung dieses Buches erschienen zwei Veröffentlichungen, auf die wenigstens noch kurz hingewiesen werden sollte. Im Juli-Heft 1991 der „Psychologie heute" wurde auszugsweise ein Gutachten zu Fragen eines Psychotherapeuten-Gesetzes abgedruckt, das die Professoren A.-E. Meyer, R. Richter, K. Grawe, J.-M. Graf von der Schulenburg und B. Schulte ausgearbeitet haben. Es wird als „umfangreiches und wegweisendes Gutachten" bezeichnet. Bei den Jungianern hat folgender Passus Bestürzung hervorgerufen:

„Für eine große Anzahl psychotherapeutischer Ansätze, Methoden und Techniken, die sich auf dem ‚Psycho-Markt' großer Beliebtheit erfreuen, steht jeglicher Wirksamkeitsnachweis aus. Sie wurden bisher noch nie einer Wirksamkeitsprüfung unterzogen, die auch nur bescheidenen wissenschaftlichen Ansprüchen genügte. Zu diesen Ansätzen gehören etwa die Analytische Psychotherapie nach C. G. Jung, die dynamische Familientherapie nach Stierlin, die Primärtherapie nach Janov, das neurolinguistische Programmieren, Rebirthing, um nur einige der bekannteren zu nennen. Diese und eine große Zahl weiterer Ansätze und Methoden erfüllen nicht die minimalen Ansprüche, um für staatlich kontrollierte psychotherapeutische Ausbildungsgänge in Betracht zu kommen. Abgesehen vom fehlenden Wirksamkeitsnachweis können diese Ansätze nicht als ‚wissenschaftlich anerkannt' angesehen werden." (S. 96, § 509 im Gutachten, das 1990 vom Bundesgesundheitsministerium in Auftrag gegeben wurde).

Die „Psychologie heute" gibt ihrem Bericht darüber den treffenden Titel: „Die unendliche Geschichte", ohne freilich den Hauptgrund dafür zu nennen, weshalb diese Geschichte vorerst wirklich „unendlich" ist und weshalb dieses Gutachten keinesfalls ein Schlußwort sein kann. Den tieferen Grund kann man dem Buch: „Theorie der Humanmedizin" von Thure von Uexküll und Wolfgang Wesiak entnehmen, das 1991 in zweiter Auflage erschien. Es

weist eindrücklich nach, was schon Autoren wie Albert Wellek, Ronald D. Laing, Hans Schäfer und viele andere, aber schon Edmund Husserl in seinem großen Aufsatz von 1936 über: „Die Krisis der europäischen Wissenschaften und die transzendentale Philosophie" (jetzt Husserliana VI, 1954) ausgesprochen haben. Husserl spricht vom „objektivistischen Selbstmißverständnis der neuzeitlichen Physik" mit ihrem „positivistischen Herrschaftsgedanken" der zu einer „Entwissenschaftlichung der Wissenschaft geführt habe.
Ganz unabhängig von Husserl aber aus demselben tieferen Grund heraus greifen von Uexküll und Wesiack im „Vorspann" ihres Buches die Feststellung eines Mitarbeiters der Welt-Gesundheits-Organisation (WHO) auf, die „Durchschlagskraft des Systems unserer Gesundheitsfürsorge" müsse in Zweifel gezogen werden. „Zweifel an der Effektivität unserer medizinischen Versorgung führen folgerichtig zu Zweifeln an der Rationalität der Fundamente unserer Heilkunde, der wissenschaftlichen Theorien und Konzepte der ärztlichen Berufe sowie der Regierungen, von denen das System der Gesundheitsfürsorge abhängt ... Es ist dringend zu wünschen, daß alle, die mit Problemen der Gesundheit befaßt sind, die Arbeit des Systems und sie Annahmen und Voraussetzungen, auf denen es basiert, kritisch überprüfen."
Dies nun haben die Autoren des oben erwähnten Gutachtens nicht getan. Darum haben sie ihr „Haus auf Sand gebaut". Sie haben, wie eh und je, die Wissenschafts- und Statistik-Gläubigkeit der objektivierenden Organmedizin mit ihrem „dekapitierten Menschenbild" – das ja nicht nur Jung hat (wie es bei ihm V. v. Gebsattel feststellt) – unkritisch zum letzten Maßstab der Effektivität gemacht. Aber gibt es dazu überhaupt eine Alternative? Geht es hier nicht um ein sehr altes Problem, das der christliche Glaube noch viel schärfer erlebt als es jetzt die Humanmedizin wieder entdeckt und dabei fälschlich für eine Neuentdeckung hält. Für Kirchenleitungen kann man das Problem so formulieren: Wie kann man eine Kirche leiten, ohne eben doch auf die Zahl der „Gläubigen", die Finanzen und die darin erkennbare „Effektivität" zu schielen, obwohl gerade dieses Schielen das Wesen des Evangeli-

ums verfehlt (vgl. etwa das 15. Kapitel im Lukas-Evangelium!)? In der Theologiegeschichte erhält dieses Dilemma, das auch dasjenige unseres Grundgesetzes ist, das die „Würde des Menschen“ über alles andere stellt, eine ihrer schärfsten Formulierungen in der Protestschrift der evangelischen Reichsstände von 1529, wonach „in Sachen, Gottes Ehre und unser Seelen Heil und Seligkeit belangend“ Mehrheitsbeschlüsse das Gewissen nicht binden können. wie aber, wenn „unbewußt“ oder „verdeckt“ jeder Lebensbereich mit diesem an Gott gebundenen Gewissen zusammenhängt und wenn, nach Albert Wellek, das Gewissen den Menschen erst zum Menschen macht? Dann bekäme die objektivierende Organmedizin den wirklichen Menschen gar nicht zu Gesicht und es wäre, wie schon Hans Schäfer meinte, „therapeutische Arroganz“, die „Häresie“ der ungeheuren Einseitigkeit der an der Physik orientierten Organmedizin weiter zu praktizieren. Dies wäre nicht nur arrogant, sondern auch verfassungswidrig. Und was die oben erwähnten Gutachter anbelangt, muß man ihnen vorwerfen, daß sie – soweit ich sehe – nur Schriften über den Nutzen, nicht aber solche über den Schaden gewisser Therapieformen berücksichtigt haben.

Wo aber deutet sich ein Ausweg an aus dem scheinbar unentrinnbaren Zwang der Politiker und der Wissenschaftler, doch immer wieder gegen ihr eigenes Grundgesetz zu verstoßen? Inwieweit von Uexküll und Wesiak weiterführen, kann hier nicht mehr untersucht werden. Das Dilemma, das man auch fassen kann unter dem Gegensatz: Qualität gegen Quantität, durchzieht auch die gesamte „Analytische Psychologie“ Jungs (die niemals „Analytische Psychologie“ hieß, wie das die von Bonn beauftragten Professoren halbinformiert behaupten), aber es wird auf geradezu groteske Weise von Jung verleugnet oder verdeckt. Und so wird auch dadurch die „unendliche Geschichte“ „unendlich“. Nur ist die Arroganz schlechthin nicht mehr tragbar, die darin besteht, daß selbst in dieser prekären Situation die intensive Zuammenarbeit mit Theologen bei der Suche nach dem „neuen Menschenbild“ und dem neuen Gesundheitsmodell so gut wie gar nicht stattfindet. Und es wäre auch nicht mehr zu verantworten, wenn Wissenschaftstheorie – wovon dieses Buch nur Andeutungen bringen konnte – als für den Praktiker uninteressantes Spezialgebiet betrachtet wird – bis er dann die Folgen dieser Vernachlässigung schmerzlich in seinem Geldbeutel feststellt. Aber ist es darüber hinaus nicht auch arrogant, wenn die oben erwähnten Gutachter den Freudianern dringend empfehlen, auch Methoden anderer Schulen in ihre Therapie zu integrieren, wenn aber geleugnet wird, daß es auf diese Weise eben doch auch „Jungianer wider Wissen" gibt, deren „Effektivität" dann aber der Psychoanalyse Freuds zugerechnet wird?

Damit soll die schwerwiegende Kritik dieses Buches an Jung nicht zurückgenommen werden. Immerhin ist es bezeichnend und nicht etwa willkürlich, daß z.B. bei von Uexküll und Wesiack Freud auf mehr als 50 Seiten genannt wird, C.G. Jung aber kein einziges Mal. Soll man das nicht eher von einer Krise der Psychologie Jungs sprechen als, davon ablenkend, monoton und unbelehrbar nur die Krise des Christentums zu beklagen.

Literatur

Ackerman, Nathan W., Der wachsende Anwendungsbereich der Familientherapie. In: Sager u.a., Handbuch. München 1973, 545-567.
Apel, Karl Otto, Wittgenstein und Heidegger. In: Pöggeler, Heidegger. Köln 1969.
Argelander, Hermann, Das Erstinterview in der Psychotherapie. Darmstadt 1970.
Assagioli, Roberto, Jung and Psychosynthesis. In: Journal of Humanistic Psychology, 1974, 35-55.
Atwood, Goerge E. und Robert D. *Stolorow*, Faces in a Cloud. New York 1979.

Balmer, Heinrich, Die Archetypentheorie von C.G. Jung. Berlin 1972.
Barr, James, Bibelexegese und moderne Semantik. München 1965.
Barth, Karl, Kirchliche Dogmatik. Zollikon 1948ff. (I-IV).
Die Menschlichkeit Gottes. Zollikon 1956.
Bartning, Gerhard, Das Neue und das Uralte. Bonn 1978.
Barz, Helmut, Selbst-Erfahrung. Stuttgart 1973.
Die religiöse Funktion des Unbewußten. In: Riedel, Die Theologie und das Unbewußte.
Bash, Karl. W., Der unwahrscheinliche Jung. In: Psychol. Club. Zürich 1977.
Bateson, Gregory, Geist und Natur. Frankfurt/M. 1982.
Baumgart, Ursula, König Drosselbart und C.G. Jungs Frauenbild. Olten 1987.
Beck, Johann Tobias, Gedanken aus und nach der Schrift. ²1868.
Becker, Jürgen, Das Evangelium nach Johannes, Kap. 1,10. Gütersloh 1979.
Becker, Peter, Psychologie der seelischen Gesundheit I. Göttingen 1982.
Becker, Peter und Beate *Minsel*, Psychologie der seelischen Gesundheit II. Göttingen 1986.

Beit, Hedwig von, Symbolik des Märchens I–II, Bern [4]1971.
Bender, Hans, Verborgene Wirklichkeit. Olten 1973.
Benedetti, Gaetano, Klinische Psychotherapie. Bern 1964.
Benz, Ernst, Swedenborg, Naturforscher und Seher. München 1948.
Bercholz, Samuel, An Encyclopedia of Archetypal Symbolism. Boston/Mass. 1990.
Berger, Peter, Kirche ohne Auftrag. Stuttgart 1962.
Bernet, Walter, Inhalt und Grenze religiöser Erfahrung. Bern 1955.
Verkündigung und Wirklichkeit. Tübingen 1961.
Gebet. Stuttgart 1970.
Bernhard, Ernst, Mythobiographie. Stuttgart 1974.
Bernhardt, Arthur D., A Synthesis of Developmental Frameworks of E. H. Erikson and Analytical Psychology: Ego and Self Development. Dissertation. Abstracts International 1976, 37,6-B.
Bigras, Julien, Gute Mutter – böse Mutter. München 1975.
Bilz, Rudolf, Psychotische Umwelt. Stuttgart 1962.
Paläo-Anthropologie. Frankfurt/M. 1971.
Bittner, Günther, Das Unbewußte, Mensch im Menschen? Würzburg 1988.
Vater Freuds unordentliche Kinder. Würzburg 1989.
Bloch, Ernst, Das Prinzip Hoffnung. Frankfurt/M. 1959.
Bochenkski, Josef Maria, Europäische Philosophie der Gegenwart. Bern [2]1951.
Böckenhoff, Josef, Die Begegnungsphilosophie. Freiburg/Br. 1970.
Böckle, Franz, Franz-Xaver Kaufmann, Karl Rahner, Bernhard Welte und Robert Scherer (Hg.), Christlicher Glaube in moderner Gesellschaft. Bd. 1–37. Freiburg/Br. 1981–1984.
Bok, Sissela, Lügen. Reinbek 1980.
Bollnow, Otto Friedrich, Mensch und Raum. Stuttgart 1963.
Boman, Thorleif, Das hebräische Denken im Vergleich mit dem griechischen. Göttingen [4]1965.
Bonhoeffer, Dietrich, Von guten Mächten. Gebete und Gedichte, hg. v. Johann Christoph Hampe. München [6]1987.
Bornkamm, Günter, Der Lohngedanke im Neuen Testament. Lüneburg 1947.

Boss, Medard, Psychoanalyse und Daseinsanalytik. Bern 1957.
Grundriß der Medizin. Bern ^{2}1975.
Der Traum und seine Auslegung. München 1974.
Es träumte mir vergangene Nacht. Bern 1975.
Bossard, Robert, Traumpsychologie. Olten 1976.
Brinkmann, Donald, Probleme des Unbewußten. Zürich 1943.
Brome, Vincent, Jung: Man and Myth. New York 1978.
Brunner, Emil, Dogmatik III. Zürich ^{2}1964.
Buber, Martin, Das dialogische Prinzip. Heidelberg (1954), 1984.
Bultmann, Rudolf, Glauben und Verstehen I–III. Tübingen 1960–1964.

Capra, Fritjof, Der kosmische Reigen. München ^{7}1983.
Capra, Fritjof, Stanislav Grof, Abraham Maslow, Charles Tart, Ken Wilber u.a., Psychologie in der Wende. Bern ^{3}1987.
Catalan, Jean Fr., Inconscient. In: Dictionnaire de la spiritualité VII. Paris 1971.
Claudius, Matthias, Also am Menschen liegt es. Das Schönste aus dem Wandsbecker Boten. Witten/Ruhr o.J.
Conrad-Martius, Die Zeit. München 1953.
Der Raum. München 1958.
Das Sein. München 1957.
Die Geistseele des Menschen. München 1960.
Cremerius, Johannes, Unterdrückung von Wahrheit, persönlicher Freiheit und wissenschaftlichem Denken in der psychoanalytischen Bewegung. In: Between the Devil and the Deep Blue Sea, hg. vom Psychoanalytischen Seminar Zürich. Freiburg/Br. 1987.

Dörner, Klaus, Asmus *Finzen*, Heinz *Häfner*, Helmut *Krüger* und Alexander *Veltin*, Zum Menschenbild in Begegnung und Partnerschaft. Stuttgart 1987.
Drewermann, Eugen, Strukturen des Bösen I–III. Paderborn 1988.
Psychoanalyse und Moraltheologie I–III. Mainz 1982–1984.
An ihren Früchten sollt ihr sie erkennen. Olten ^{2}1988.

Dürrenmatt, Friedrich, Achterloo IV. Ein Rollenspiel. Zürich 1990.

Ebeling, Gerhard, Evangelische Evangelienauslegung (942). Darmstadt 1969.
Wort und Glaube I-III. Tübingen 1960-1975.
Die Wahrheit des Evangeliums. Tübingen 1981.
Lutherstudien I-III. Tübingen 1971-1985.
Dogmatik des christlichen Glaubens I-II. Tübingen 1979.
Eberlein, Karl, Gott der Schöpfer – Israels Gott. Frankfurt/M. ^{2}1989.
Edinger, E.F., Metaphysics and the Unconscious. In: Spring 1969, 101-128.
Christ as Paradigm of the Individuation Ego. In: Spring 1966, 5-26.
Ellenberger, Henry F., Die Entdeckung des Unbewußten I-II. Bern 1973.
Erdheim, Mario, Die gesellschaftliche Produktion von Unbewußtheit. Frankfurt/M. 1982.
Erdmann, B., Logik. 1923.
Eschenröder, Christof T., Hier irrte Freud. München 1986.
Eulenburg, Hellwig, Zu nah. Texte über mich. München 1970.
Evans, Richard I., Gespräche mit C.G. Jung. Zürich 1967.
Evers, Tilman, Mythos und Emanzipation. Hamburg 1987.

Ferenczi, Sandor, Schriften zur Psychoanalyse I. Frankfurt/M. 1970.
Feyerabend, Paul, Wider den Methodenzwang. Frankfurt/M. (1976) 1986 und Christian *Thomas* (Hg.), Grenzprobleme der Wissenschaften. Zürich 1985.
Fierz, Heinrich Karl, Klinik und Analytische Psychologie. Zürich 1761.
Besessenheit durch den Mutter-Archetypus. In: Verhandlungen des 2. internat. Kongresses f. Analyt. Psych. Zürich 1962, 128-140. Basel 1964.
Fischer, Johannes, Glaube als Erkenntnis. München 1989.

Follas, L., Hypnosis and the Higher Self. London 1980.
Fordham, Michael, Das Kind als Individuum. München 1974.
Frankl, Viktor E., Der unbewußte Gott. München 1974.
Franz, Marie-Louise von, C.G. Jung – sein Mythos in unserer Zeit. Frauenfeld 1972.
Zahl und Zeit. Stuttgart 1970.
Symbole des unus mundus. In: Gerhard Zacharias, Dialog über den Menschen. Stuttgart 1986, 231–253.
Psyche und Materie in Alchemie und moderner Wissenschaft. In: Psychologischer Club 1977, 42–68.
Spiegelungen der Seele. München 1988.
mit Ulrich *Mann* und Hans H. *Heidland:* C.G. Jung und die Theologen. Stuttgart 1971.
Freeman, J., The ‚Face-to-Face' Interviews. C.G. Jung Speaking. (hg. von W. *McGuire* und R.F.C. *Hull*. Princeton 1977.
Freud, Sigmund, Gesammelte Werke, 18 Bde. (1–17 London 1940–1952; 18 Frankfurt/M. 1968.
Studienausgabe (10 + 1 Bde.). Frankfurt/M. 1968–1975.
Briefe (hg. v. E. Freud und L. Freud). Frankfurt/M. ^{2}1968.
Frey-Rohn, Liliane, Von Freud zu Jung. Zürich 1969.
Frischknecht, Max, Die Religion in der Psychologie C.G. Jungs. Bern 1945.
Frostholm, Birgit, Leib und Unbewußtes. Bonn 1978.
Funke, Gerhard, Grenzen. In: Klaus *Hartmann*, Lebendiger Realismus. Bonn 1962, 136–184.
Furrer, Walter, Objektivierung des Unbewußten. Bern 1969.

Gebsattel, Viktor Emil von, Prolegomena einer medizinischen Anthropologie. Berlin 1954.
Imago hominis. Schweinfurt 1964.
Gebser, Jean, Abendländische Wandlung. Konstanz 1943.
Ursprung und Gegenwart, I-II. Stuttgart 1949/1953.
Gilch, Gerhard, Das Spiel Gottes mit der Welt. Stuttgart 1968.
Gebrochenes Weltbild. Stuttgart 1966.
Girard, René, Hiob. Ein Weg aus der Gewalt. Zürich 1990.
Glover, Edward, Freud or Jung? New York 1956.

Gogarten, Friedrich, Einheit von Evangelium und Volkstum? Hamburg 1933.
Ist Volksgesetz Gottesgesetz? Hamburg 1934.
Görres, Albert und Walter *Kasper* (Hg.), Tiefenpsychologische Deutung des Glaubens? Anfragen an Eugen Drewermann. Freiburg/Br. 1988.
Graumann, Carl Friedrich, Grundlagen einer Phänomenologie und PSychologie der Perspektivität. Berlin 1960.
Greiner, Friedemann, Die Menschlichkeit der Offenbarung. München 1978.
Grof, Stanislav, Topographie des Unbewußten. Stuttgart 1978.
Geburt, Tod und Transzendenz. München 1985.
(Hg.) Die Chance der Menschheit. München 1988.
Gruehn, Die Frömmigkeit der Gegenwart. Konstanz ²1960.
Guardini, Romano, Nur wer Gott kennt, kennt den Menschen. Würzburg 1952, Neuauflage Mainz 1987.
Die Annahme seiner selbst. Würzburg ⁴1965, Neuauflage Mainz 1987.
Guitar-Amsterdamer, Hayim, Zur Erkenntnispsychologie psychologischer Erkenntis. In: Zimmerli, Walter und Simon Schaefer, Wissenschaftstheorien der Geisteswissenschaften. Hamburg 1975.

Habermas, Jürgen, Erkenntnis und Interesse. Frankfurt/M. ²1971.
Der philosophische Diskurs der Moderne. Frankfurt/M. 1985.
Haley, Jay, Strategies of Psychotherapy. New York 1963.
Hearlin, Peter, Recht und Anerkennung. Untersuchungen zum psychoanalytischen Prozeß. Stuttgart 1976.
Hall, Calvin S., The Meaning of Dreams. New York ²1964.
Hall, C.S. und Gardner, *Lindzey,* Theorien der Persönlichkeit, I und II, München 1978/1979.
Hall, James A., Arbeit mit Träumen in Klinik und Praxis. Paderborn 1980.
Hannah, Barbara, Active Imagination. Zürich 1967 (Privatdruck des C.G. Jung-Instituts).

Häring, Bernhard, Meine Erfahrungen mit der Kirche. Freiburg 1989.
Hark, Helmut, Religiöse Neurosen. Stuttgart 1984.
Jesus der Heiler. Vom Sinn der Krankheit. Olten 1988.
Lexikon Jungscher Grundbegriffe. Olten 1988.
Religiöse Traumsymbolik. Frankfurt/M. 1980.
Harsch, Helmut, Das Schuldproblem in Theologie und Tiefenpsychologie. Heidelberg 1965.
Hartmann, Nicolai, Zur Grundlegung der Ontologie. Berlin [4]1965.
Hassenstein, Bernhard, Widersacher der Vernunft und der Humanität in der menschlichen Natur. In: Jahrbuch der Heidelberger Akademie der Wissenschaften 1985. Heidelberg 1986, 72–90.
Hastedt, Heiner, Das Leib-Seele-Problem. Frankfurt/M. [2]1989.
Hegel, Georg Wilhelm Friedrich, Phänomenologie des Geistes, hg. v. J. Hoffmeister, [2]1952.
Heim, Karl, Der evangelische Glaube und das Denken der Gegenwart I–VI. Hamburg 1952 ff.
Heimbrock, Hans-Günter, Phantasie und christlicher Glaube. München 1977.
Heisig, J. W., Jung und die Theologie. In: Analytische Psychologie Jg. 7, 1976, 177–220.
Held, Klaus, Lebendige Gegenwart. Die Frage nach der Seinsweise des transzendentalen Ich bei Edmund Husserl, entwickelt am Leitfaden der Zeitproblematik. Den Haag 1966.
Helwig, P. H., Seele als Äußerung. Stuttgart 1936.
Hemminger, Hansjörg, Der alternative Psychomarkt. In: Materialdienst der Evang. Zentralstelle für Weltanschauungsfragen. Stuttgart 1. 8. 1986.
Hennemann, Gerhard, Jean Gebser, Abendländische Wandlung. Eine Kritik. In: Welt am Sonntag, 6. 5. 1951, S. 4.
Philosophie, Religion, moderne Naturwissenschaft. Witten 1955.
Was folgt aus der modernen Physik für unsere Auffassung vom Menschen? In Deutsches Pfarrerblatt, 159. 1963.
Hillman, James, Selbstmord und seelische Wandlung. Zürich 1966.

Die Psychologie: Monotheistisch oder polytheistisch? In: Gorgo 1 (1979), 1-21.
Hiltner, Seward, Tiefendimensionen der Theologie. Göttingen 1977.
Hochheimer, Wolfgang, Die Psychologie von C.G. Jung. Bern 1966.
Hochkeppel, Willy, Modelle des gegenwärtigen Zeitalters. München 1973.
Hofmann, Horst-Klaus, Psychonautik – Stop. Wuppertal [3]1977.
Hönigswald, Richard, Die Grundlagen der Denkpsychologie. Leipzig [2]1925.
Horkheimer, Max, Kritische Theorie, I-II, hg. von Alfred Schmidt. Frankfut/M. 1972.
Hübner, Jürgen, Der Dialog zwischen Theologie und Naturwissenschaft. München 1987.
Hummel, Gerhard, Theologische Anthropologie und die Wirklichkeit der Psyche. Darmstadt 1972.
Hurwitz, Emanuel, Otto Groß, Paradiessucher zwischen Freud und Jung. Frankfurt/M. 1988.

Immoos, Thomas, Die Sonne leuchtet um Mitternacht. Archetypen in der Literatur. Olten 1986.

Jacob, Günter, Hermann *Kunst* und Wilhelm *Stählin* (Hg.), Die evangelische Christenheit in Deutschland. Stuttgart 1958.
Jacobi, Jolande, Die Psychologie von C.G. Jung. Zürich 1949 / Frankfurt/M. 1987.
Komplex, Archetypus, Symbol. Zürich 1957.
Vom Bilderreich der Seele. Olten 1969.
C.G. Jung, Mensch und Seele. Olten 1971.
Der Weg der Individuation. Olten 1971.
Jacoby, Mario, C.G. Jung – heute. In: Psych. Club. Zürich 1977, 35-41.
Individuation und Narzißmus. Psychologie des Selbst bei C.G. Jung und H. Kohut. München 1985.
Jaffé, Aniela, Der Mythos vom Sinn im Werk von C.G. Jung. Zürich 1967.

Aus Leben und Werkstatt von C. G. Jung. Zürich 1968.
Die schöpferischen Phasen im Leben von C. G. Jung. In: Eranos-Jb. Bd. 40, 85–122. Zürich 1971.
Parapsychologie, Individuation, Nationalsozialismus. Themen bei C. G. Jung. Zürich 1985.
Jaspers, Karl, Allgemeine Psychopathologie. Berlin [8]1965.
Jenssen, Hans Heinrich, ‚Bewahrung der Schöpfung' ohne christliche Naturfrömmigkeit? In: Theologische Literaturzeitung 1991, Nr. 2, 91–100.
Joest, Wilfried, Ontologie der Person bei Luther. Göttingen 1967.
Gott will zum Menschen kommen. Göttingen 1977.
Raum, Zeit und Kausalität. In: Zeitwende. Hamburg August 1964, 522–536.
Joest, Wilfried und Wolfhart *Pannenberg* (Hg.), Dogma und Denkstrukturen. Göttingen 1963.
Jonas, Hans, Macht oder Ohnmacht der Subjektivität? Frankfurt/M. 1981.
Jones, G. Seaborn, Therapie oder Tortur. Philosophie, Technik und Zukunft der Psychodynamik. Stuttgart 1976.
Jones, Ernest, Das Leben und Werk von Sigmund Freud, I–III. Bern 1960–1962.
Zur Psychoanalyse der christlichen Religion. Frankfurt/M. 1970.
Jung, Carl Gustav, Gesammelte Werke. Zürich und Olten 1985 ff.
Briefe I–III (hg. von Aniela Jaffé und Gerhard Adler). Olten 1972 f.
Erinnerungen, Träume, Gedanken, aufgezeichnet von A. Jaffé. Zürich 1962.
Kindertraum-Seminar I–II. Zürich 1938–1940 (Privatdruck).
Aion. Zürich 1951.
Antwort auf Hiob. Zürich 1952.
Jung, C. G., Marie-Louise von *Franz,* Joseph L. *Henderson,* Jolande *Jacobi* und Aniela *Jaffé,* Der Mensch und seine Symbole. Olten 1968.
Jung, C. G. und Richard *Wilhelm,* Das Geheimnis der goldenen Blüte. Olten [3]1971.

Jung, Emma, Animus und Anima. Zürich 1967.
Jüngel, Eberhard, Gottes Sein ist im Werden. Tübingen [2]1967.
Zur Freiheit eines Christenmenschen. München 1978.
Tod. Stuttgart 1971.
Entsprechungen: Gott-Wahrheit-Mensch. München 1980.
Gott als Geheimnis der Welt. Tübingen [3]1978.
Der Gott entsprechende Mensch. In: Neue Anthropologie (hg. v. Hans Georg Gadamer und Paul Vogler) VI, 341-372.
um Ursprung der Analogie. Tübingen 1964.

Kainz, Friedrich, Über die Sprachverführung des Denkens. Berlin 1972.
Kamber, Peter, Geschichte zweier Leben – Wladimir Rosenbaum und Aline Valangin. Zürich 1990.
Kapleau, Philippe, Die drei Pfeiler des Zen. Zürich 1969.
Kast, Verena, Die Bedeutung Jungs für die junge Generation. In: Psych. Gesellschaft Base, C. G. Jung heute. Stuttgart 1976, 49 ff.
Imagination als Raum der Freiheit. Olten 1988.
Kaufmann, Rolf, Die Krise des Tüchtigen. Olten 1983.
Keintzel, Raimar, C. G. Jung – Ergebnisse seiner Psychologie. Bonn 1977.
Krisen der Partnerschaft. Stuttgart 1981.
Das sogenannte Unbewußte in der theologischen Diskussion. In: Kindler, Die Psychologie des 20. Jh., Bd. 15, 146-157.
Individuation. In: Kindler, a. a. O., 268-280.
Biblische Motive in Träumen. In: Spiegel, Yorick (Hg.), Doppeldeutlich. Tiefendimensionen biblischer Texte. München 1978, 101-110.
Keller, Wilhelm, Das Selbstwertstreben. München 1963.
Das Problem der Willensfreiheit. Bern 1965.
Psychologie und Philosophie des Wollens. München [2]1968.
Einführung in die philosophische Anthropologie. München 1971.
Dasein und Freiheit. Bern 1974.
Keupp, Heinrich (Hg.), Der Krankheitsmythos in der Psychopathologie. München 1972.
(Hg.) Normalität und Abweichung. München 1979.

Kierkegaard, Sören, Der Gesichtspunkt für meine Wirksamkeit als Schriftsteller. Ausgabe Christoph Schrempf. Jena 1922.

Kindler, Helmut (Hg.), Die Psychologie des zwanzigsten Jahrhunderts, I-XV. München 1976ff.

Klee, Ernst, Psychiatrie-Report. Frankfurt/M. 1978.

Die armen Irren. Düsseldorf 1972.

Koch, Sigmund (Hg.), Psychology: A Study of a Science. 7 Bde. New York 1959-1963.

Psychologie und Geisteswissenschaften. In: Gadamer, Hans-Georg und Paul Vogler, Neue Anthropologie V, 200-236. Stuttgart 1973.

König, Wolfhard H., Zur Neuformulierung der psychoanalytischen Metapsychologie: Vom Energie-Modell zum Informationskonzept. In: Mertens, Wolfgang (Hg.), Neue Perspektiven der Psychoanalyse. Stuttgart 1981, 83-123.

Koepgen, Georg, Die Gnosis des Christentums. ^{2}1941.

Koukkou, Martha und Dietrich *Lehmann*, Brain Functional States: Determinants, Constraints and Implications. Amsterdam 1980.

Kertschmer, Ernst, Körperbau und Charakter. Berlin ^{26}1977, bearbeitet von Wolfgang Kretschmer.

Krieger, H., Hinunter ins Dunkel. In: Die Zeit, 9.2.1973.

Kuitert, Harminus Martinus, Gott in Menschengestalt. München 1967.

Kulenkampff, Caspar, Entbergung, Entgrenzung, Überwältigung als Weisen des Standverlustes. In: Straus, Erwin und Jürg Zutt, Die Wahnwelten. Frankfurt/M. 1963, 202-217.

Lacombe, R.E., Déclin de l'individualisme. Paris 1937.

Laiblin, Wilhelm (Hg.), Märchenforschung und Tiefenpsychologie. Darmstadt 1972.

Laing, Ronald D., Das geteilte Selbst. Köln 1972.

Das Selbst und die anderen. Stuttgart 1989.

Lang, Friedrich, Die Briefe an die Korinther. Neues Testament deutsch. Göttingen 1986.

Lange, Heinrich, Geschichte der Grundlagen der Physik, I-II. Freiburg 1954/61.

Langs, Robert, Die psychotherapeutische Verschwörung. Stuttgart 1987.

Laplanche, J. und J.-B. *Pontalis*, Das Vokabular der Psychoanalyse. Frankfurt/M. 1972.

Lash, L. Chr., The Culture of Narcissism. New York 1979.

Lenk, Elisabeth, Die unbewußte Gesellschaft. München 1983.

Lersch, Philipp, Aufbau der Person. München [11]1970.

Liebdrucks, Bruno, Sprache und Bewußtsein, 7 Bde. Frankfurt/M. 1964–1979.

Lifton, Robert, Ärzte im Dritten Reich. Stuttgart 1988.

Loewenich, Walter von, Der moderne Katholizismus. Witten [4]1959.

Lohfink, Gerhard und Rudolf, *Pesch, Tiefenpsychologie und keine Exegese. Eine Auseinandersetzung mit Eugen Drewermann. Stuttgart 1987.*

Lorenzer, Alfred, Helmut *Dahmer*, Klaus *Horn*, Karola *Brede* und Enno *Schwanenberg*, Psychoanalyse als Sozialwissenschaft. Frankfurt/M. [2]1971.

Lückert, Heinz-Rudolf, Konflikt-Psychologie. München 1957.
Der Mensch, das konfliktträchtige Wesen. Berlin o. J.

MacIntyre, Alasdair C., Das Unbewußte. Eine Begriffsanalyse. Frankfurt/M. 1968.

McGuire, William und Wolfgang *Sauerländer*, Sigmund Freud – C. G. Jung, Briefwechsel. Frankfurt/M. 1974.

Mann, Ulrich, Tragik und Psyche. Grundzüge einer Metaphysik der Tiefenpsychologie. Stuttgart 1981.
Einführung in die Religionspsychologie. Darmstadt 1973.
Theologische Religionsphilosophie im Grundriß. Hamburg 1961.
Theogonische Tage. Stuttgart 1970.

Marbach, Eduard, Das Problem des Ich in der Phänomenologie Husserls. Den Haag 1974.

Martin, Gerhard M., Traumdeutung. In: Spiegel, Y. (Hg.), Doppeldeutlich, 111–120.

Medtner, Ernst, Bildnis der Persönlichkeit im Rahmen des gegenseitigen Sich-Kennenlernens. In: Psych. Club Zürich (Hg.), Die kutlurelle Bedeutung der komplexen Psychologie. Berlin 1935, 556–616.

Meier, Carl A., die Empirie des Unbewußten. Zürich 1968.

Bewußtsein. Olten 1975.

Die Bedeutung des Traumes. Olten 1972.

Merleau-Ponty, Maurice, Vorlesungen I. Berlin 1973.

Mertens, Wolfang (Hg.), Neue Perspektiven der Psychoanalyse. Stuttgart 1981.

Meyer, Joachim-Ernst, Die Entfremdungserlebnisse. Stuttgart 1959.

Miller, Alice, Das Drama des begabten Kindes. Frankfurt/M. 1981.

Am Anfang war Erziehung. Frankfurt/M. 1981.

Du sollst nicht merken. Frankfurt/M. 1983.

Mittelstrass, Jürgen, Die Wahrheit des Irrtums. Konstanz 1989.

Moser, Ulrich, Rolf *Pfeiffer,* Wolfang *Schneider* und Ilka von *Zeppeling,* Computersimulation von Schlaftraumprozessen. Zürich 1980.

Moustakas, Clark E., Einsamkeit. Düsseldorf 1977.

Müller, A. M. Klaus und Wolfhart *Pannenberg,* Erwägungen zu einer Theologie der Natur. Gütersloh 1970.

Müller, Hans A., Rationalität und Irrationalität. Hans Kunz zum 70. Geburtstag. In: Zeitschr. f. klinische Psychologie u. Psychotherapie, Heft. 2, 1974, 100–107.

Müller, Helmut A. (Hg.), Naturwissenschaft und Glaube. Bern 1988.

Müller-Suur, Hans, Abgrenzung neurotischer Erkrankungen gegenüber der Norm. In: Viktor E. Frankl, Viktor v. Gebsattel und Johann H. Schultz, Handbuch der Neurosenlehre und Psychotherapie I. München [2]1972, 250 ff.

Mylius, Christine, Traumjournal. Mit einem Vorwort von Hans Bender. Stuttgart 1974.

Nannen, Els, Carl Gustav Jung. Der getriebene Visionär. Berneck 1991.

Neumann, Erich, Tiefenpsychologie und neue Ethik. (1948) München 1964.

Ursprungsgeschichte des Bewußtseins. Zürich 1949.

Nietzsche, Friedrich, Werke in drei Bänden, hg. v. K. Schlechte, Bd. II. München 1955.
Nigg, Walter, Drei große Zeichen. Olten ^{2}1974.

Oetinger, Friedrich Christoph, Swedenborgs und anderer irdische und himmlische Philosophie. Frankfurt/M. 1965.
Olivier, Christiane, Jokastes Kinder. Die Psyche der Frau im Schatten der Mutter. München 1989.

Pannenberg, Wolfhart, Was ist der Mensch? Göttingen ^{3}1968.
Wissenschaftstheorie und Theologie. Frankfurt/M. 1973.
Glaube und Wirklichkeit. Stuttgart 1975.
Anthropologie in theologischer Perspektive. Göttingen 1983.
Systematische Theologie I-II. Göttingen 1988/91.
Pfänder, Alexander, Die Seele des Menschen. 1933.
Plessner, Helmut, Die Stufen des Organischen und der Mensch. Berlin ^{2}1965.
Polanyi, Michael, Implizites Wissen. Frankfurt/M. 1985.
Pongratz, Ludwig, Problemgeschichte der Psychologie. Bern 1967.
Hauptströmungen der Tiefenpsychologie. Stuttgart 1983.
Psychologischer Club Zürich (Hg)., Der unwahrscheinliche Jung. Beiträge zum 100. Geburtstag von C. G. Jung. Zürich 1977.

Rad, Michael von (Hg.), Anthropologie als Thema von psychosomatischer Medizin und Theologie. Stuttgart 1974.
Rahner, Karl, Schriften zur Theologie. Einsiedeln 1954 ff.
Bilanz des Glaubens. (1975) München ^{6}1985.
Rattner, Josef, Tiefenpsychologie und Religion. München 1987.
Tiefenpsychologie und Politik. Freiburg/Br. 1970.
Was ist Tugend? München 1988.
Rebell, Walter, Psychologisches Grundwissen für Theologen. München 1988.
Redfearn, J. W. T., The Self and Individuation. Journal of Analytical Psychology, 22 (1977), 125–141.
Ricoeur, Paul, Die Interpretation. Frankfurt/M. 1974.
und Eberhard *Jüngel,* Metapher. München 1974.

Riedel, Ingrid (Hg.), Die Theologie und das Unbewußte. Hofgeismar (Ev. Akademie) 1982.
Rivaz, Alice, Bemeßt die Zeit. Zürich 1976.
Rohr, Richard und Andreas *Ebert,* Das Enneagramm. München 1989.
Röhricht, Rainer, Theologie als Hinweis und Entwurf. Gütersloh 1964.
Rothacker, Erich, Die Schichten der Persönlichkeit. Bonn ^{8}1969.
Rüthers, Bernd, Entartetes Recht. München 1988.
Ryborz, Heinz, Die universellen Kräfte Ihrer Psyche. Genf 1980.

Sager, Clifford J. und Helen Singer *Kaplan* (Hg.), Handbuch der Ehe-, Familien- und Gruppentherapie. München 1973.
Samuels, Andrew, Jung und seine Nachfolger. Stuttgart 1989.
Samuels, Andrew, Bani *Shorter* und Fred *Plaut,* Wörterbuch Jungscher Psychologie. (1986) München 1989.
Satprem, Auf dem Wege zum Übermenschen. Weilheim 1973.
Searles, Harold, Der psychoanalytische Beitrag zur Schizophrenieforschung. München 1974.
Sedgwick, David W., Towards a Further Integration of Analytical Psychology with other Forms of Psychotherapy: C. G. Jung and Harold Searles Compared. Michigan 1985.
Sedlmayr, Hans, Verlust der Mitte. (1948) Berlin 1973.
Seidmann, Peter, Der Weg der Tiefenpsychologie. Zürich 1959.
Seifert, Josef, Das Leib-Seele-Problem und die gegenwärtige philosophische Diskussion. Darmstadt ^{2}1989.
Simon-Schaefer, Roland und Walther CH. *Zimmerli,* (Hg.), Wissenschaftstheorie der Geisteswissenschaften. Hamburg 1975.
Sloterdijk, Peter, Kritik der zynischen Vernunft, I–II. Frankfurt/M. 1983.
Sölle, Dorothee, Stellvertretung. Stuttgart 1965.
Phantasie und Gehorsam. Stuttgart 1968.
Sommer, Norbert, Zorn aus Liebe. Stuttgart 1983.
Spiegel, Yorick (Hg.), Doppeldeutlich. Tiefendimensionen biblischer Texte. München 1978.
Spies, Dieter, Das Weltbild der Psychologie C. G. Jungs. Fellbach-Oeffingen 1984.

Sudbrack, Josef, Mystik. Mainz [2]1988.
Buchbesprechung: Gerd Wehr, Die deutsche Mystik. In: Materialdienst der Evang. Zentralstelle f. Weltanschauungsfragen. Stuttgart 1988. Hft. 11, 341–342.
Szondi, Lipot, Ich-Analyse. Bern 1956.

Schäfer, Hans, Plädoyer für eine neue Medizin. München 1979.
Schär, Hans, Religion und Seele in der Psychologie C. G. Jungs. Olten o. J.
Erlösungsvorstellungen und ihre psychologischen Aspekte. Zürich 1950.
Scharfenberg, Joachim, Religion zwischen Wahn und Wirklichkeit. Hamburg 1972.
Einführung in die Pastoralpsychologie. Göttingen 1985.
Schlegel, Leonhard, Grundriß der Tiefenpsychologie, Bd. IV. München 1973.
Schlippenbach, Wendt von, Replik auf Balmers Kritik an der Archetypenlehre von C. G. Jung. Diplom-Thesis, Jung-Institut Zürich 1976.
Schmid, Hans Heinrich (Hg.), Mythos und Rationalität. Gütersloh 1988.
Schmitz, Hermann, System der Philosophie, I–V. Bonn 1964–1980.
Schröer, Henning, Die Denkform der Paradoxalität als theologisches Problem. Göttingen 1960.
Schubert-Christaller, Else, In deinen Toren Jerusalem. Jüdische Legenden. Heilbronn [7]1984.

Stählin, Gustav, Die Apostelgeschichte. In: Das Neue Testament deutsch, Bd. 5. Göttingen 1975.
Stein, Murray, Leiden an Gott. C. G. Jungs Therapiekonzept für das Christentum. Stuttgart 1988.
Steinbach, Ernst, Anweisung zum Leben. Tübingen 1949.
Stenger, Hermann, Verwirklichung des Lebens aus der Kraft des Glaubens. Freiburg [2]1989.
Stern, Paul, J., Carl Gustav Jung – Prophet des Unbewußten. Ei-

ne Biographie. München 1977.

Strauss, Erwin, Geschehnis und Erlebnis. Berlin 1930.

Vom Sinn der Sinne. Berlin ²1956.

Tann, Matthias von der, und Arvid *Erlenmeyer,* C. G. Jung und der Nationalsozialismus. Berlin (Deutsche Gesellschaft für Analytische Psychologie) 1991.

Theissen, Gerd, Psychologische Aspekte paulinischer Theologie. Göttingen 1983.

Argumente für einen kritischen Glauben. München 1978.

Tillich, Paul, Der Protestantismus. Stuttgart 1950.

Systematische Theologie I–III. Stuttgart 1956–1966.

Gesammelte Werke. Stuttgart 1959 ff.

Tompkins, Paul und Chr. *Bird,* Das geheime Leben der Pflanzen. Bern 1974.

Track, Hans, Heilung aus der Begegnung. Stuttgart ²1962.

Uhsadel, Walter, Carl Gustav Jung und die Theologen. In: Psych. Club Zürich, Der Unwahrscheinliche Jung. Zürich 1977, 125–140.

Uslar, Detlev von, Der Traum als Welt. Pfullingen ²1969.

Die Wirklichkeit des Psychischen. Pfullingen 1969.

Wehr, Gerhard, C. G. Jung und das Christentum. Olten 1975.

Weiler, Gerda, Der enteignete Mythos. München 1985.

Wellek, Albert, Die Polarität im Aufbau des Charakters. Bern ³1966.

Ganzheitspsychologie und Strukturtheorie. Bern 1955.

Wendland, Heinz-Dietrich, Die Kirche in der modernen Gesellschaft. Hamburg ²1958.

Weyl, Hermann, Wissenschaft als symbolische Konstruktion des Menschen. In: Eranos-Jahrbuch 1948, 375–431.

Whitehead, Alfred North, Wissenschaft und die moderne Welt. Zürich 1949.

Wiggershaus, Rolf, Die Frankfurter Schule. München ³1991.

Wilmer, Harry A., Der wachsende Einfluß der Analytischen

(Komplexen) Psychologie in den U.S.A. In: Kindler, Die Psychologie des 20. Jahrhunderts III. München 1977, 930-937.

Wilson, Colin, Herr der Unterwelt. C.G. Jung und das 20. Jahrhundert. München 1987.

Windelband, Wilhelm, Die Hypothese des Unbewußten. Sitzungsberichte der Heidelberger Akademie der Wissenschaften. Heidelberg 1914.

Winkler, Klaus, Symbolgebrauch zwischen Partizipation und Regression. C.G. Jung und die Folgen für die Seelsorge. In: *Schmid*, H.H. (Hg.), Mythos und Rationalität. Gütersloh 1988, 334-350.

Wolff, Hanna, Jesus der Mann. Stuttgart 1975.

Jesus als Psychotherapeut. Stuttgart 1978.

Wolff, Toni, Einführung in die Grundlagen der Komplexen Psychologie. In: Psych. Club Zürich, Die kulturelle Bedeutung der Komplexen Psychologie. Berlin 1935, 1-170.

Wyss, Dieter, Die tiefenpsychologischen Schulen von den Anfängen bis zur Gegenwart. Göttingen [4]1972.

Traumbewußtsein? Göttingen 1988.

Zellinger, Eduard, Zur Kritik des psychologischen Irrationalismus. In: *Däumling*, Adolf (Hg.), Seelenleben und Menschenbild. München 1958.

Bemerkung

Informierte LeserInnen werden hier viele Bücher und Aufsätze über C.G. Jung vermissen. Das bedeutet jedoch in der Regel nicht, daß sie mir unbekannt wären.

Sachregister

Namenregister

Bibelstellenregister